《汉文化研究丛书》编辑委员会

主　任　黄荣杰　王利亚
副主任　卢志文　刘明阁
委　员　李文安　邵书峰　谢冰松　曹天杰　阚云超　马良泉
　　　　　孟静雅　刘太祥　张保同　苏新留　何　军　徐永斌
　　　　　刘剑利
主　编　郑先兴

汉文化研究丛书

MINJIANXINYANG YU HANDAISHENGXIAO TUXIANGYANJIU

民间信仰与汉代生肖图像研究

郑先兴 著

河南大学出版社
中国·郑州

图书在版编目(CIP)数据

民间信仰与汉代生肖图像研究/郑先兴著. —郑州：河南大学出版社,2012.5(2016.12 重印)
(汉文化研究丛书)
ISBN 978-7-5649-0782-2

Ⅰ.①民… Ⅱ.①郑… Ⅲ.①信仰－民间文化－研究－中国－汉代 Ⅳ.①B933

中国版本图书馆 CIP 数据核字(2012)第 107648 号

责任编辑　苗　卉　张玉梅
责任校对　廖存非
封面设计　马　龙

出　版　河南大学出版社
　　　　　地址：郑州市郑东新区商务外环中华大厦 2401 号　邮编：450046
　　　　　电话：0371－86059701(营销部)　网址：www.hupress.com
排　版　郑州市今日文教印制有限公司
印　刷　开封智圣印务有限公司
版　次　2012 年 12 月第 1 版　印　次　2016 年 12 月第 2 次印刷
开　本　690mm×960mm　1/16　印　张　18.5
字　数　332 千字　定　价　46.00 元

(本书如有印装质量问题,请与河南大学出版社营销部联系调换)

目　　录

序　一 …………………………………… 朱绍侯（ 1 ）
序　二 …………………………………… 郑先兴（ 1 ）

绪 …………………………………………………（ 1 ）
- 汉代民间信仰的研究范式及其研究趋向 ………（ 1 ）
- 汉画像的研究现状及其民间信仰性质 …………（ 7 ）
- 十二生肖的研究现状及其文化意蕴 ……………（ 12 ）

鼠 …………………………………………………（ 20 ）
- "狗咬耗子"：汉代民众生活的现实问题 ………（ 20 ）
- "仓中鼠"：汉代民众生活的物质诉求 …………（ 23 ）
- "老鼠嫁女"：汉代的生存现状及其人生理念 …（ 26 ）
- "鼠咬天开"：汉代的创世及其再生观念 ………（ 30 ）

牛 …………………………………………………（ 35 ）
- 牛耕与牛车：先进生产力的载体 ………………（ 35 ）
- 斗牛与牛首：远古部族争斗与融合的表征 ……（ 41 ）
- 牛神与牛奶：精神的信仰与物质的食粮 ………（ 45 ）
- 牛郎与金牛：汉代牛的理念及其饲养 …………（ 52 ）

虎 …………………………………………………（ 55 ）
- 猎虎与戏虎：汉代虎信仰的现实基础 …………（ 55 ）
- 部族与再生：汉代虎信仰的历史记忆 …………（ 59 ）

- 人文与天文：汉代虎信仰的方位观念 …………………………（70）
- 巫术与科学：汉代虎信仰的矛盾性 ……………………………（72）

兔 ……………………………………………………………………（76）
- 捕食兔：汉代兔信仰的现实基础 ………………………………（76）
- 捣药兔：汉代的长生向往和历史部族记忆 ……………………（81）
- 月中兔：汉代的月相天文观念 …………………………………（89）
- 兔儿爷：汉代兔信仰的活化态 …………………………………（91）

龙 ……………………………………………………………………（92）
- 具象与想象：汉代民间龙信仰的现实基础 ……………………（92）
- 记忆与期盼：汉代龙信仰的历史与现实诉求 …………………（98）
- 人文与天文：汉代龙信仰的方位观念 …………………………（103）
- 生机与张力：汉代龙信仰的精神抗争 …………………………（105）

蛇 ……………………………………………………………………（113）
- 珥蛇与操蛇：汉代蛇信仰的英雄意蕴 …………………………（113）
- 交尾蛇：汉代蛇信仰的性意识与生殖观念 ……………………（119）
- 玄武蛇：汉代蛇信仰的远古部族记忆与重生期盼 ……………（125）
- 升仙蛇：汉代蛇信仰的精神向往 ………………………………（135）

马 ……………………………………………………………………（140）
- 耕战：汉代马信仰的物质基础 …………………………………（140）
- 富贵：汉代马信仰的制度养成 …………………………………（146）
- 相驭：汉代马信仰的知识张扬 …………………………………（151）
- 智能：汉代马信仰的精神诉求 …………………………………（152）

羊 ……………………………………………………………………（157）
- 美：汉代民间羊信仰的物质需要 ………………………………（157）
- 姜：汉代羊信仰的生殖崇拜 ……………………………………（162）
- 羌：汉代羊信仰的部族记忆 ……………………………………（168）
- 祥：汉代羊信仰的精神诉求 ……………………………………（172）
- 法：汉代羊信仰的制度传说 ……………………………………（174）

猴 ·· (177)
- 性与性别:汉代猴信仰的生物学知识·················· (177)
- 偷人抢女:汉代猴信仰的婚俗遗风···················· (179)
- 时运封官:汉代民间猴信仰的社会理念················ (184)

鸡 ·· (190)
- 食与玩:汉代鸡信仰的现实基础······················ (190)
- 部族与官职:汉代鸡信仰的政治观念·················· (201)
- 给予与交合:汉代鸡信仰的重生期盼·················· (212)
- 日月与方位:汉代鸡信仰的知识诉求·················· (230)

狗 ·· (242)
- "走狗烹":汉代狗信仰的工具理性···················· (242)
- 槃瓠狗:汉代狗信仰的婚俗传说······················ (250)
- 天狗劫:汉代狗信仰的知识诉求······················ (252)

猪 ·· (259)
- 食肉与财富:汉代猪的社会学价值···················· (259)
- "虎猪戏"与"斗猪"图:遗留在汉画像上有关远古野猪家养部族信息的记忆 ······························ (266)
- "猪龙"与"猪神":财富诉求与文明创制者崇拜的表征 ······ (273)
- 名号与刘姓:汉代猪信仰的历史遗存·················· (278)

跋 ·· (281)

序　一

朱绍侯

　　南阳师范学院汉文化研究中心要推出一套"汉文化研究丛书",郑先兴同志请我作序,我非常高兴。因为,作为专门从事秦汉史研究的学者,最高兴的就是看到新人新著的涌现;而且,这一套丛书的作者,大多是我的学生,或者是多年来一直跟随我学习研究秦汉史的教师;更何况,这套丛书的三审都是由我来进行的。我想谈以下三个问题。

　　第一,关于汉文化研究的学科性质。

　　如果把汉文化研究作为学科来看,大概有两个层面的含义。从一个层面来说,汉文化研究属于断代史,即属于汉史的研究范畴。汉代是中国统一集权制国家形成后,出现的第一个文化高峰。汉代人所创造的政治、经济、军事、教育、科学等方面的成就,可谓博大精深,永远是中国历史、中国文化史研究中的重点问题。但汉文化研究也有地域广狭的区分,有南阳汉文化、河南汉文化、中国汉文化,当然也由江苏汉文化、四川汉文化等等。本书的重点是研究南阳汉文化、河南汉文化。从另一个层面说,汉文化又属于专门史的性质,如汉人、汉族、汉语、汉字、汉经济、汉政治等都有极其重要的研究价值。无论是作为断代史、专门史或地域史来研究,汉文化都具有永久定性的特点和永远传承的特点,都是永远不变的定性文化,也是被中国与世界华人、华裔和国际学术界永远关注的问题。

　　第二,南阳汉文化研究的优势。

　　南阳学者所进行的汉文化研究,可谓是占尽了天时、地利、人和。所谓天时,有两个重要的含义。一是在"文化大革命"之后,在学术界普遍兴起了历史文化的研究热潮。如中华文化、长江文化、黄河文化、姓氏文化以及各地区的区域文化和各种专题文化等等，不论是什么文化，汉文化都必然是它研究的主要内容之一。二是在进入新世纪之后，党和政府日益重视传统文化在现代化中的作用，提倡人文社科的研究，希望从传统中吸取优秀的文化精神。河南省教育厅为推进这一方针的实施，在全省高校先后建立"河南省人文社会科学重点研究基地"。南阳师范学院汉文化研究中心就是在这样的环境中建立起来的。中心的建立，凝聚了研究方向，整合了全校的研究力量，为全面扎实地研究提供了组织和财力的保证。所谓"地利"，就是南阳是汉代经济、文化最发达的区域，特别是在东汉，南阳是开国皇帝刘秀的故乡，向有"帝乡""南都"之美称，皇亲国戚不可胜数，名人辈出，文物古迹遍布城乡，汉冶铁遗址就有6处，汉画像石、画像砖无论从数量、质量来看，都居全国之最。由此，南阳的汉文化研究资源异常丰富。所谓"人和"，是说这里的文化研究人气很浓。经过长期的积累和传承，南阳师范学院已经拥有着一批在学术界颇具影响的汉文化研究者，而且学校的历届领导班子都把汉文化研究作为学科建设的重点来扶持；通过《南都学坛》"汉代文化研究"专栏，与全国的汉文化研究者经常保持着十分密切的学缘关系，使得全国著名的秦汉史学者都非常关注汉文化研究中心的发展；通过秦汉史和汉画研讨会，增进了学术交流，提升了南阳师范学院的学术地位和影响。

第三，汉文化研究的意义。

汉文化研究所拥有的巨大的学术和文化建设的意义，自是非常繁富。这里我只谈三点。

从历史发展来说。如前所述，汉代是中国统一中央集权制国家形成后所出现的第一个文化高峰。依照德国著名的历史哲学家雅斯贝尔斯的轴心期理论，汉代应属于后轴心时代，即相对于春秋战国的文化经典诞生的轴心时代，汉代则是将之前的文化经典加以实践并予以整理传承，使之得以定型流传。因此，要充分了解中国文化，汉文化可以说是最基本的切入点。最近，年轻的秦汉史研究学者彭卫先生又提出，中国历史研究的"根节"在于"文明的起源、王制向帝制的转变和近代化"，"而王制向帝制的转变正是挑起历史两头的那根扁担"。可以说，这一说法非常形象地说明了汉文化研究的重要性。在我看来，王制向帝制转变的关键就是秦汉之际所推行的军功爵制,它用功绩的大小重组社会关系,改变了原来的只以血缘纽带建构社会关系的现象,从而推进了社会由王制向帝制的转变。这用唯物史观来表述,就是阶级的变化推进了社会制度的变革。因此,无论是从学术史或者政治制度史的角度,汉文化研究都是了解中国历史的必不可少的环节。

从地域文化观念来说。回顾5000年的中国文明辉煌史,其中近4000年都有河南的主体参与,只是在南宋之后的近1000年以来,河南才逐渐被边缘化。检讨边缘化的原因,查漏补缺,固然是很有必要的。但检讨文明辉煌的因子,将其发扬光大,更是再造辉煌的乐观途径。中原文化作为中国传统文化的主体,其辉煌的因子非常之多。但就其整体性和完整性而言,汉文化则更具有吸收和汲取的价值。因为第一,汉文化是中原文化中比较重要的一个阶段。汉代是继承夏、商、周、秦之后的又一个统一时期,是汉民族形成的最为关键的时期。她所形成的政治体制、思想精神和文化传统,相沿成习,至今不变。第二,汉文化是中原文化中比较重要的一个环节。中原文化对中国文化的贡献主要体现在河南省许多地方,都有自己的特色文化,如周口的伏羲文化、新郑的炎黄故里、洛阳的河洛文化、安阳的殷墟文化、开封的宋都文化等等,而南阳则因汉光武发祥于此,即以"帝乡""帝都"等名义而著称于世;同时又因东汉建都于洛阳,与中原文化的关系更为密切。第三,汉文化在中原文化中占有重要的地位。汉文化的开辟疆土、驰骋沙场的开拓情怀、包容一切的恢弘气势、研习经传的探索精神以及献身国家匹夫有责的爱国思想等等,都构成了中原文化的丰富内涵。由此,全面深入细致地研究汉文化,是实现思想解放、发展跨越和当今中原文化崛起的基本途径。

从大学办学特色来说。大学教育的目的就是传承文明、修性养德和培育科学探索的精神和理念,然而具体到如何办好一所大学,中外教育家的共识就是特色办学。所谓特色办学就是在学科建设上能够有自己独到之处。而我们知道,构成特色学科的因素主要是研究的对象、研究的理念和研究的方法。一般来说,研究理念和方法固然非常重要,但它毕竟要受到研究对象的制约。可以说,只有研究对象是经常主导学科特色从而决定学校的地位的。就此而言,南阳师范学院以其地域文化优势,选择汉文化研究作为自己的特色学科来加以建设,而且屡经几代领导坚持不改,终于形成了涵盖全校诸如历史、中文、美术、音乐、体育、政治、经济等文科教师在内的强大的研究队伍,并在全国秦汉史学界和汉画学界占有重要的席位,成为一支不可忽视的力量。这种以学科优势所造就的办学特色,其他一些高校是难以企及的。

综上所述,可以想见,"汉文化研究丛书"的问世,其学术价值和实际功用以及所展示的南阳师范学院的科研实力和办学特色,将是多么有意义的事情。让我们表示衷心的祝贺吧。

是为序。

2008 年 8 月 26 日

序　二

郑先兴

　　河南省普通高校人文社会科学重点研究基地南阳师范学院汉文化研究中心于2005年8月得到河南省教育厅的正式下文成立,到今天已经整整十个年头了。十年来,中心同仁坚持学术至上的信念,潜心研究,以"汉文化研究丛书"为标志性的成果,先后推出了十三部专著。为纪念中心的十年庆典,河南大学出版社准备将其修订后整体推出。作为中心的负责人,丛书的策划者,其内心的喜悦和兴奋,可以说是无以言表的。考虑到该套丛书的专业研究性质,其学术价值自有业内学者评判,而其文化建设功用则可通过社会实践予以验证,在这里,我只想从学术管理方面谈几点意见,谨向丛书的出版表示诚挚的祝贺!

　　丛书的出版问世,可以说是党中央弘扬优秀传统文化、提高国家文化软实力发展战略的贯彻和落实。全面挖掘民族传统文化的精华,总结中华民族的文明发展经验,可以说是中国共产党人一直的追求和努力。毛泽东曾经指出:"从孔夫子到孙中山,我们应当给以总结。承继这一份珍贵的遗产。"新近以来,中共中央总书记习近平同志两次谈到总结历史文化遗产的重要性。

　　在第十八届中央政治局的第12次集体学习会议上,习近平总书记指出:

　　"提高国家文化软实力,要努力展示中华文化独特魅力。在5000多年文明发展进程中,中华民族创造了博大精深的灿烂文化,要使中华民族最基本的文化基因与当代文化相适应、与现代社会相协调,以人们喜闻乐见、具有广泛参与性的方式推广开来,把跨越时空、超越国度、富有永恒魅力、具有当代价值的文化精神弘扬起来，把继承传统优秀文化又弘扬时代精神、立足本国又面向世界的当代中国文化创新成果传播出去。要系统梳理传统文化资源，让收藏在禁宫里的文物、陈列在广阔大地上的遗产、书写在古籍里的文字都活起来。要以理服人，以文服人，以德服人，提高对外文化交流水平，完善人文交流机制，创新人文交流方式，综合运用大众传播、群体传播、人际传播等多种方式展示中华文化魅力。"

在第十八届中央政治局的第13次集体学习会议上，习近平总书记再次指出：

"要讲清楚中华优秀传统文化的历史渊源、发展脉络、基本走向，讲清楚中华文化的独特创造、价值理念、鲜明特色，增强文化自信和价值观自信。要认真汲取中华优秀传统文化的思想精华和道德精髓，大力弘扬以爱国主义为核心的民族精神和以改革创新为核心的时代精神，深入挖掘和阐发中华优秀传统文化讲仁爱、重民本、守诚信、崇正义、尚和合、求大同的时代价值，使中华优秀传统文化成为涵养社会主义核心价值观的重要源泉。要处理好继承和创造性发展的关系，重点做好创造性转化和创新性发展。"

在这里，"要努力展示中华文化独特魅力"，"要讲清楚中华优秀传统文化的历史渊源、发展脉络、基本走向，讲清楚中华文化的独特创造、价值理念、鲜明特色"，必须深入探究中国历史，尤其是中国历史上的秦汉时期。因为秦汉时期是中华文明的后轴心时期，它不仅承继、凝聚了远古以来中华文明的精华，而且也开启了之后中华文明的发展道路。据此，汉文化研究中心依托南阳区域文化和汉画像的历史资源，广纳贤才，凝神聚力，全面展开汉文化的研究，不断推出研究性的成果，为中华文化魅力的展现和优秀文化传统渊源的揭示，仅露尖尖一角，略展学术之风采。

丛书的出版问世，可以说是打造特色学术平台的必然结果。高校的存在和发展，除了狠抓学科建设、人才培养以及日常的教学、科研管理与机制之外，别无他途。为此，校党委和行政制定了"质量提升，内涵带动"的发展战略，并根据所在地域的文化特点与经济社会建设的需要，设置相应的科研与教学平台。一方面促进科学研究与课堂教学紧密结合，另一方面也促进高校的教学科研与本地社会经济文化建设紧密结合。南阳的地域文化优势在于汉代历史文化，东汉光武帝刘秀生长、起事于南阳，其军功大臣二十八宿也大多出生在南阳；即使此前西汉刘邦政权的建立，也得益于南阳地方豪绅的鼎力支持，才有了可靠的根据地而取得政权；汉代南阳的冶铁、水利、中医药与天文地理等科学技术跻身于世界文化最先进的水平；还有现在依然大量存在的汉画像，作为中国美术史上瑰丽的宝藏，珍藏着汉代民众真实而又平凡的社会生活和精神风貌。为充分挖掘南阳文化的精髓，实验、训练并提升教师的科研能力，打造学术品牌，我们凝聚全校文科的学术研究方向，以汉画像为主题，成立了汉文化研究中心。中心的成立，既为教师的学术研究指明了方向，也得到了省教育厅的大力支持，成为河南省人文社会科学重点研究基地。几年来，中心在项目申报、论文论著的撰写与发表、重点学科建设等等方面，都取得了卓越的成绩；尤其是在学术交流和为社会经济文化建设服务方面，中心成功承办了大型的国际学术会议，如"中国汉画学会第十届年会暨学术研讨会（2006）"、"东汉史研究国际论坛（2009）"、"中国秦汉史研究会第十三届年会暨国际学术研讨会（2011）"等。这些会议的成功举办，不仅加强了我校与学术界的交流，提升了我校的知名度，更重要的是展示了我校教师的研究实力和学术风貌。中心研究人员积极参加了南阳卧龙岗文化产业聚集区建设、南阳相关的企事业文化建设、南阳农运会端午节龙舟竞赛高峰论坛、南阳刘秀研究会以及诸葛亮躬耕地问题讨论，等等，这些活动，既促进了教学与科研的紧密结合，又为教学和研究提供了更广阔的视野。总之，我校的汉文化研究中心已经成为秦汉史学界、汉画学界国内外知名的学术研究重镇，成为南阳社会经济文化建设领域内有关汉代历史文化方面不可忽视的咨询机构。本次出版的十三种汉文化研究专著，就是这个学术研究平台十年研究计划的重要的学术成果之一。当然，我们期望着更高层次的研究成果的继续涌现。

丛书的出版问世和项目的完成，也是汉文化研究中心的研究人员的长期辛勤、扎实治学的结晶。孔子说："人能弘道，非道弘人。"再好的理念和政策，再好的平台和基地，如果没有人们踏踏实实地践行，予以付诸实践，是很难切实收到实效，取得成绩的。令人骄傲的是，我们南阳师范学院的广大教职员工，确实有一批求真务实的人。在这样一个比较浮躁的年代，他们能够沉下气来，专心地教书育人，精心地做学术研究，实属难能可贵，非常令人敬佩。以汉文化研究为例，从上个世纪改革开放以来，就已经形成了一支专业的研究队伍。他们身处教学和科研一线，在完成自己的教学任务的同时，选择南阳的区域文化尤其是秦汉史和汉画像作为自己的研究对象，互相切磋，互相鼓励，在研究课题、撰写论文和申报项目方面，互相支持，在秦汉史学界和汉画像学界已经形成了自己的学科特色和学术优势。汉文化研究中心成立之后，又以中心为平台，制定了编著"汉文化研究丛书"的十年计划，试图打造自己的学术优势，占据汉画像研究和秦汉史尤其是东汉史学研究的制高点。从已经出版的论著的影响看，其原始的意愿已经基本实现了。可以说，前期的成果为后来的研究提供了基础和方向，但自然地也增加了难度。如何超越自己，如何将汉文化研究提升到更高的层次？我想，这是汉文化研究中心的同志们可能要花费很长时间予以思考和践行的问题。至于能否实现超越，就需要学术界的专家同仁予以引领和雅正了。

本丛书的十三种专著中，可以分为两个系列。

一是汉文化研究系列，共八本，主要探究秦汉时期社会历史的发展及其本质特征。郑先兴教授完成了《汉代思想史专题论稿》与《汉代史学思想史》，前者是其阅读汉代元典的心得，以礼治思想、经济思想、王充思想以及其他思想（包括谶纬、汉文化精神、荀悦政治思想）等四个专题，揭示并阐述了汉代的政治思想、经济思想与社会思想；后者则是其长期的历史教学与研究成果的积淀和积累，是对汉代优秀的学术思想文化遗产的发掘和梳理。刘太祥编审完成的《张仲景中医药文化研究》与《汉代政治文明》，前者是其对医圣张仲景在中医药药理、诊治、用方、医德等方面贡献的挖掘和阐释；后者则是其对汉代政治文明的成就比如治国理念、方略、机制的梳理和阐述，寻绎汉代政治文化中的进步和积极因素。冯建志教授等人完成的《汉代音乐文化研究》，主要描述了汉代音乐的内容、类型、发展及其美学思想。曾祥旭教授完成了《西汉后期的文学和儒学》，是其博士论文《论西汉前期的文学和儒学》的延续，阐述了西汉后期文学的发展及其与儒学的关系。杨运秀教授完成了《南阳汉画像与汉代经济研究》，以南阳区域为研究对象，分为两个部分，第一部分是以南阳汉画像为主题，从经济学的角度阐释了汉画像中的经济因素；第二部分是以汉代南阳区域经济为主题，叙述了南阳的农业、水利、手工业、货币、商业等经济状况。高二旺博士完成的《两汉魏晋南北朝人质现象研究》,是以其学位论文修订增补的,以古代人质现象为话题揭示汉代到南北朝时期所普遍存在的人伦和法制真相。

二是汉画像系列,共五种,主要是挖掘和阐释汉画像的内容及其社会意象。其中郑先兴教授完成了《汉画像的社会学研究》和《民间信仰与汉代生肖图像研究》,前者是以远古婚姻进程为线索,透视汉画像中神树、螺女、弓弩、伏羲女娲、西王母、傩等画面的社会历史内涵,后者则是以生肖为线索,阐释汉画像中生肖图像的社会历史意蕴。牛天伟、金爱秀二位完成的《汉代神灵图像考述》,则是从考古学、民俗学的角度,对汉画像中的伏羲女娲、西王母、气象天文、镇宅守墓、祥禽瑞兽以及传说的蚩尤、桑蚕农神等图像予以了阐释。季伟教授完成的《汉代乐舞百戏考述》,是以乐舞百戏为话题揭示汉画像中大量存在的乐舞图像的社会历史内涵,挖掘古代历史中优秀的乐舞文化遗产。徐永斌教授等人完成的《南阳汉画装饰艺术》,描述了南阳汉画像装饰艺术的题材内容、构成风格、技法类型、审美特征,及其在中国传统装饰艺术上的价值等。

毋庸讳言,"汉文化研究丛书"虽然推出了十三种,但与原本的初衷和社会的要求还是有距离的。希望汉文化研究中心的同志们更加努力,拿出更多的成果,拿出更丰富更深刻更具有影响力的汉文化研究论著。

让我们期待着吧!

2015 年 5 月

绪

● 汉代民间信仰的研究范式及其研究趋向

一直以来,汉代民间信仰是学术研究中的热点问题。资深的老一辈学者中如顾颉刚、杨树达、孙作云等,都曾经予以论析;现代活跃在学术界的著名学者王子今、彭卫、孙家洲、葛兆光也曾给予了研究;近年来一些年轻的学子如沈刚、贾艳红、李秋香等则借此研究获得了学位。那么,汉代民间信仰研究为什么会成为学术热点?研究中取得了哪些成绩,又有哪些不足?换句话说,其研究的趋向在哪里?总之,汉代民间信仰的研究范式及其研究现状如何?虽然对此有些学者也做过论析,但是对于汉代民间信仰研究来说,是远远不够的。为此,笔者试图尝试分析,以促进汉代民间信仰研究的深入。

(一)汉代民间信仰研究的原因

汉代民间信仰研究之所以成为学术研究中的热点问题,有着比较复杂的社会历史原因。

首先,这是社会政治历史发展的必然折射。1916~1919年的"五四"新文化运动,在陈独秀、胡适等文化旗手的引领下,高举民主与科学的大纛,主张"新道德""新文学""新伦理",提倡白话文,重视民众文化的发展和提高。1918年,北京大学有刘半农、顾颉刚等人主办了《民俗》杂志,调研民间文化,整理民间诗歌。以此为契机,一个关心民众疾苦、研究民间信仰的社会思潮蓬勃兴起。其进一步的发展,从现实政治来说是促成了中国共产党的成立和发展壮大,从学术思想来说,则是有关民间信仰的研究方兴未艾。嗣后,共产党人将马克思主义的共产主义理想与广大民众贫困疾苦生活的现实问题解决为结合点,积极构建崭新的民间信仰,从而调动了广大劳动民众创造历史的主动性和能动性，积极地投身到反对蒋介石国民政府独裁反动统治的民主运动和反对日本侵略者的民族解放运动中，建立了新中国。改革开放以来，广大民众的物质生活水平逐渐提高，但是与之相应的精神文化却已远远满足不了民众的生活需要。因而在一个稍微富裕的社会中构建合理的民间信仰，不仅仅是政治家的责任，同时也是学者义不容辞的义务。这样，民间信仰的研究，随着社会政治发展的需要，无论在启蒙时期，或是在民主民族革命时期，或是在现代的建设时期，都必然是学术研究的热点问题。

其次，这是"新史学"思潮深入发展的必然结果。早在1902年，梁启超就发表《新史学》，批评传统史学是二十四姓家谱，提倡研究民众生活的"国民史学"；1922年，梁启超又提出文化史研究的主张，提倡史学研究要关注民众生活史而不是只关注政治史。而以李大钊为代表的中国马克思主义史学主张人民是历史发展的主体，史学研究应该研究民众生活。这样，关注民众生活、民间疾苦的社会生活史逐渐成为新史学研究的主体。当然，其时的民间信仰研究的主题主要是在阶级与阶级斗争视野下的农民反压迫反剥削的起义斗争。改革开放以后，随着对"文革"影射史学的反思，文化史研究又被学者提出，号召研究社会下层的生活史。由此说来，研究民众生活史和民间信仰，一直就是上个世纪以来"新史学"思潮的基本要求和特征。

再次，这是汉代历史本身的特征所决定的。按照雅斯贝尔斯的观点，汉代是中国历史发展的轴心时期的晚期。轴心时期是指公元前6世纪到公元2世纪这段时间。在这个时期里，整个世界历史的发展，如印度、希腊、罗马、中国等等世界上文化较早发达的地区，都涌现出了一系列的思想家，他们整理之前历史发展的经验，撰写成各种各样的、影响今后历史发展的经典著作。影响中国历史发展的经典著作，大多出现在春秋战国时代。也就是说，春秋战国时代才是中国的轴心期。但是，众所周知，经过秦火之后，春秋战国时期的典籍是由汉代经师的传诵和整理而得以流布的。所以，汉代对于中国历史文化发展的重要性，是不言而喻的。就民间信仰而言，汉代是承继和整理了远古以来的精华，才逐渐形成了本土的宗教文化即原始的道教和原始的儒教，并引进了佛教文化。所以，汉代的民间信仰不仅是极其丰富和繁杂，而且在中国历史上占据着非常重要的地位。可以说，汉代民间信仰是研究中国历史文化精神的锁钥。

最后，这是新资料和新观念的启发。所谓新资料，是说在20世纪以来，随着考古学的发展，新出土的汉代简帛资料和画像资料，为汉代民间信仰的研究提供了非常丰富的材料。所谓新观念，是指西方史学相关的研究如《剑桥秦汉史》的编者鲁惟一、余英时等人的论著传入为汉代民间信仰的研究提供了理论和方法的支持。所以,汉代民间信仰的研究就成为今天历史研究中的热门话题。

(二) 汉代民间信仰的研究范式

作为一种社会历史现象,民间信仰研究范式是比较复杂的。一般而言,学术研究范式取决于学术研究的维度。考虑到民间信仰的研究主要是在宗教学、哲学、民俗学学科中进行,由此,总览汉代民间信仰研究实践,其研究范式主要就是宗教史——宗教学、思想史——哲学、社会史——民俗学、美术史——文艺学几种形式。

宗教史——宗教学的研究范式。宗教史学可以说是探究民间信仰的基本路径。在研究实践中,有关汉代民间信仰的研究大多附属在道教史、佛教史的通史性研究之中。由任继愈先生主编的单行本《中国道教史》(上海人民出版社1990年版)和卿希泰主编的四卷本《中国道教史》(四川人民出版社1996年版),其中都设有专章论述汉代的早期道教发展的形态。由汤用彤先生撰写的《汉魏两晋南北朝佛教史》(上海书店1991年版)的第一部分和任继愈主编的《中国佛教史》(中国社会科学出版社1981年版)第一卷,专门论述了秦汉时期佛教传入的情况。张岂之先生所主编的《中国思想学说史·秦汉卷》(广西师范大学出版社2007年版)的第四编"宗教篇"专门论述了"儒学的宗教学化倾向"、早期道教和佛教传入的情形。专门探讨汉代民间信仰的论著,比较早期的研究论著是1930年宋佩韦所著的《东汉之宗教》,该书是商务印书馆出版的、是何炳松所主编《中国历史丛书》中的一种。《东汉之宗教》分为四编,前三编分别论述东汉的儒教、佛教和道教的发展,最后一编则论述三教的关系。作为通俗读本,该书在论述东汉宗教中,不同程度地涉及了汉代民间信仰,比如谶纬、五斗米教等等。最近的研究则由汪小洋博士的学位论文《汉画像石宗教思想研究》(南京艺术学院博士学位论文2004年5月),该论文借助于汉画像石材料,对汉代墓葬绘画、尤其是西王母、射鸟、动物图像所蕴含的宗教观念予以挖掘梳理,揭示汉代民间信仰的基本内容和特征。

思想史——哲学的研究范式。民间信仰的旨趣在于宗教,其基石则是思想,而其研究可以在哲学中展开。在新时期以来的汉代思想史研究中,一些学者开始关注这一话题。如葛兆光先生的《中国思想史》(复旦大学出版社2001年版),其副标题为"中国的知识、思想与信仰世界",可以说是首开民间信仰与知识、思想相结合研究的先河。其中的第一卷第三编第一节专门论述传世文献、汉画像和铜镜中所反映的"一般信仰"亦即民间信仰。从知识的角度考察汉代民间信仰的,有钟肇鹏的《谶纬论略》(辽宁教育出版社1991年版),详细论述汉代的谶纬信仰,王铁的《汉代学术史》(华东师范大学出版社1995年版)主要论述了汉代的天文、数术、养生和谶纬信仰。从思想史的角度考察汉代民间信仰的,张岂之先生所主编的《中国思想学术史·秦汉卷》第一卷第一编"社会篇"设有"信仰世界与社会习俗"章节,专门就汉代民间的"五德终始"、"富贵、侯王、神仙、长寿"、"卜祀"、"婚丧礼俗"和"精神风貌"等等信仰状况予以考察分析,龚鹏程的《汉代思潮》(商务印书馆2005年版)论述了汉代的"自然气感"、"风俗美善"、"太平道"和"游民"等信仰问题。

社会史——社会民俗学的研究范式。从静态来看,民间信仰的载体是民众,属于社会民俗学的范畴;从动态来看,民俗文化又属于社会史的研究范畴。所以,汉代民间信仰的研究又可以从社会史或风俗史——民俗学的维度展开。如马新的《两汉乡村社会史》(齐鲁书社1997年版)第六章"两汉民间信仰与乡村神祇崇拜",指出,两汉民间信仰的神祇主要要司命、灶神、门神、四神和鬼怪,其特征在于实用、泛神崇拜、地方性;乡村巫与巫师盛行,实行巫蛊、祝诅和降神术;乡村还流行着禁忌和择日习俗。彭卫、杨振红的《中国风俗史·秦汉卷》(上海文艺出版社2002年版)第九章"信仰风俗",论述了秦汉时期的神灵(自然神、人格神、职能神、动物神、祖先)、鬼怪、方术(卜筮、相术、占梦、望气、风角、日月星占、谶纬和巫术)、道教和佛教等等。贾艳红博士沿袭其导师马新的思路,所撰写的学位论文《汉代民间信仰研究》(山东大学博士学位论文2004年4月),以"汉代的神祇世界"、"沟通神人的媒介——巫"和"芸芸众生的信仰"三个篇幅专题论析了汉代的民间信仰。李秋香博士的学位论文《文化认同与文化控制:秦汉民间信仰研究》(河南大学博士学位论文2010年4月)从民间信仰的功能文化认同(包括地域、族群和历史)和文化控制(包括禁忌、巫术、儒家伦理和宗教)两个方面,考察秦汉时期的民间信仰形态。沈刚博士的《民间信仰与汉代社会》(东北师范大学博士后工作报告2006年12月)对汉代民间信仰作了更为深刻的论析,指出,汉代社会的民间信仰源自于东周之后的社会秩序混乱和秦代国家的规范,其形式有先兆类、禳灾类、祈福类、节庆与习俗类、祝诅类等,同时也表现为地域性层级性,方士、巫蛊乃至于国家的活动都制约着民间信仰,而民间信仰对于社会经济主要起着负面的影响。张文安博士的《周秦两汉的神仙信仰研究》(郑州大学博士学位论文2005年5月)考察了神仙信仰由民间方士到君王再到方士的发展历程,分析了神仙信仰与方术、养生和道教产生的关系。姚圣良博士的《先秦两汉神仙思想与文学》(齐鲁书社2009年版)则考察了神仙信仰与文学的关系。白春霞的《战国秦汉时期龙蛇信仰的比较研究》(陕西师范大学硕士学位论文2005年6月)对民间信仰的偶像龙、蛇予以了论述。胡迪的《汉代禁忌探讨》(吉林大学硕士学位论文

2008年4月)全面考察了汉代的生活生活(服饰、饮食、住宅、婚嫁、丧葬)、生产(农耕、渔业、养殖)以及政务、军事等方面的禁忌,并分析其原因与影响。王光华的《简帛禁忌研究》(四川大学博士学位论文2007年4月)利用简帛资料考察了战国秦汉时期的日常生活(包括时日、方位和行为)、月令和军事等禁忌情况。宋燕鹏的《两汉南北朝时期淫祠》(河北师范大学硕士学位论文2002年)专门考察汉代的淫祠。

  美术史——文艺民俗学的研究范式。20世纪以来,反映汉代民间社会的砖石画像资料大量涌现,更多的学者借助于文艺学的理论挖掘汉画像中的民间信仰内涵。有的对汉代民间信仰的偶像作了专题性的研究。比如陈履生的《神画主神研究》(紫禁城出版社1987年版),主要论述汉画像中的伏羲女娲、东王公西王母两对主神图像特征;李淞的《论汉代艺术中的西王母图像》(湖南教育出版社2000年版)则探究了汉代河南、山东、陕北、四川的汉砖石西王母图像以及铜镜中的西王母图像。牛天伟、金爱秀的《汉画神灵图像考述》(河南大学出版社2009年版)则比较全面地考察了汉代民间信仰中的伏羲女娲、西王母、气象神灵(雷神、风伯、雨师、虹神、河伯)、镇宅守墓神灵(神荼郁垒、宗布神、獬豸神)、农事神灵(蚕马神、牛神)、战神蚩尤、祥瑞神灵(熊、虎、凤凰、麒麟)、天象神灵(日月、天门悬璧)等等偶像图像。郑先兴的《汉画像的社会学研究》(河南大学出版社2009年版)借助于"原型分析"的理论,指出汉代的神树、螺女、弓弩、伏羲女娲以及西王母、傩等画像,表面上体现了汉代民间的财色信仰,实际上体现了远古婚姻由群婚到走婚再到夫妻婚制的演化过程。朱存明的博士论文《汉画像的象征世界》(人民文学出版社2005年版)则从方法论的角度指出汉墓形制体现了汉代的天圆地方观念,汉画像图式象征着汉代的天地人鬼的认知世界、宗法观念。

  神话——文艺民俗学的研究范式。民间信仰中的偶像大多以神话的形式出现,所以在研究实践中,一些学者试图通过神话的研究来揭示汉代民间信仰的特征。田兆元的《神话与中国社会》(上海人民出版社1998年版)第十一至十四章论述了汉代的祖先、谶纬、道教和佛教神话。王青的《汉朝的本土宗教与神话》(中华发展基金管理委员会、洪业文化事业有限公司1998年8月联合出版)描述并分析了两汉时期的国家宗教和民间宗教的制度化历程,重点论述赤松子、王子乔、西王母、黄帝、老子等几个有代表性的仙真神祇个案。黄震云、孙娟的《汉代神话史》(长春出版社2010年版)则梳理了汉代文学、著作、帛画、画像石中的神话传说。

(三）汉代民间信仰的研究趋向

通观汉代民间信仰的研究，大致上可以推测其未来发展的趋向。

其一，从研究的话题来说，思想史——哲学的研究范式将会加强。近年来的汉代民间信仰研究，多集中在社会史和美术史方面，其选题的重复和内容的重叠势必会激起研究者的哲学思考，进一步挖掘其内在的思想文化意蕴。葛兆光和张岂之的思想史研究扩展到知识和信仰的视域，可以说，代表了汉代民间信仰研究的基本取向。但是遗憾的是，无论是葛先生的《中国思想史》或是张先生的《中国思想学说史·秦汉卷》，对于民间信仰话题的重视还远远不够。因为前者只是用了很少的篇幅，其他大部分章节还是落入经典文献研究的俗套；后者虽有所论述，只是作为秦汉思想史的社会背景来讲的。由此，在思想史——哲学的研究范式中深入探讨汉代民间信仰的丰富内涵，就成为汉代思想史研究的新视角和新趋向。

其二，从研究的理论来说，汉代民间信仰的概念将会重新界定。近年来，民间信仰的研究虽然越来越受到学者的重视，成为学术的热点，但是究竟什么是民间信仰？其概念应该如何来把握？学者们的认识是有分歧的。大体上说，将民间信仰看作民俗文化，与成熟的宗教相对称，这是没错的。但是，如果考虑到传统文化的宗教淡化、神怪多多的特征，这种认识就显得片面化；以此来探究历史尤其是汉代及汉代以前中国本土宗教尚未形成的民间信仰，就更不能准确地指导实际的研究。由此，高度抽象地来阐释民间信仰的意蕴，是进行民间信仰史研究的前提。而民间信仰概念的把握，应该充分考虑到几点：第一，是由民间而带来的民众、民俗；第二，是由信仰而带来的知识、精神；第三，是由民众精神、民俗知识所带来的社会思潮、社会价值观念；第四，是由此而折射出来的思想观点和宗教仪式。我们认为，民间信仰概念的理解只有考虑到这些因素，汉代民间信仰的研究才能深入下去。

其三，从研究的资料来说，汉代民间信仰的研究需要重视图像资料的使用。汉代历史资料，主要来自三个方面，一是传世文献比如《史记》《汉书》《后汉书》《淮南子》《春秋繁露》《论衡》《风俗通义》等等，二是出土的简帛资料如《居延汉简》《放马滩汉简》等等，三是汉代砖石画像。在实际的研究中，传世文献和出土简帛资料为学者们所共同重视，而大量的图像资料只有艺术史和文艺学的研究者才使用。所以其结果是，美术史——文艺学的研究范式更贴近历史实际，而宗教史——宗教学的研究范式、思想史——哲学的研究范式与社会史——民俗学的研究范式显得名不副实。葛兆光先生可能有鉴于此，在研究中采用了汉画像资料。但根据他所列出的"帛画与画像砖中的三个世界"小标题和相关论述来看,葛先生可能尚未明白汉画像有砖、石、壁等等的分别。可见,采用汉画像资料来研究汉代民间信仰,还是有一定的难度的。

最后,从研究的实践来看,汉代民间信仰的研究需要整体史观的方法。民间信仰虽然属于民众文化,但是它与社会上层的政治文化是相互对立、相互拥有、相互支配的。如果在研究中只考虑到民间性、民俗性,而不考虑它与政治之间的相互渗透和影响,就不可能揭示民间信仰的社会历史本质。比如如果不考虑秦皇汉武的求仙活动,就很难把握汉代社会普遍存在民间的神仙信仰;如果不考虑王莽的借助于西王母来造势篡权活动,也不能理解当时民众普遍的西王母信仰。可见,探究汉代的民间信仰,不仅要考察汉代社会的一般民众生活,同时尚需要观照汉代统治者的社会活动及其精神导向对于民众活动的吸取和影响。如此,汉代民间信仰的研究就需要整体的史学方法,从社会的普通民众到上层统治阶级,从经济生活到精神生活,从非理性的民俗活动到理性的制度规定,都需要整体上来把握。

● 汉画像的研究现状及其民间信仰性质

传世文献、出土简牍和汉画像是构成两汉历史文化研究的重要资料。但是在现实的历史研究实践中,传世文献比如《史记》、《汉书》和《后汉书》普遍受到重视和重用,而出土简牍则更得到史学家青睐,成为秦汉史研究的热点甚至可说是显学,只是大量的汉画像艺术资料却始终得不到史学家尤其是两汉史研究者的重视。在这里,笔者不揣冒昧,将出土的汉代画像艺术作为核心的资料,结合传世文献和出土的简牍资料,以汉代的民间信仰为话题,作一探索。

(一) 汉画像及其研究的现状

所谓汉画像,就是指汉代的雕刻和绘画艺术。汉画像的内容非常之丰富。依照汉画像所依存的材料来说,可以分为石画(通称汉画像石)、砖画(通称汉画像砖)、壁画、帛画、漆画、瓦当画、铜镜画;以汉画像的功能来说,可以分为祠堂画、汉阙画、墓室画、棺椁画;以汉画像雕绘的技法来说,主要可以分为拟浮雕(包括浅浮雕、高浮雕、透雕和圆雕)和拟绘画(包括阴线刻、凹面线刻、减地平面线刻)两类;依照汉画像画面内容来看,可以分为生产生活、人物故事、历史掌故、房阙庭院、神仙灵异、天文星象、逐魔打鬼;依照目前汉画像所发现和出土的区域情况,学术界一般划分为四个区域:以河南南阳为核心的洛阳、郑州、许昌区域,主要出土有石画、砖画、壁画;以嘉祥、徐州、淮北为核心的山东、江苏、安徽和浙江区域,主要出土有石画、祠堂画;以巴蜀为核心的四川、重庆区域,主要出土石画、砖画、棺椁画;以吕梁、陕北为核心的山西、陕西区域,主要出土石画。

汉画像的研究可以说是由来已久。有学者称之为"千年学术",可以说名副其实。大致上,汉画像的研究可以分为三个阶段:第一个阶段是两汉之后至晚清,可以说是汉画像研究的著录时代。北魏郦道元《水经注》中就有关于汉代武梁祠画像的记载。嗣后,宋代赵明诚的《金石录》、清代冯云鹏、冯云的《金石索》都有相关的记载。第二个阶段是晚清至新中国的建立,可以说是汉画像研究的被新学术所重视的阶段。五四之后的文史学者诸如翦伯赞、鲁迅、董作宾等给予汉画像以足够的重视,汉画像作为重要的艺术史资料和汉代历史资料得以保存和收藏,比如早在1935年在地方官员的关注下就建成了南阳汉画馆。第三个阶段是新中国建立至今,汉画像特别受到关注,可以说是其研究的繁荣时期。这主要体现在:一是汉画像资源发现更多了,这是因为在国家文物局的主持下在全国范围内所进行的文物普查,使遗存在各地的汉画像砖石得到了相对确切的了解,更重要的是在汉墓考古中出土了大量的汉画像砖、石;二是汉画像博物馆的建立为汉画像的收藏和保护、研究提供了便利的条件,如除了南阳汉画馆得以重建,山东还建成了山东艺术雕刻馆、嘉祥武氏祠汉画馆、滕州汉画馆,江苏建有徐州汉画馆,安徽建有淮北汉画馆,萧山汉画艺术馆,等等;三是研究机构的建立和队伍的壮大,一些大学成立了专门的汉画像研究机构,开设汉画像研究的学位点,一些导师不仅自己积极展开汉画像的研究,并招收和培养硕士、博士研究生以专门研究汉画像。

迄今为止,汉画像的研究可谓是成绩斐然,但是问题也很多。就其研究的基本范式来说,主要限于考古学和艺术学领域。就考古学方面的研究而言,其研究主要是汉画像的著录和画面内容的考释。著录方面,最重要的是《中国画像石全集》《中国画像砖全集》以及四大区域相关的著录图册,比较全面反映了各地汉画像的基本情况。考释性的代表性论著主要有:1.信立祥的《汉代画像石综合研究》,该书将汉画像分成墓祠、墓内、阙和岩画四个方面,然后分别予以论述。2.王建中的《汉代画像石通论》,该书以时间为经,以空间为纬,按照西东两汉自然时间将汉画像各分成早中晚三个时期,又观照四大区域汉画像的特征,予以分别论述,属于比较典型的汉画像考古学专著。3.李淞的《论汉代艺术中的西王母图像》,该书选择汉画像中的西王母图像,专门予以探究,分析四大区域中西王母汉石图像以及铜镜、摇钱树上西王母图像的特色,总结西王母图像的艺术特征。4.罗二虎的《西南汉代画像与画像墓研究》,则是针对四川地区汉画像石棺作详细的考察。考古学研究的特征在于"其画面的考释有余,而其内涵的解释则显不足"。就艺术学方面的研究而言,其主要的代表作有:1. 巫鸿的《武梁祠——中国古代画像艺术的思想性》,依武梁祠汉画像所处位置的不同,指出其象征着天堂、仙界和人世三个世界。2. 陈江风的《汉画与民俗——汉画像研究的历史与方法》,认为汉画像存在着三个世界:神祇所居住的天国世界、墓主人阴间的生活世界和魑魅魍魉与打鬼避邪的形象世界;正是这三者构成了汉画像的绮丽的艺术世界,艺术地再现了人的本质力量和时代精神。3. 朱存明的《汉画像的象征世界》,全面深刻地分析汉(墓室、祠堂鱼棺椁)画像中的宇宙象征主义。艺术学的研究虽然弥补了考古学"解释欠缺的不足,但解释的现代化往往忽略其历史特性,可以说是类比解释有余,探源实证不足"。由此可见,要使汉画像的研究深入展开,尚仰仗于历史学的介入。因为历史学不仅是"解释性的学问",同时也是"实证性的学问",对汉画像展开历史学的研究,将是推进汉画像研究的唯一途径。

实际上,一些史学家已经看到了汉画像在历史研究中的作用。如著名的马克思主义史学家翦伯赞先生在撰写《中国史纲》秦汉部分时,就把汉画像作为最新的历史资料加以重视,指出汉画像全面反映了汉代社会生活面貌,是一部"绣像的汉代史"。再如葛兆光先生的《中国思想史》论及到汉代思想时,采用了马王堆帛画和汉画像的资料,由张岂之先生主编的《中国思想学术说史》秦汉卷在谈到西王母崇拜时,也采用了铜镜和汉画像的资料。但是整个说来,秦汉史研究中,汉画像资料还没有如传世文字资料和出土简牍那样成为专门的资料来使用和研究,而只是作为前者的补充来使用的。此其一。其二,也有学者虽然使用了汉画像资料,但是出现了明显的失误。比如,将汉砖画像和汉石画像区别不开。

由此,笔者认为,要充分地使用汉画像资料研究历史,除了掌握汉画像的基本知识和学术研究的前沿走势之外,最重要的是要选准汉画像史学研究的切入点。只有选准了正确的切入点,才能发挥史学的解释和实证功能,对汉画像展开全面深入的研究。

(二)图像学研究的旨趣与民间信仰研究的本质

现代西方的图像学理论为我们如何正确地来选择汉画像的史学研究切入点提供了借鉴。现代西方图像学的创始人、20世纪30年代德国汉堡学派著名代表欧文·潘诺夫斯基指出,图像学的研究要关注三个层次,一层是所谓"前图像的描述",即图像所描绘事物的意义;二层是所谓"常规意义",即指图像作者所要表达的意义;三层是所谓"本质意义",就是"揭示决定一个民族、时代、阶级、宗教或哲学倾向基本态度的那些根本原则",通俗地说就是文化精神,或者说思想性。由此,图像学研究的宗旨就是关注艺术图像的思想旨归,而不是一般艺术家所讲究的艺术形式或艺术技法。彼得·伯克就指出,"'图像研究者'一词往往用来指这样一类艺术史学家,他们把重点放在艺术作品所表达的思想内容,即其中隐含的哲学或神学上"。① 由此,具体到汉画像的研究,我们也不能仅仅关注汉画像的雕绘形式和技法,而应该关注其所蕴含的思想旨趣上。由于思想内涵之丰富和广博,我们不可能面面俱到毫无重点地论述汉画像的思想性,所以这里就删繁就简,以民间信仰为切入点,来观察汉画像艺术中的汉代社会民众的生活情趣,梳理其民间知识、信仰和思想的内涵。

所谓民间信仰就是指社会广大中下层民众的精神欲求及其崇奉。作为学术概念,民间信仰是20世纪80年代之后才提出的。迄今为止,关于民间信仰的精确含义尚未有一致的意见,但顾名思义,其基本的规定还是可以理解的。其一,民间信仰是与政府相对而言,属于民众文化层次的,是与主流政治观念有所不同而单独存在且有自己发展规则和发展趋向的精神价值欲求。其二,民间信仰是与宗教相对而言,属于前宗教或潜宗教状态的,是与有着严格教义教规的宗教有所不同的而为社会民众所普遍信奉崇拜的。其三,民间信仰是与精英思想相对的,属于普通群众的,是与理论化系统化的精英思想有所不同的但是又受其影响的、松散的、即时性的社会思想或社会思潮。在这里,如果说"民间性"和"前(潜)宗教性"构成了民间信仰的基本元素的话,那么,社会思想性(或社会思潮性)就是民间信仰的本质特征。因为民众的价值欲求和精神崇拜,不仅是民间信仰的基本内涵,也是社会思想或社会思潮的基本内容。就此而言,民间信仰的研究实际上就是对社会思想或社会思潮的研究。无疑地,我们对汉画像艺术中的民间信仰研究,实际上就是对汉代社会思想或社会思潮的断代史研究。

(三)汉画像的民间信仰性质

作为社会生活及其思想的载体,汉画像非常鲜明地体现着汉代社会的民间信仰性质。之所以这样说,是因为在目前已经发现的汉画像石墓中,能够明确确定其墓主身份的,大多无有官职和纪年,即使有官职的,其官职大多在两千石以下。如:

1. 在河南省唐河县湖阳发掘的冯君孺人石画汉墓,该墓榜题为"郁平大

---

① [英]彼得·伯克:《图像证史》,杨豫译,北京大学出版社2008年版,第43、42页。

尹冯君孺人"。说明"冯君生前的官职为郁平郡大尹,相当于太守一级的官吏"。①

2. 山西离石马茂庄左表石画汉墓,有榜题"使持节中郎将莫府奏曹史西河左表字元异之墓"。这里的"中郎将秩比二千石"。

3. 陕西绥德苏家圪坨杨孟元石画汉墓,有榜题"西河太守行长史事离石守长杨君孟元舍永元八年三月廿一日作"。太守与大尹相同,秩二千石。

4. 河南密县打虎亭1号石画汉墓,发掘者考证为"弘农太守张伯雅墓",秩二千石。② 但是有学者考证为梁汉之际的宦官"大常侍"侯渊之墓。③ 而"常侍"的俸禄也是"比二千石"。

5. 江苏邳县燕子埠缪石画汉墓,墓志石刻有"故彭城相行长史事吕长缪字……君以和平元年七月七日物故",据《后汉书·百官志》封国之"傅""相",秩"皆二千石"。

6. 山东安丘董家庄石画汉墓,据考证为东汉末年曾任青州刺史的孙嵩,秩比二千石。

7. 长沙马王堆汉墓,2号墓出土印章"利苍""轪侯之印"以及官印"长沙丞相",3号墓出土有封泥"利豨"。④

8. 内蒙古和林格尔壁画汉墓,其墓主人"历任西河长史(六百石)、行上郡属国都尉(比二千石,实际仍然是六百石)、繁阳县令(秩千石),最后最高官职为护乌桓校尉(秩比二千石)"。⑤

除上述之外,古代文献记载的汉画像墓主人身份,也没有超出二千石的。如:九江太守司隶校尉鲁峻墓,秩二千石;荆州刺史李刚墓,卒于熹平元年,当时品秩为六百石;蜀郡太守属国都尉王子雅墓,秩二千石。⑥

当然超出二千石以上官职的汉墓也是有的,如广州发现南越王墓,有云气纹饰;河南永城梁王墓,有四灵图像;江苏睢宁九女墩汉墓,据推测可能是汉代

---

① 南阳地区文物队、南阳博物馆:《唐河汉郁平大尹冯君孺人画像石墓》,《考古学报》1980年第2期;闪修山:《汉郁平大尹冯君孺人画像石墓研究补遗》,《中原文物》1991年第3期。
② 《密县打虎亭汉墓》,文物出版社1993年版。
③ 李宗寅:《打虎亭汉墓墓主人考》,《寻根》,1998年第1期。
④ 傅举有:《马王堆汉墓的墓主人是谁——马王堆汉墓墓主人讨论三十年回顾》,《湖南省博物馆馆刊》2004年第1期。
⑤ 盖山林:《和林格尔汉墓壁画》,内蒙古人民出版社1977年版,第15、24、26期。
⑥ 《水经注·"济水""洧水"》;《隶续》卷十七、十八;《金石录》卷十九;《山左金石志》。

诸侯王、大贵人或长公主级别的汉墓。① 这些汉墓级别虽为诸侯王级别,但不是很多,而且其中的画像也相对很少,与众多无主无榜题的汉画像石墓相比,所占比例很少。罗伟先先生曾经撰写文章对全国各大区域所出土的汉画像石墓进行统计分析,指出,"中小型画像石墓占总数的2/3"。② 考虑到"许多小型汉画像石墓发现发掘后由于材料很少或遭到破坏等原因,并没有形成报告公布",所以,"实际比例还要大,要占到3/4或4/5左右"。③

由此,根据大量的无主无榜题汉画像石墓的出现,和一些中下级官员使用汉画像石墓的情况,可以断定,汉画像的使用在当时社会上是一种比较普遍的社会现象,体现着社会中下层民众的生产生活场景和精神愿望。正如一些学者所指出的,"画像石墓使用者的身份等级局限于品秩二千石以下的官吏以至无官品的富豪人家这样一个大范围的中间阶层之内"④;"汉画像石反映的内容,无论是生产、生活,还是神仙、灵异,无不表现出浓郁的民间气息",如"那些《升仙图》《神仙灵异图》等,刻画的则是中下层人民的信仰和对未知世界的美好憧憬",而那些"浩大的车马出行图,也只是墓主对死后的期盼,绝非是他们生前的真实情景"。⑤ 可以说,汉画像不仅体现了汉代民众的实际生活,同时更折射着汉代民间的精神意愿。可见,汉画像是研究汉代的社会思想史和民间信仰的最宝贵的资料。

● 十二生肖的研究现状及其文化意蕴

十二生肖是传统文化中妇孺皆知、深入人心的意象,是民间信仰的主体内容。汉画像作为汉代民间的主要资料,其内容除了众多的人物故事、天文星象和历史传说之外,还有以十二生肖为主要内容的诸多动物图像。因此,探究汉代的民间信仰,以十二生肖为楔入点,可以说正当其职。

---

① 李蔚然:《江苏睢宁九女墩汉墓出土玉牌用途的推测》,《考古通讯》1958年第2期。
② 罗伟先:《汉代画像石墓葬形制的初步研究》,《华西考古研究(一)》,成都出版社1991年版。
③ 周保平、徐玲:《从汉画像石看汉代的民间信仰习俗》,载朱青生主编《中国汉画学会第九届年会论文集》,中国社会出版社2004年版。
④ 罗伟先:《汉代画像石墓葬形制的初步研究》。
⑤ 周保平、徐玲:《从汉画像石看汉代的民间信仰习俗》。

(一)十二生肖的研究现状及其问题

十二生肖是民间文化和民间信仰中的核心内容,因此得到了民俗学和宗教学的深刻关注。迄今为止,有关十二生肖研究的论著可以说是举不胜举。大体上,这些研究以其成书的规模和研究专题,可以分为以下三个方面。

一是丛书类。这方面就是将十二生肖单个成书,然后汇集成一套。现在坊间最能够体现当代研究水平的:1.《十二生肖妙品欣赏》,本丛书由钱仓水主编,中国时代经济出版社出版发行。本丛书的特征是将古今中外各种文体中相关生肖的论述予以攒集,可以说是集资料之大成;各卷都有导语,"从动物学的角度介绍该生肖的知识(其中龙除外,介绍它的源起和嬗变),从文化学的角度介绍该生肖的影响,各册又配以若干插图或照片之类,因此,它还是跨学科、跨图文的"。2.《生肖文化·典藏图文版》,本丛书由叶舒宪先生主编,社会科学文献出版社1998年出版发行,陕西人民出版社2008年再版发行。本丛书的特色,用主编叶舒宪先生的话说,"分别由学有专长的民俗和文化研究者撰写,每册集中研讨某一种生肖动物的文化蕴涵,侧重说明人与动物的互动关系,以及该种动物在中国文化传统中的多方面投影和表现。具体而言,涉及神话、宗教、仪式、占卜、农牧业生产、风俗习惯、语言、文学、艺术、天文历法、地理、历史,乃至民间的衣食住行等方方面面,博采中外各民族相关的动物文化材料,包括文献、考古文物和田野调查等,以资对照和比较。特别注意吸收近年来国内国际学界的新成果和新观点,力求做到知识性、趣味性和学术性的结合"。

二是综合性专著类。这类研究主要是将十二生肖合著为一本书,其特征是综合性、研究性相对较强。这方面的论著主要有:1.吴裕成所编著的《十二生肖与中国文化》,天津人民出版社1992年初版,2003年再版。本书分为四章,前两章分析十二生肖所产生的历史与民族文化的背景,第三章分析十二生肖的各个文化内涵,最后一章论析十二生肖与民俗、迷信、宗教、语言文学和造型艺术的关系。2.赵伯陶所编著的《十二生肖面面观》,齐鲁书社2000年版。本书是一部通俗性的读物,以问答的形式论述生肖文化。全书共设一百二十九问,前三十三问是为"总论""概论"部分,主要讨论生肖的文献、宗教、民俗以及天文等基础知识,后九十六问分为十二部分,以十二生肖的顺序,每一个生肖设八问,主要讲述生肖的神话传说、民俗特征和自然特性。3.其他论著。如常峻所编著的《生肖》,由上海辞书出版社2004年出版发行;殷伟所编著的《文化生肖》,由文物出版社2004年出版发行;李时佳所编著的《神秘文化数生肖》,由河南大学出版社2005年出版发行,等等。这些论著大多是通俗性读物,涉及民俗习惯、历史典故和神话传说等等。

三是单项性专著。这类研究主要是将十二生肖的某些对象予以专门的论析,其特征是突破生肖信仰研究的藩篱,而对信仰对象作更为广泛和细致的讨论。其中研究最为热门的是龙凤,如王大有的《龙凤文化源流》(中国时代经济出版社2008年版)、何新的《龙:神话与真相》(上海人民出版社1989年版)与《谈龙说凤》(时事出版社2004年版)、刘志雄的《龙之源》(中国书店2008年版)、胡照华的《中华神龙》(中国城市出版社2003年版)、庞进的《八千年中国龙文化》(人民日报社出版社1993年版)和《凤图腾》(中国和平出版社2006年版)、陈勤建的《中国鸟文化》(学林出版社1996年版)与《中国鸟信仰——关于鸟化宇宙观的思考》(学林出版社2003年版),等等。其他如虎、狗等也有专门研究性论著问世。

综合以上各种研究的共性特征,可以发现,有关十二生肖的研究虽然是学术界和社会生活中的热门话题,但其所讨论的问题,却是十分有限度的。在叶舒宪先生看来,主要是六个问题:"十二生肖为什么是十二个,不多也不少?十二生肖是怎样产生的?起源于何时?为什么与十二地支相配?十二种动物的排序有什么根据?为什么其中十一种动物都是现实所有的,唯独龙这一种却是现实中没有的呢?"在我们看来,十二生肖所涉及的问题主要是三个:

第一,十二生肖是怎样形成的?

第二,十二生肖的主旨是什么?

第三,十二生肖衍生了哪些文化意蕴?

毫无疑问,这些问题是十二生肖研究中的元问题,祈求一种共性的答案显然是不可能的。我们只能在学者们业已全面而深刻的论析基础上,从社会历史发展的角度予以探究论说。

(二)十二生肖的主旨及其生成

用历史眼光看,十二生肖的形成肯定经历了一个漫长的过程;而其主题意旨也应该是在长期历史进程中逐渐明朗化的。职此之故,为叙述的需要,我们将第一和第二两个问题放在一起并颠倒其顺序来讨论,这就是先讨论十二生肖的主旨,其次再讨论其形成的过程。

关于十二生肖的主旨,学者们作了较为深刻的论析。其共识在于,十二生肖与图腾崇拜、天干地支纪年以及术数崇拜有关。如张锡科先生认为,十二生肖的滥觞是远古的图腾崇拜,而干支的创制(主要是十二地支)和各古族的联合,是十二生肖形成的基础。① 王红旗认为,地球上生物发展存在着十二年的周期,在这十二年中的每一年都特别适于某一种动物的生长,这一年便称为该动物年,在这一年里出生的人如果能够模仿这种动物,便可以更适合于生长。② 当然,现在民俗所认为的十二生肖主旨,则是两两结合,六道轮回:第一组鼠和牛。鼠代表智慧,牛代表勤劳。第二组老虎和兔子。老虎代表勇猛,兔子代表谨慎。第三组龙和蛇。龙代表刚猛,蛇代表柔韧。第四组马和羊。马代表一往无前,直奔目标,羊代表和顺。第五组猴子和鸡。猴子代表灵活,鸡定时打鸣,代表恒定。第六组狗和猪。狗是代表忠诚,猪是代表随和。③ 显然。这是将传统阴阳观念与佛教的轮回、辅之以动物的特性而想象出来的。由此观之,十二生肖的主旨可以无限制地予以发挥想象,而距离其原始的真实则相悖更远。

那么,十二生肖的主旨究竟为何?

我们认为,要说明十二生肖的主旨,必须用辩证法的观念,透过事物的表现,揭示其真相。无疑地,十二生肖的表象一是动物,二是时辰,三是在动物和时辰的基础上的互相结合;而其本质则是人个体的属性及其配偶的可能与否。由此可以推知,十二生肖的主旨是婚配制度的规范及其恪守。之所以这样说,是因为生肖动物实际上不是指自然的动物,而是指由此动物所表征的人。此已为众所周知,毋庸赘言。遗憾的是,众多的论析者往往脱离人的实际而肆意铺张论述动物的特性,与生肖观念的主旨可谓是离题万里了。

问题在于,为什么生肖动物表征人的个体?为什么生肖的和合表征婚配制度的规范?

我们认为,要说明这两个问题,必须用历史的眼光,追溯其源流,揭示其嬗变的规律。由此,十二生肖的发生和嬗变,大致上可以说经过以下三个阶段:

第一,动物标识的部族阶段,其起讫可以说从人类之初到洪水来临。众所周知,原始部族各有其动物的标志。如传说人类的始祖伏羲女娲以蛇为标志,东汉王延寿《鲁灵光殿赋》说"伏羲鳞身,女娲蛇躯";传说黄帝是以熊为标志的,《史记集解》引徐广:"黄帝号有熊。"《史记正义》:"黄帝有熊国君,乃少典国君之次子,号曰有熊氏。"以此反观十二生肖,可知十二种动物在远古时代大多曾经是某一部族的表征。如,鼠→苗族,牛→炎帝、蚩尤,虎、兔→西王母,龙→伏羲女娲,蛇→黄帝,马→白马羌,羊→羌,猴→蜀羌族,鸡→舜、商、秦,狗→犬

---

① 张锡科:《我国十二生肖文化探源》,《东方论坛》2008年第3期。
② 王红旗:《神妙的生肖文化与游戏》,北京三联书店1992年版。
③ 《十二生肖的寓意》,《中国地名》2009年第2期。

戎，猪→豢龙氏等等，可见所有生肖动物都有具体所指代的部族。从文化人类学的观点看，以动物表征部族，除了划地分割势力范围之外，主要就是用以婚配，即规定部族之间可否婚配，其目的一方面是禁止近亲之间的血缘婚交，另一方面是禁止有仇部族之间的婚配。从婚媾历史实际进程看，动物作为部族的标识也不是一蹴而就的。童年的人类选择动物作为标识，最初大概只是恐吓豺狼猛兽，而其婚媾可能是发情期的血缘内婚；长期的婚媾实践警告人类这样不利于部族的发展，于是进入发情期的部族外婚制，但是为防止血缘内婚的出现，于是各个部族选择一种动物来作为自己的标志。

第二，动物标识的个体阶段，其时间可以说是洪水之后的事情。长期的婚媾实践，已经使人类意识到，人类自身的诞生其实是男女的婚媾结合。洪水发生后，人们的外出走婚出现了困境，于是同部族内的男女互相观照，于是就出现了所谓传说的同胞兄妹婚交。这种实际上是原始血缘婚媾的返祖，其弊端不利于后代的生长已是不言而喻的，而长期共同生活因互相熟悉所造成的对于异性的忽视及其之前长期的性禁忌，成为同胞兄妹婚交的障碍。为破除障碍，聪明而追求性幸福的人类将部族的标识化为个体，这就是传说中的伏羲女娲用"便面"的缘由。这在汉画像的"伏羲女娲人首蛇身交尾"有着很形象的体现。自此之后，那些聪明的所谓奸佞之人，可能出于自然的选择或者是自身欲求获取性快感，于是有意识地伪装自己，骗取同胞异性以进行性媾。如汉画像中所反映的"猴玃盗女"、"盘古狗"和"交尾蛇"等等，可说都是这种乱伦交媾的折射。遗憾的是，在伪装之下，整个社会都沉浸在血缘媾和之中，甚至延续了好长时期。其时，所谓家为巫师，人为巫师，"废时乱日"，都是对这一淫乱时代的指责。终于，到帝尧时，开始明令人们不得再借助于伪装而乱伦交合。《书·尧典》："克明俊德，以亲九族。九族既睦，平章百姓。百姓昭明，协和万邦。黎民于变时雍。"汉代经学家在解释到这句话时说，"俊德"是有才能的人，"九族"是从高祖到玄孙。其实，"俊德"的本意当是峻德，即严肃的道德法纪；"九族"的本意是现存的诸多部族。这句话的本意是说，帝尧的功绩主要在于，一是明确了诸多部族之间的标识，二是明确了每个人的标识，三是在此基础上确立了婚姻制度。"乃命羲和，钦若昊天，历象日月星辰，敬授人时。"可见，帝尧所确立的婚姻制度，其宗旨就是根据自然时间的演变来表明每个人的动物标识，然后再确定其相互之间的婚姻关系。换句话说，帝尧将社会上已经广为流行的伪饰取巧方式，用法律的形式固定下来；从而既巩固了外族婚媾的优良传统，又避免了血缘婚媾的危险。又，《书·吕刑》："乃命重黎，绝地天通，罔有降格。"《书·孔传》："重即羲，黎即和。尧命羲和世掌天地四时之官，使人神不扰，各得其序，是谓绝地天通。言天神无有降地，地祇不至于天，明不相干。"

"这里所谓的'人神不扰,各得其序',表面是说明民众不能随便以巫师的角色祭祀上天,实际则是禁止那种随时随地借助于祭祀乱伦交合,是对内婚制血缘乱交的限制。"①可见,传说的帝王尧的重要历史功绩,主要是婚姻制度的确立。

第三,动物标识的数字化阶段,其时间大概要经三代而到秦时才正式确定下来。帝尧将人的生肖明确之时,可能不是现在人们所知的只有十二个,也许还有水族的鱼,走兽中的大象、狮子、豹子等等,即是飞禽也不只是鸡,还有鹰、雁、鹄、鹭鸶、鹤等等。传说的孔夫子"获麟而止",推测可能是孔子的生肖为麟,所以自我伤感地将猎人的猎物麟比拟自己,而中止了《春秋》的编纂。但是因为动物标识的婚配最讲究的是时间,有可能就与已经被逐渐掌握的干支纪年相结合,删繁就简,从众取约,形成了十二数字。1975年12月间,在湖北云梦睡虎地出土第11号秦墓,据考证,该墓葬于始皇帝三十年,即公元前217年。该墓出土了上千支竹简。其中《日书·盗者》谈到了盗贼的生肖特征:"子,鼠也,盗者兑口,希须";"丑,牛也,盗者大鼻,长头";"寅,虎也,盗者壮,希须,面有黑焉";"卯,兔也,盗者大面,头颖";"辰,龙也,盗者男子,青赤色";"巳,虫也,盗者长而黑,蛇目";"午,鹿也,盗者长颈,小胕";"未,马也,盗者长须耳";"申,环也,盗者圆面";"亥,豕也,盗者大鼻而票行,马脊"。② 在这里,如果考虑到秦简所讲的盗不是实物的偷窃者,而是性关系中的偷情者,那么,盗者的生肖形象其实就是婚配时的装饰。如此说来,十二生肖的采用,正如学者们的推测,其时应在春秋战国之时,所谓"始于夏,流传于商周"。到两汉之时,十二生肖已经被明确地固定下来。《论衡·物势篇》:"寅,木也,其禽,虎也。戌,土也,其禽,犬也";"午,马也。子,鼠也。酉,鸡也。卯,兔也";"亥,豕也。未,羊也。丑,牛也";"巳,蛇也。申,猴也"。《论衡·言毒篇》:"辰为龙,巳为蛇。辰巳之位在东南。"这可以说是传世文献中较为详细地对十二生肖的记载。

综上所述,十二生肖是在漫长的婚姻进程中为避免乱伦婚媾,以达到优生优育而逐渐形成的婚配秩序。作为民间信仰的偶像,十二生肖是从远古部族的动物标识发展到个人的标识,再成为普遍的固定的信仰概念。当然,期间也经历了帝尧的"绝地天通"等形式的改革措施而得以强化的。可见,民间信仰偶像的生成,一是要与广大民众的日常生活密切相关,二是要在漫长的社会历

---

① 郑先兴:《汉画像的社会学研究》,河南大学出版社2009年版,第347页。
② 王子今:《睡虎地秦简〈日书〉甲种疏证》,湖北教育出版社2003年版,第448~449页。

史进程中由于这样或那样的因素所促成的,不是随随便便或一朝一夕就可以形成的。

(三)十二生肖所衍生的文化意蕴

十二生肖除了婚俗制度规范之外,还衍生出其他的文化含义。从唯物史观来看,主要是物质资料的诉求、精神价值的展现和认知方式的楔入。

首先,物质资料的诉求。在十二生肖的偶像中,如果将龙看做是现实存在的动物如牛、马、鹿、蛇、龟、鳄、鸟等等的化身,那么,可以说,都是可以食用的肉食产品。其中的猪、羊、狗、鸡,随着历史的变迁,至今则完全是用于肉食;马、牛、羊还可以奶食,鸡还可以蛋食。这在汉画像中都有所体现和反映。而且,远古迄今,诸如马、牛、狗,还是人类重要的生产工具。司马迁在《史记·货殖列传》:"陆地牧马二百蹄,牛蹄角千,千足羊,泽中千足彘","此其人皆与千户侯等";"屠牛羊彘千皮","其轺车百乘,牛车千辆","马蹄躈千,牛千足,羊彘千双","此亦比千乘之家"。可见,生肖偶像中的马、牛、羊、猪,不仅是汉代社会生活中的重要的肉食资料和生产工具,同时也是重要的财富标志。其实,众所周知,即是在今天,马、牛、羊、猪依然是重要的社会财富。

其次,精神价值的展现。在十二生肖的偶像中,每种动物都具有人类自身所没有的特长。人们崇拜生肖,除了物质资料的诉求和社会婚俗的规范之外,还有一个重要的原因就是来自于原欲的巫术,即希望人类自身能够拥有或具备生肖动物所具有的能力。《论衡·物势篇》指出,各种生物都有自己的特长,"以齿牙顿利,勮力优劣,动作巧便,气势勇桀";"或以勮力,或以气势,或以巧便"。正是各具所长,所以生物之间常常互相制约,甚至相食。"小有气势,口足有便,则能以小而制大;大无骨力,角翼不劲,则以大而服小。鹊食猬皮,博劳食蛇,猬、蛇不便也。蚊虻之力不如牛马,牛马困于蚊虻,蚊虻乃有势也。鹿之角足以触犬,猕猴之手足以搏鼠。然而鹿制于犬,猕猴服于鼠,角爪不利也。故十年之牛,为牧竖所驱;长仞之象,为越僮所钩,无便故也。""夫物之相胜","故夫得其便也,则以小能胜大;无其便也,则以强服于羸也。"王充所说的"便"就是特长、本能。显然,与生肖动物的"便"相比,人类可以说任何一种也比不上,但是在现实生活中人们却可以制服各种生物为自己服务。考究其因,乃是人类集各种生物特长于一身。由此,从整体上说,十二生肖是人类要获取自然生物的各种能力;从个体上说,每个人都应该具备自然生物的生存能力。可以说,这是人们由必然走向自由的必由之路,也是人类自身精神价值实现之唯一坦途。如前所述,于今民俗学家认为,十二生肖各种偶像分为六组,两两互补,成就人生功业。这种说法正是基于原始接触巫术之上的精神期盼。当然,若以科学的眼光看,这无疑是荒诞的。但是,从宗教信仰的角度看,则是现实存在的,也是人类生活中必须的。

最后,认知方式的楔入。十二生肖信仰崇拜的直接结果,就是构成了人们认知世界的基本形式,促进了社会知识的形成和传播。大致上,以十二生肖楔入所构成的知识体系主要有三个方面:一是有关生肖偶像自身的知识,如传世文献中所出现的《相马经》、《相牛经》和《相狗经》等等,可谓是举不胜举;即使今天,众多的生肖丛书和专著的撰写出版,可以说都是沿着此一认知方式而进行的。二是以生肖为标识认知其他大的事物,如对于天象、方位的认知,就是以生肖偶像来命名的。如《论衡·物势篇》:"东方木也,其星仓龙也。西方金也,其星白虎也。南方火也,其星朱鸟也。北方水也,其星玄武也。天有四星之精,降生四兽之体。含血之虫,以四兽为长。"王充甚至还以生肖四灵驳斥当时社会上所流行的五行是互相贼害、冲突的观点,指出,五行是可以互相和谐发展的:"四兽含五行之气最较著。案龙虎交不相贼,鸟龟会不相害。以四兽验之,以十二辰之禽效之,五行之虫以气性相刻,则尤不相应。"三是以生肖偶像来预测生命的轨迹,从而构成宿命论的人生观和历史观。本来,生肖偶像的发生,其主旨就是规范社会婚俗,禁止血缘乱伦。但是因为婚姻作为人生的重要事情,不仅影响着个体一生的生活幸福与否,还将影响着整个宗族的血脉和传承。因此,婚配对象的选择,可谓是人生的重中之重。以此之故,生肖偶像的命运特长被无限夸大,反而成为掌控人生的锁钥。《论衡·物势篇》:"孔子畏阳虎,却行流汗。"曾经宣扬"人生有名富贵在天"的孔圣人,见到老虎吓得倒退流汗,因为他自己生肖为麟(即鹿,今天所谓羊),何况世俗之人呢,也难怪迄至今天坊间有关"生肖与运程"的书籍仍广为流行。

由上所述,在民间信仰的考察中,无论其偶像怎样复杂多样,若以十二生肖的偶像为例,其共性的特征或者说其文化含义,都不能超越物质、精神和认知三个范畴。若再加上前述的制度诉求,就构成了民间信仰的基本范畴。

鼠

鼠是民间信仰的众多偶像之一。在十二生肖中,所谓"子鼠",位列首位;"老鼠嫁女"的传说更是家喻户晓,脍炙人口。众多学者也关注和研究鼠信仰,上个世纪著名学者鲁迅、茅盾、钟敬文等撰写或研究过鼠信仰。本世纪以来,研究的专著更多。如钱仓水、徐海燕编著的《子鼠精灵》(中国时代经济出版社2003年版),收集了中外古今谈论的鼠的各种文献,马昌仪所撰写的《鼠咬天开》(陕西人民出版社2008年版)论析了鼠与民俗信仰、历史文化和文学艺术等的各种关系,张道一所著的《老鼠嫁女——鼠民俗及其相关艺术》(山东美术出版社2009年版)描述了鼠的民俗信仰和艺术风貌。在这些研究中,也都不同程度谈到了秦汉的鼠信仰,但是凭借简牍和汉画像资料来揭示鼠信仰的时代文化特征,就显得很不够。而在汉画像中,有许多鼠的图像,但是在相关的研究论著中,却没有谈到鼠的。比如李发林先生所著的《汉画考释和研究》(中国文联出版社2000年版),考释了很多画像中的动植物图像,但是没有说鼠的。

● "狗咬耗子":汉代民众生活的现实问题

偷吃粮食,咬坏衣物,传播瘟疫,鼠对于人类的危害可以说是罄竹难书,古代中国很早就已经认识到了。《诗经》中的《硕鼠》愤怒地斥责鼠的贪婪和自私,"硕鼠硕鼠,无食我粟,三岁贯汝,莫我肯顾"。《相鼠》则指桑骂槐,说鼠还有"皮""齿""体",人若不讲"仪""耻""礼",还不如相鼠。《广雅·释虫》记载,南阳有一种鼠,"见人则交其前足而拱,谓之礼鼠,或谓之拱鼠"。《说文解字》解释鼠字说:"鼠:冗虫之总名也,象形。""冗虫也就是多而无益的小动物。这是从人的利害观所作的判断。"①《汉书·张汤传》记载,张汤少年时曾因鼠偷吃肉蒙受冤屈:"张汤,杜陵人也。父为长安丞,出,汤为儿守舍。还,鼠盗肉,父怒,笞汤。汤掘熏得鼠及余肉,劾鼠掠治,传爰书,讯鞫论报,并取鼠与肉,具狱磔堂下,父见之,视文辞如老狱吏,大惊,遂使书狱。"鼠偷吃肉,张汤父亲以为是张汤偷吃了,鞭打了他,张汤一气之下,从鼠洞中挖出鼠和鼠未吃完的肉,并书写状子,起诉公堂,拷打审问,然后将鼠撕碎。其父见他起诉书写得像老律师那样老辣,于是让他专门学习法律。在这里,史家司马迁和班固记载这件事,目的是揭示张汤成为酷吏的少年成因。但也从一个侧面说明,在汉代,鼠害是极其严重的。由此,消灭鼠害是汉代社会生活中的一项重要事情。

汉代灭鼠,除了上述张汤的挖洞烟熏之外,也常常借助于猫和狗。如用猫捕鼠。图1为徐州汉画馆所收藏有"猫捉鼠"汉画像石(承蒙徐州汉画馆馆长武利华先生支持,惠赐此画像照片)。该画像出土于安徽铜山县汉王北的小祠堂(祠堂左侧),纵57 cm,横56 cm,厚19cm,画面中间刻一楼阁,楼内有二人六博游戏,两边有二侍者;楼上刻有凤鸟、猫捉鼠。边饰菱形纹。根据文献记载,捕鼠是猫的基本天性和职能。《韩非子》:"今鸡司夜,使狸捕鼠,皆用其能。"《孔丛子》:"孔子弹琴,见狸方捕鼠。"西汉东方朔云:"飞鸿骅骝,天下之良马,然用以捕鼠于深宫之中,曾不如跛猫。"但是在唐朝以前,猫一般被称为"狸",属于野生状态;唐朝之后,始有"猫"的称谓。《新唐书·高宗王废后传》记载,王后恨透了武则天:"我后为猫,使武后为鼠,我当啮其喉!"

那么,在唐朝以前,捕鼠的除了野生"狸"之外,就是家养的"狗"。现代汉语成语中说"狗拿耗子——多管闲事",以为捕捉鼠是猫的事情,与狗无关。其实,古代中国,尤其是在汉代,捕捉鼠是人所赋予狗的基本职责。《吕氏春秋·士容》:"齐有善相狗者,其邻假以买取鼠之狗,期年乃得之。曰:'是良狗也。'其邻畜之数年,而不取鼠,以告相者。相者曰:'此良狗也,其志在獐麋豕鹿,不在鼠。欲其取鼠也,则桎之。'其邻桎其后足,狗乃取鼠。"图2四川三台郪江崖墓汉石画像,一只狗蹲坐,嘴里衔吞鼠。狗眼圆睁,鼠尾细长。② 对此,川籍学者江玉祥先生曾经给予论析。指出:"大量文献和考古资料证明,在中国古代相当长的时间内,养狗捕鼠本是一种习见的民俗。"③图3山东沂南北寨村汉

---

① 张道一:《老鼠嫁女——鼠民俗及其相关艺术》,山东美术出版社2009年版,第96页。
② 俞伟超主编:《四川汉画像石》图版第35,河南美术出版社2000年版。
③ 江玉祥:《汉代石刻"狗咬耗子"与古代养狗捕鼠的习俗》,《文物天地》1990年第1期。

墓画像，双层几案下，一鼠正低首吃食，一只狗则悄悄逼近。①

图1　徐州汉画馆所收藏的"猫捉鼠"汉画像石

图2　四川三台郪江崖墓汉石画像

---

①　俞伟超主编：《山东汉画像石》第1册图版第222，山东美术出版社2000年版。

图 3　山东沂南北寨村汉墓画像

● "仓中鼠"：汉代民众生活的物质诉求

作为人们生活中常见的动物，鼠固然给人带来危害，但人们在认识到鼠的生活习性之后，立即赋予鼠以崭新的价值理念。

鼠属于穴居性生物，其主要的特征是善于打洞并贮存粮食。鼠有着像钢铁一样坚硬的牙齿。金刚石的硬质为摩氏10，普通金属为摩氏1.5～4，鼠牙则为3.5～5.5之间；而且，鼠啃咬的频率极快，每秒1.5次，啃咬力度大，可达2.3～3.6公斤，啃咬面极小，如头发丝，在50～100微米之间。"无论木料、墙壁、水泥，它都能咬得动。"凭借着如此坚硬的牙齿，鼠生性就善于打洞，"是打洞的高手"。以鼹鼠为例,它用前爪挖,后爪蹬,再用头部顶出,20分钟可以挖出5千克土,每小时掘进18米。地面上形成小山丘,地下则是宫殿,有卧室、育婴室、粮仓。贮存粮食是鼠的又一特性。从秋天开始,鼠将"凡能吃的就往洞里搬,粮食、草籽、动物肉类、植物根茎,见什么拖什么"。"冬季,冰天雪地,天寒地冻,老鼠躲在暖暖的地洞里,不冷不饿,虽深居简出,却仍然过得很好。"①

在汉代谶纬思想和原始的巫术思维笼罩中,鼠的贮粮备荒习性被借用为粮仓的象征,表达了汉代人们祈求粮食丰硕和粮仓满溢的愿望。② 在汉人心目中有,有鼠就有粮食,鼠标志着富,于是希望有鼠。"鼠是财宝与财神的象征,又称为藏神。""鼠的叽叽声像数钱,从鼠数钱之声引申为钱鼠、财神。"③ 图4山东济南长清区大街村汉墓画像,画面分为两层,上层为左边有七个瓮罐,右边靠近瓮罐者左手端簸箕,右手在抓粮喂鸡,其中一鸡扑向怀中,鸡头啄其右手,前面尚有四只鸡排队而来,右边则是两只鸡低头啄食。喂鸡者身后的两个瓮罐顶端,有两只鼠正在罐顶攀爬。下层左边是四个粮仓,右边有八人端升、斗,正在从粮仓中度量和获取粮食。在第二个粮仓盖顶,有一只向上爬的鼠(此画像是由山东石刻艺术馆的杨爱国先生惠赐,在此谨表谢意)。这幅"仓中鼠"画像,不仅极具生活情趣,同时也真实地、典型地表现了当时人们的富有、幸福的理念和欲求。

可是现实生活中,有鼠会一定偷食粮食,祸害人类。于是,在现实生活中,汉代人是坚决拒绝鼠害的。图5四川简阳三号石棺汉画像,一只雄鹰,虎视眈眈,守护在"太苍"旁边。在这里,雄鹰所关注的显然是鼠,它要防备鼠偷食仓中的粮食。④

由此,汉代的鼠信仰就出现了矛盾和悖论。一方面,理想中的鼠是仓中神,需要崇拜和祭祀;另一方面,现实中,鼠是祸害,需要祛除和剪灭。然而要从汉代物质诉求的价值理念考虑,鼠信仰又是一致的、统一的。崇鼠是希望增加物质财富,驱鼠是为了保护物质财富。

---

① 钱仓水、徐海燕:《子鼠精灵》,中国时代经济出版社2003年版,第4~5页。
② "历史上曾经有过饥荒年间劫鼠仓的记载,一个洞里多的可以挖出五六斤谷物,就此救活了不少人。1996年,吉林榆树县一户农民一个冬季挖鼠洞获得大豆1000多斤"(钱仓水、徐海燕:《子鼠精灵》第4页)。
③ 陈益宗:《东方图像榜·鼠牛》,湖南美术出版社2001年版,第5页。
④ 俞伟超主编:《四川汉画像石》图版第96,河南美术出版社2000年版。

图4　山东济南长清区大街村汉墓画像

图5 四川简阳三号石棺汉画像及其"太仓"字样

遗存至今,在民俗文化中,每年的正月有祭祀仓神的习俗,其所祭祀的对象就是鼠。一般民间习俗是正月二十五为"填仓节",专门祭祀仓神"大耗星君"即鼠。《燕京旧俗志·岁令篇》:"大耗星君,所以配享此君者,传系掌管仓中之耗子。"而各地时间也有所不同。苏北地区在正月十六,苏南、陕西在正月初一,湖南在二月初四,四川在除夕夜。① 而其祭义,亦有所矛盾和统一:既渴望如鼠样多存粮食,又希望仓中无鼠糟蹋粮食。

● "老鼠嫁女":汉代的生存现状及其人生理念

"老鼠嫁女"是妇孺皆知的童话传说。其梗概是,鼠夫妇的女儿长大待嫁,夫妇商议着要嫁给有权势的人家,先后与太阳、云彩、风、墙壁求亲,结果发现最有权势的还是同类鼠,很是不甘心。这时候夫妇就从鼠类所惧怕的东西考虑,想到了鼠的天敌猫,于是就请媒婆说亲。猫听说鼠姑娘来做新娘,欣然应允。猫鼠结亲的仪式据说非常热闹,花轿、锣鼓、彩礼、宾客,应有尽有,完全满足了鼠夫妇的虚荣心。但是天地刚拜过,猫新郎就等不及了,将鼠新娘拉到洞房内一口吞下了肚。

"老鼠嫁女"的故事很凄美,很多学者也都论析了它的文化内涵。如张道一先生说:"讲的是老鼠,实际上是表现了中国人的想象和智慧,其中又好像包含着几分哲理。""这是老鼠的悲剧,由虚荣而导致灾难。"应该说,张先生的分析是很对的。但是从汉代民间信仰的角度来看,尚欠缺一种历史感,亦即没能

---

① 祁庆富:《生肖老鼠亦吉祥》,《商业文化》1996年第2期。

解释"老鼠嫁女"的时代文化意蕴。

"老鼠嫁女"虽然滋生于汉代之后,但其生活原型,当是汉代刘邦妃子戚夫人的事迹。《史记·吕太后本纪》记载,戚夫人是刘邦被封为汉王之后在定陶所娶的,"得定陶戚姬,爱幸",生儿子如意。仗着刘邦的宠爱,戚姬试图想让如意做太子。"戚姬幸,常从上之关东,日夜涕泣,欲立其子代太子。"但是由于陈平等人的反对,商山四皓的意见,戚姬没能如愿。吕后则怀恨在心。"吕后最怨戚夫人及其子赵王。"待刘邦死后,吕后"使人持酖饮之",毒杀了如意;又"囚戚夫人",先在永巷舂米,不久"遂断戚夫人手足,去眼,煇耳,饮瘖药,使居厕中,命曰'人彘'。"戚夫人之嫁给汉王、谄媚刘邦,并力争使自己的儿子做太子,结果落得儿死命丧。在这里,攀附权势,贪图富贵,可以说是"老鼠嫁女"与戚夫人相一致的地方。

说戚夫人是"老鼠嫁女"的原型,虽未有文献的证据,但是有民俗的例证。宗懔《荆楚岁时记》记载,在正月十五要进行两种祭祀仪式。一是祭祀门户,驱逐老鼠。"正月十五日,作豆糜,加油膏其上,以祠门户。先以杨枝插门,随杨枝所指,仍以酒脯饮食及豆粥插箸而祭之。世人正月半作粥祷之,加肉覆其上,登屋食之。咒曰:'登高糜,挟鼠脑,欲来不来?待我三蚕老。'则是为蚕逐鼠矣。"按,宗懔所记载的意思是说,正月十五这天,人们或者用豆油膏祭奠门户,或者站在房顶上喝着稀肉粥,诅咒鼠不准来,目的是不让鼠来吃蚕。二是迎接紫姑神,卜问吉凶。"其夕,迎紫姑,以卜将来蚕桑,并占众事。"据南朝刘敬叔所著的《异苑》记载:"紫姑本人家妾,为大妇所妒,正月十五日感激而死,故世人作其形迎之。咒云:'子胥(云是其婿)不在,曹夫人(云是其姑)已行,小姑可出。'于厕边或猪栏边迎之,捉之觉重,是神来也。"在正月十五傍晚,在厕所或者竹篮边祭祀紫姑神,卜问蚕桑农事。传说紫姑,原来是大户人家的妾,因大夫人的妒忌,被活活气死。在这里,如果我们剔除其卜问蚕桑农事之附加因素,那么,驱除老鼠,迎接紫姑神,实际上就是对戚夫人的祭祀。因戚夫人被吕后残害为"人彘"置入厕中,厕中的鼠会侵犯她。又,关于正月十五元宵节的起源,就是因为西汉文帝即位之初,为庆祝消灭诸吕的胜利,而专门举行的灯火狂欢。祭祀和悼念被诸吕所残害的亲人、忠臣,应该是欢庆活动中的不可或缺的内容。有学者就曾经指出:"如汉代戚夫人死于厕,后人也视之为戚姑神。"①

通过戚姬的人生经历我们可以更深入地理解"老鼠嫁女"的旨趣所在。

一方面,企盼幸福享受荣耀是人生的共同价值诉求。但农耕社会,生活单

---

① 常建华:《岁时节日里的中国:古代社会生活图记》,中华书局2006年版。

调,价值单一,而权贵则是人生幸福和荣耀的唯一源泉,所以,通过婚嫁来攀附和贪图权贵是没有错的。事实上,也确实有因攀龙附凤而实现了人生的价值。如西汉武帝时期的大将军、长平侯卫青,骠骑将军、冠军侯霍去病和贰师将军、海西侯李广利,都是因其家有美女(卫后是平阳侯家侍女所生,是卫青的姐姐,霍去病的姨妈;李夫人是武帝最宠爱的妃子,李广利的姐姐)嫁与皇帝而升迁立功的,甚至其他亲人也都获得了官爵(卫后的姐夫公孙贺为丞相,妹妹的儿子是外甥霍去病为将军,再嫁妹夫陈掌为詹事,霍去病的异母弟霍光为博陆侯)。清代赵翼对此极其不理解,感叹说:"三大将皆出自淫贱苟合,或为奴仆,或为倡优,徒以嬖宠进,后皆成大功,为名将,此理之不可解者也。"[1]有汉两代,借助于嫁女为后妃来牟取权贵,构成了汉代社会政治的一道风景。

另一方面,贪图权贵要量力而行,因地制宜,不能僭越自身的条件和社会制度与责任,否则将是身败名裂。西汉初年吕氏家族的兴衰自不待言,单司马迁对李斯的描写,可以说更精确地体现了"老鼠嫁女"的意趣。《史记·李斯传》一开篇就描述李斯的"厕中鼠"和"仓中鼠"人生选择:"年少时,为郡小吏,见吏舍厕中鼠食不絜,近人犬,数惊恐之。斯入仓,观仓中鼠,食积粟,居大庑之下,不见人犬之忧。于是李斯乃叹曰:'人之贤不肖譬如鼠矣,在所自处耳!'"而在篇末,因贪享权贵放弃正义而纵容秦二世、赵高的篡权终于被腰斩咸阳街头时,李斯与其儿子说:"吾欲与若复牵黄犬俱出上蔡东门逐狡兔,岂可得乎!"司马迁批评道:"李斯以闾阎历诸侯,入事秦,因以瑕衅,以辅始皇,卒成帝业,斯为三公,可谓尊用矣。斯知六艺之归,不务明政以补主上之缺,持爵禄之重,阿顺苟合,严威酷刑,听高邪说,废适立庶。诸侯已畔,斯乃欲谏争,不亦末乎!人皆以斯极忠而被五刑死,察其本,乃与俗议之异。不然,斯之功且与周、召列矣。"

由此,既鼓励人们攀附权贵,又提醒人们注意自己的身份,这既是"老鼠嫁女"的旨趣之所在,又是汉代社会生活的现实写照,更是礼治社会人们基本的生存理念。《史记·外戚世家》:"人能弘道,无如命何?甚哉,妃匹之爱,君不能得之于臣,父不能得之于子,况卑下乎!"有趣的是,这种生活理念还表现在汉画像中。如图6南阳汉砖画像[2],画面为粮仓,粮仓门前有两只老鼠,一只直立前爪捧食而吃,一只则贴近仓门啃咬;两鼠之前,守门吏悄然站立。仔细观察,守门吏是一只眼睛睁,一只眼睛闭,他似乎知道鼠正在偷吃。显然,睁眼是警告,闭眼为鼓励。所谓"君子爱财,取之有道",所谓"人生有名,富贵在天",可说都蕴含在守门吏的睁眼闭眼的画像中。

---

[1] 赵翼:《廿二史札记》卷二《武帝三大将皆由女宠》。
[2] 赵成甫:《南阳汉代画像砖》图版第80,文物出版社1990年版。

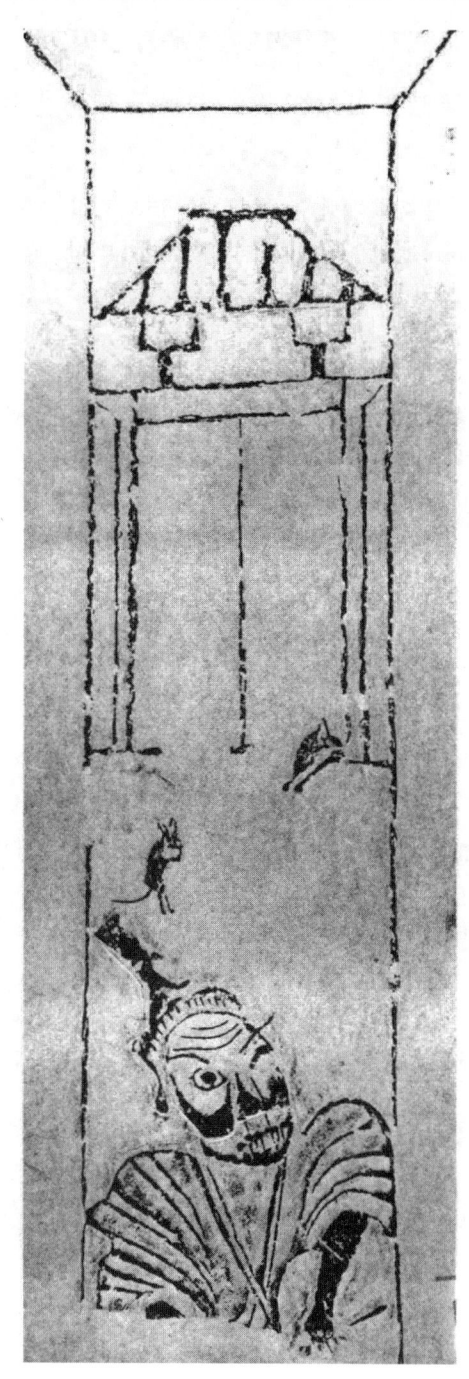

图 6 南阳汉砖画像

● "鼠咬天开":汉代的创世及其再生观念

所谓"鼠咬天开"是将鼠看作是创世神。传说宇宙之初为混沌,鼠用其锐齿,咬开了混沌,于是天地剖判,形成了世界。(明)李长卿(撰)《松霞馆赘言》:"子神鼠破混玄,天开;从警,戒身以平安;从捷,迅足以登先;应万物之灵,吐物华天宝之兽。"又:"子何以属鼠也?曰:天开于子,不耗则其气不开。鼠,耗虫也。于是夜尚未央,正鼠得令之候,故子属鼠。"这就是说,鼠所以成为十二生肖之首,是因其有开创之功。十二生肖至迟形成在汉代,所以鼠作为创世神,在汉代民间受到信奉。图 7 为四川乐山虎头湾崖墓的画像,编者描述说:"刻瓜,分六瓣,蒂向正面。鼠在瓜右,背微弓,举头啃瓜,尾脱于地(后半身已毁)。生动地刻画了老鼠啃瓜的专注神情。生活气息浓厚。"①在这里,如果瓜是混沌的象征,那么,鼠啃瓜就是鼠咬天开的形象叙述。图 8 为山东孙氏阙画像左侧面,分为三层,下层为人首蛇躯的女娲,中间为穿壁纹饰,上层被认为是"兽"的,其实当为鼠。右侧面刻有文字:"元和二年正月六日孙仲阳□□物故行□□礼□石阙贾直萬五千"。② 可知此阙建造于东汉章帝时。女娲为人类的始祖,鼠有开创之功,两者放在一起,加之中间又是象征宇宙苍穹的穿壁纹饰,所以不言自明,这幅汉画像是一幅创世画像。

图 7 四川乐山虎头湾崖墓画像

---

① 俞伟超主编:《四川汉画像石》图版第 12,河南美术出版社 2000 年版。
② 俞伟超主编:《山东汉画像石》第 1 册图版第 1~3,山东美术出版社 2000 年版。

图 8　山东孙氏阙画像

鼠既然是被看作创世神,所以理应受到敬奉。图9为山东滕州博物馆所收藏的画像石,画面正中线刻神树,树上四只凤鸟。树下两只鼠,左侧鼠爬向树,右侧鼠则直立向树。① 因为神树本身就是社祭的对象,其所附加的凤鸟和鼠,自当看作是祭祀的偶像。南阳麒麟岗汉墓画像中,有很多的神灵图像,如玄武、虎、龙、蟾蜍等等,其中有一只神兽,其实应该就是鼠,如图10 南阳麒麟岗汉墓画像,画面上鼠躬身向右,怒张其尖嘴,尾巴弯翘,周围云气环绕。②

图9　山东滕州博物馆所收藏的画像石

同其他信仰偶像一样,汉代信奉鼠的最高境界,就是将鼠看做是创世神和创世大母神。图11为山东滕州博物馆所收藏的汉画像石,画面分三层,上层和中层是楼阁、车骑出行、拜谒;其下层则是群鼠,其中间为二鼠并颈相抵,右侧二鼠则赤膊牵手,再参照右侧的横贯三层的二龙穿璧,可以推知,这些画面

---

① 俞伟超主编:《山东汉画像石》第2册图版第208,山东美术出版社2000年版。
② 韩玉祥、李陈广:《南阳汉代画像石墓》图版第65,河南美术出版社1998年版。

鼠 33

图 10　南阳麒麟岗汉墓画像

其实就是将鼠看做是创世神，表现了汉代的再生企盼。图 12 为山东滕州另一块汉画像石，三面有画，其中间为主，刻画上虎下龙，左上为大鼠，下为小鼠；其左侧为女娲、鹿，右侧为伏羲、神人。这样，由伏羲女娲为始祖神，表示再生复活的理念可知，中间的大鼠就扮演着大母神的角色，而小鼠则象征着新生。①

根据学者的研究，将鼠作为创世神和大母神的信仰在少数民族中还有遗存。四川筠连县高坪苗族乡传说其始祖乌约占和乌不占将他们的五个女儿分别嫁给了熊、虎、蛇、鼠和毛虫氏族，于是有了鼠氏族的传人；云南澜沧县拉祜族传说天神厄莎在创造天地之后，帮助人类始祖生了十三个孩子，分别交给虎、兔、龙、蛇、马、羊、猴、鸡、狗、猪、鼠、牛十二个动物去抚养，其中鼠就养大了扎发和娜发，他们就成为鼠和人的祖先。② 这些传说可能折射着汉代曾经有一个以鼠为标志的部族。

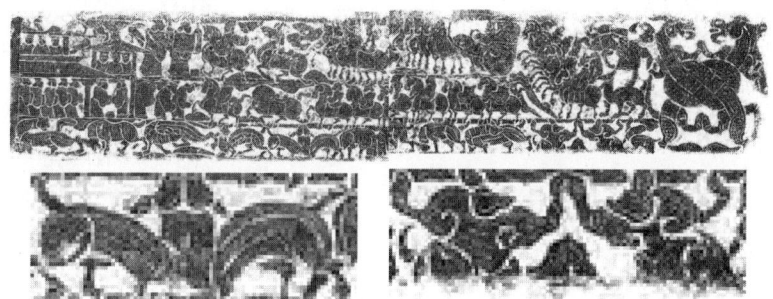

图 11　山东滕州博物馆所收藏的汉画像石及其局部

---

① 俞伟超主编：《山东汉画像石》第 2 册图版第 224、173，山东美术出版社 2000 年版。

② 马昌仪：《鼠咬天开》，陕西人民出版社 2008 年版。

图 12 山东滕州汉画像石

牛

在丰富灿烂的汉画像中有很多以牛为题材的画面。一些敏锐的学者业已进行了研究,如姚振英的《试论汉画"牛耕图"》(《汉代画像石砖研究——93·中国·南阳汉画国际学术研讨会论文集》,《中原文物》1996年增刊)专门探究了汉代牛耕的方式及其改进与意义,孙怡村的《汉画中的牛神话》(《中国汉画学会第七届年会论文选》,中国汉画学会2000年)探讨了牛的神性以及"仙话""神话"的价值,曹旭、曾庆硕的《由汉画看牛在当时社会生产、生活中的作用》(陈江风主编:《汉文化研究》2004年版)从生产、畜牧业、庖厨、交通运输、竞技娱乐、田猎、神话传说和驱魔升仙等八个方面对汉画牛的图像进行了考察,牛天伟的《牛神图像》(牛天伟、金爱秀:《汉画神灵图像考述》,河南大学出版社2008年)从民俗的角度分别论述了牛神崇拜的大力、长生、辟邪、钱币、树木以及与神农炎帝和蚩尤的关系做了较为详细的论述。应该说,上述的研究虽然已经相当深入和全面,但是整体地系统地研究似嫌不够。

● 牛耕与牛车:先进生产力的载体

人类由蒙昧进入文明,最主要的标志就是从采集渔猎的生产方式演进为农耕养殖的生产方式。由此,可以说,牛的驯养是文明进步的主要标志之一;汉画像中的牛耕与牛车图像,正是物质文明进步的折射,是先进生产力的载体。

众所周知,农耕取代采集是巨大的进步,而农耕所耗费人的体力巨大。这样,驯化野生的牛为耕作的动力,可谓是一重大的发明。汉代是一个承继先秦进步生产力的大一统时代,农耕文化得以加强,牛耕技术的先进性被保留在汉画像中。如图1,山东金乡城墌堆石椁牛耕图,画面上二牛抬杠共挽一犁,牛前一人双手执系引牛,右边牛的后边有一人执竿赶牛,牛肚下有一牛犊正在吃奶,长辕犁的后边一人扶犁掌握方向和深度,两头牛之间有一孩童扶辕,似在戏耍,扶辕的上方还有一牛犊随耕前行①。图 2 为 1992 年陕西靖边县寨山村所发掘汉墓墓门左立柱画像中格的"牛耕图",采用的是"二牛抬杠"耕作的耕作方式,两头牛被一条绳子系在一起,各自肩扛杠的两端;杠正中用一杠与后面的犁相连,犁呈"L"形,与地面接触处有三角形的铧;犁后一耕者身着襦衣,弯腰扶犁。图 3 为 1951 年陕西绥德县出土王得元墓室东壁门左右立柱中格的"牛耕图",采用的是"一牛挽犁"的耕作方式,一牛在前拉犁,犁辕比"二牛抬杠"的辕要短得多;一人着紧身衣裤,一手扶犁一手挥鞭②。根据学者的研究,"二牛抬杠"和"一牛挽犁"各有千秋。"二牛抬杠用二头牛拉犁,力量大,可使用大铧犁,能深耕土地,开沟作渠,它在大块农田上耕作宜发挥效率;短辕一牛挽犁法,回转灵活,易于犁熟地、播种、除草,尤其适宜在山丘地带和小块农田上耕作"③。

图 1　山东金乡汉石牛耕图

---

① 杨爱国:《走访汉代画像石》,三秦出版社 2006 年版,第 48 页。
② 俞伟超主编:《陕西山西汉画像石》图版第 233、76～77,山东美术出版社 2000 年版。
③ 姚振英:《试论汉画"牛耕图"》,《汉代画像石砖研究——93·中国·南阳汉画国际学术研讨会论文集》,《中原文物》1996 年增刊。

图 2　陕西靖边汉石牛耕图

图 3　王得元墓汉石牛耕图

结合文献记载,我们可以推知汉代牛耕技术是在不断地进步的。《汉书·食货志》:"用耦犁,二牛三人。"可见,早期的牛耕相对麻烦,要使用三个人。之后的无论是"二牛抬杠"或是"一牛挽犁",只有一人扶犁。这显然比《汉书》记载要先进些。这就说明一个事实,汉代的驯牛技术越来越高超,牛越来越驯服,其使用也就逐渐地演化为一人二牛或一人一牛。

汉画牛耕图在陕北、甘肃和山东等地有大量的出现,表明牛耕被广泛地推广使用。牛耕的推广,不仅节省了人力,提高了效率,而且扩充了土地面积,同时也推进了耕作技术的改进。据学者统计,北方旱粮(粟)平均亩产量战国时约为 85 公斤左右,两汉约为 120 公斤左右,唐代约为 116 公斤左右,宋代约为 100 公斤左右,清代约为 151 公斤左右。可见,两汉时代的粮食平均亩产量在战国到清代的两千多年中一直保持着较高纪录。其直接的原因就是"牛耕技术的改进、提高和普及"。《汉书·地理志》记载西汉垦田 8270536 顷,《后汉书·郡国志》记载东汉垦田 22578579 顷,是西汉垦田数的 2.7 倍以上;考古学者在辽宁、云南、福建、广西、广东等地发掘出大量的两汉时代的铁犁铧,说明在汉代曾经出现了历史上第一次全国范围内的垦田高潮。而这无疑是牛耕推广的结果。在耕作技术上,新的"代田法"、"区种法"的产生,以及水利技术的采用,也都与牛耕的广泛使用分不开。总之,牛耕是先进生产力的载体。

牛不仅是耕作的动力,也是交通运输的动力。虽然牛的速度与马不可同日而语,但牛的舒缓耐性更适宜耕作,而且,当马匹紧张之时,牛也常常承担起交通运输的重任。在汉画像中,牛车的出现,有两种情况。一种是用作农耕运输的。如图 4,密县汉砖画像,一人右手牵牛,左手执"×"型的工具。① 图 5、6 为 1983 年 4 月南阳县英庄汉墓东主室门楣背面画像和西主室门楣背面画像,分别为一幅农用车和一手牵牛一手挥棍赶牛的农夫。两厢相合,可以说是一幅牵牛套车图。② 图 7 为四川新津崖墓石棺画像,完全就是一幅农用牛车图。③

图 4 密县汉砖画像

---

① 密县文管会编:《密县汉代画像砖》,中州书画社,第 19 页。
② 王建中、闪修山主编:《南阳两汉画像石》图版第 1、2,文物出版社 1990 年版。
③ 俞伟超主编:《四川汉画像石》图版第 205,河南美术出版社 2000 年版。

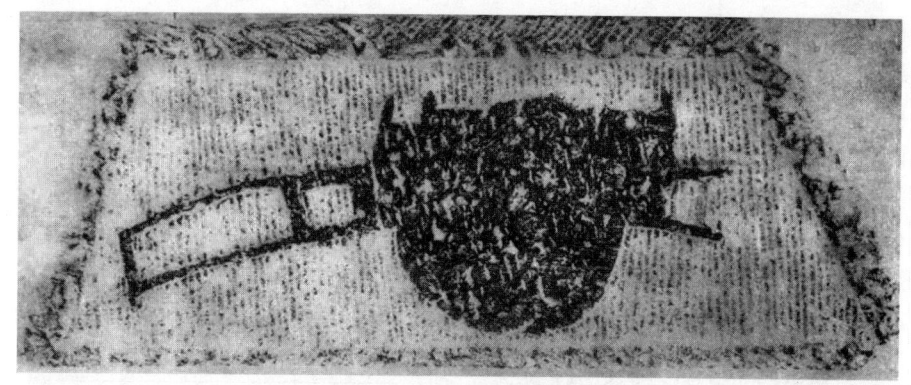

图 5　南阳英庄汉代汉石牛车画像

图 6　南阳英庄汉代汉石牵牛画像

图 7　四川新津汉石牛车图

另一种是用作乘坐客人的。这类车不同于农用车的,是车上有专设的座位。如图 8、9 为陕西绥德县四十里铺出土汉墓王得元墓室西壁门左右立柱下格的牛车出行图,一牛拉车,车棚前乘坐着一御者,车棚内似有乘车者①。图10是山东滕州桑村镇大郭村出土的汉墓石画像,画面分为两层,上层为"西王母·伏羲女娲",下层则是一牛车前,一羊车后,飞鸟伴行②。《史记·平准书》说"汉兴""财匮","自天子不能具钧驷,而将相或乘牛车"。汉初经济困难,天子不能找到纯色的四匹马,而大臣有的就乘牛车。可见,牛车也曾是高级官僚享用的,具有礼仪的性质。牛车的使用,自然也是交通运输进步的一种表现。

图8　王得元墓汉石牛车出行画像　　　图9　王得元墓汉石牛车出行画像

图10　山东滕州桑村镇大郭村出土的汉墓石牛羊车出行画像

图11是1993年山东邹城市面粉厂出土的汉墓石画像的右上部"农耕图",由左至右依次是担壶、箄者,扛铁耜者,两牛拉犁及扶犁耕地者,担负农具者,扛镬头者,牛车上乘三人(其中前一人为御者)③。再如图12,为江苏睢宁汉石画像,画面有一人扶犁的二牛抬杠、牛和车等等。④ 这两幅画像典型地再现了牛在汉代用途,即犁地与运输。

---

① 俞伟超主编:《陕西山西汉画像石》图版第78～79。
② 俞伟超主编:《山东汉画像石》第2册图版第204,山东美术出版社2000年版。
③ 俞伟超主编:《山东汉画像石》第2册图版第66。
④ 常任侠主编:《中国美术全集·绘画编》十八《画像石画像砖》图版第72。

图 11　山东邹城汉石农耕图画像

图 12　江苏睢宁汉石画像

● 斗牛与牛首：远古部族争斗与融合的表征

牛的家养和驯化应该是远古社会的事情。在世界各地的早期岩画中都有猎牛的画面，说明牛被驯化以前曾经处于野生状态。牛的被驯化，应该说是远古人们在生活实践中长期的积累。古文献记载中，在古代中国的原初部族，如伏羲、女娲、炎帝神农氏以及蚩尤氏，都与牛有一些关系。

"庖牺氏、女娲氏……蛇身人面，牛首虎鼻。"——《列子·黄帝篇》

"太昊伏羲氏……龙身牛首。"——《路史·后纪一》

"女皇氏娲，云姓，一曰女希，蛇身牛面宣发。太昊之娣。"——《路史·后纪二》

神农，"人首牛身"。——《竹书纪年》

炎帝，"人身牛首，长于姜水"。——《史记·五帝本纪·正义》

"逐鹿在今冀州，有蚩尤神，俗云人身牛蹄。"——《述异记》上

这里伏羲的"牛首"，女娲的"牛面"，神农的"牛首"和蚩尤的"牛蹄"，用传统的话语说就是这些部族都是以牛为图腾；而以傩的原型来说，是这些部族在婚交中，常常以牛面具出现；从生活的实际来说，则是这些部族都可能驯化使用并家养了牛，因此牛也就成为这些部族的标志。《帝王世纪》曰："炎帝神农氏，姜姓也，人身牛首，长于姜水，有圣德，都陈，作五弦之琴，始教天下种谷，故

号神农氏。"可知,炎帝神农氏不仅发明农耕,而且也是最先驯化和使用牛的部族。与此记载相吻合,如图13,江苏铜山汉石画像中有一幅"神牛与炎帝图",画面上刻绘炎帝身披蓑衣,一手持耒耜一手牵凤凰;下刻绘一牛衔草。① 这就说明神农氏在发明农耕同时,又驯化了牛作为耕作的助手。因此,牛也就成为炎帝部族的象征。

图13　江苏铜山汉石画像神牛与炎帝图

① 常任侠主编:《中国美术全集·绘画编》十八《画像石画像砖》图版第65。

在汉画像中,有很多斗牛戏牛的场面。如单纯从牛的驯养看,这些斗牛戏牛的场面,说明了汉代人对牛的重视和喜好。但是若从牛作为原初部族的象征,那我们就会惊喜地看到,这些斗牛戏牛实际上是远古部族征战的表征。

传说远古黄帝时代曾经进行过两次统一战争。第一次是黄帝为取代炎帝而战。据《国语》记载,晋大夫胥臣臼季(曾任司空之职,也称作司空季子)曾言道:"昔少典娶于有蟜氏,生黄帝、炎帝。黄帝以姬水成,炎帝以姜水成。成而异德,故黄帝为姬,炎帝为姜,二帝用师以相济也,异德之故也。"由此,黄帝族和炎帝族都是少典族与有蟜族走婚的后代,属于兄弟族。又,《大戴礼记》记载孔子之言,曰:"黄帝,少典之子也⋯⋯以与赤帝战于版(阪)泉之野。三战,然后得行其志。"王聘珍《解诂》曰:"赤帝者,炎帝神农之后也。"按《文子上义》:"赤帝为火灾,故黄帝擒之。"可见"赤"、"炎"本义通,赤帝就是炎帝。司马迁在《史记·封禅书》中说:"及神农氏衰,黄帝修德抚民,诸侯咸去神农而归之,黄帝于是乃扰驯猛兽,与神农氏战于版泉之野,三战而克之。"黄帝战胜炎帝获得统治地位。第二次是黄帝为巩固统一联合炎帝族人与蚩尤而战。《山海经·大荒北经》说:"蚩尤作兵伐黄帝,黄帝乃令应龙攻之冀州之野。应龙畜水,蚩尤请风伯雨师,纵大风雨。黄帝乃下天女曰魃,雨止,遂杀蚩尤。"《史记·封禅书》说黄帝战胜炎帝之后,"又征诸侯,使力牧神皇直讨蚩尤氏,擒之于涿鹿之野,使应龙杀之于凶黎之丘,凡五十二战,而天下大服。"可见黄帝的两次战争,都得到了汉人的认可。至于黄帝本人,司马迁在《史记·封禅书》中引《帝王世纪》曰:"黄帝有熊氏,少典之子,姬姓也,生寿丘,长于姬水,龙颜,有圣德,受国于有熊,居轩辕之丘,故因以为号。"由此可知,黄帝族人的标志是熊。这样,汉画像中的斗牛戏牛场面,正是远古黄帝族人与炎帝族人、蚩尤族人征战的象征记忆。

如图14,在原南阳县所发现的汉石画像,画左刻一牛,向前猛冲;中刻一熊,奔跃中回顾右侧的虎。虎振肢奋爪,翘翼昂尾,状貌獠戾。画中饰云气。在另一幅南阳汉石画像中,如图15,画面左龙、右虎,姿态各异,中刻一人,手持角状物,似乎在调配龙、虎与牛搏斗。此两幅画像意思是黄帝族人联合虎族人正在与炎帝族人或蚩尤族人战斗。两幅画像中的牛姿势一样,都是低头欲抵、奋蹄欲踢,虽然其威势很猛,但已呈困兽犹斗景象。

又如图16,是发现于南阳市五中院内并被孙文青先生收藏的汉石画像,画左一武士一手按抵牛角,一手挥拳欲捶;画中则刻绘一怪兽,低头臣服于左前的狮子。如图17,与此幅相同,是发现于南阳市的狮牛斗汉石画像,只是斗牛和狮子的位置互换。从这两幅牛的后腿萎缩看,牛已经败服。这可说是炎帝或蚩尤臣服黄帝的象征。

图 14　南阳汉石牛熊虎斗画像

图 15　南阳汉石龙虎戏牛画像

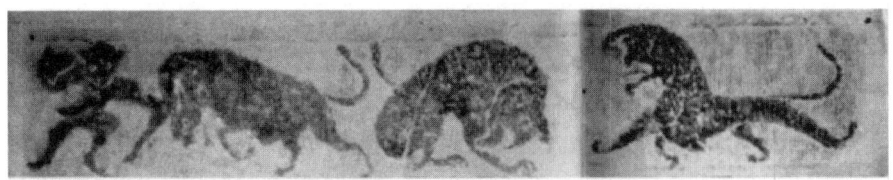

图 16　孙文青先生收藏的狮牛斗汉石画像

图 17　南阳狮牛斗汉石画像

黄帝战胜了炎帝和蚩尤,成为当时中国各部族的盟主。随着时间的推移,黄帝族人与原有的部族如伏羲、女娲等逐渐融合,形成了血浓于水的统一民族。与此相适应,早期的伏羲氏、女娲氏的"蛇身",和后来征服的炎帝族、蚩尤族的"牛首",与黄帝族的熊爪融合一起,形成了今天的所说的龙。所以汉画中的龙头,其原型就是牛首。《论衡·龙虚篇》云:"龙,牛之类也"。汉画像中的龙有的就与牛形神似,而且所处位置也相同。如图 18,是 1975 年在陕西绥德延家岔墓门立柱汉石画像,翼龙持长戈,立于西王母打坐玄圃图下的下格①,与图19、20的牛角相似,和图21的持长节者所处位置相同。由此说,龙是远古部族融合的象征,也是中华民族形成的标志。

图 18　陕西绥德延家岔墓门立柱翼龙汉石画像

● **牛神与牛奶:精神的信仰与物质的食粮**

　　黄帝战胜蚩尤之后,让蚩尤部族继续掌管兵器制造的事宜,"帝因使之主兵,以制八方"。但是蚩尤的后人不服黄帝的管辖,仍然作乱,黄帝为震慑他们,于是就画出蚩尤的像张布,"蚩尤没后,天下复扰乱,黄帝遂画蚩尤形象,以

---

①　俞伟超主编:《陕西山西汉画像石》图版第 105。

威天下，天下咸谓蚩尤不死，八方万邦，皆为弭伏"①。据此观照汉画像，我们发现汉画中的蚩尤形象有两种形式，一种是蚩尤持五兵的本相，此与我们所谈的牛文化无涉，故不赘言；另一种形式就是牛头人身的形象。而这种形式在各区域的汉画像中是不同的。

秦晋地区。图 19 为 1992 年所发掘的陕西横山县党岔乡收回的孙家园子汉墓汉石画像，右立柱最上层的人身蛇尾的女娲下面，就是"一身着无领宽衣，头戴牛首面具者，双肘弯于胸前，两腿叉开站立"；与之画面大致相同的是图 20，绥德四十里铺汉墓（田鲂墓）后室左竖石上中部画像，也是刻绘牛头人身者。② 图 21 为 1990 年所发掘的山西离石马茂庄二号汉墓前室东壁左侧画像，中部上刻西王母打坐玄圃之上，下部为"一牛首人身的使者，执符节，着长袍侧立"，与右侧的"鸡首人身的使者"相望③。可见，象征蚩尤的牛头人身画像已经开始向门神位置跃进。

 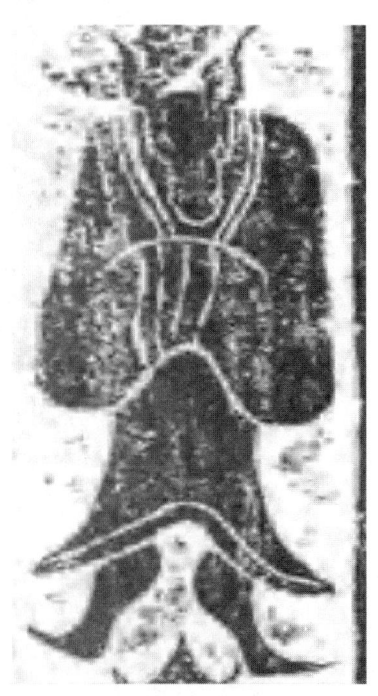

图 19　陕西横山牛神汉石画像　　图 20　绥德四十里铺汉墓石画像

① 《艺文类聚》卷十一引《龙鱼河图》。
② 李贵龙、王建勤主编：《绥德汉代画像石》图版第 4，陕西人民美术出版社 2001 年版。
③ 俞伟超主编：《陕西山西汉画像石》图版第 230、248。

图21　山西离石牛神汉石画像

南阳地区。图22是1982年所发掘的南阳方城县城关镇汉墓门扉画像，左右门扉上部分别刻绘应龙、白虎，中部为铺首，下部则为熊、牛，左侧的熊张开双臂，面向右方；右侧的牛奔跃冲抵，面向左方。两幅门扉相合，显然是一幅熊戏牛图，也就是黄帝战蚩尤的意象图。画面中的牛虽是凶猛，但其神态已呈臣服状。[1]　图23是该墓西门下部门楣刻绘虎牛斗，"虎猛扑，牛以角相抵；牛后刻一阉者，戴尖顶帽，左手抓牛睾丸，右手割之。虎后刻一猿"。[2] 为牛阉割，从实用来说，是要牛减少交配机会以获其力量用之于耕作；从象征来说，则是要剪除蚩尤族人乱伦交合的行为(按，《尚书·吕刑》："蚩尤惟始作乱，延及于平民。"这里的"乱"就是指蚩尤部族不遵守走婚制的规则，以祭祀天地为借口乱伦。所以黄帝一方面制作刑法，惩治乱伦者，一方面"乃命重、黎，绝地天通，罔有降格"，收回祭祀天地的权力，不允许私下祭祀)。

---

[1]　王建中、闪修山主编：《南阳两汉画像石》图版第226，文物出版社1990年版。
[2]　韩玉祥：《南阳汉画像石墓》，河南美术出版社1998年版，第115、116页。

图22 南阳方城熊戏牛汉石画像

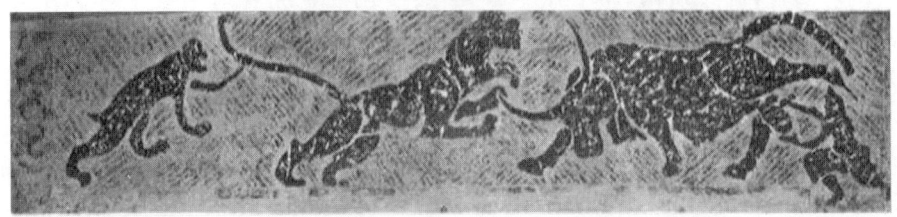

图23 南阳方城阉牛汉石画像

山东地区。图 24 为 1982 年滕州官楼镇出土的汉墓石画像,下层为西王母打坐玄圃上,右有西王母打坐,左下角为东王宫修炼于石室中。中间云气环绕,有伏羲女娲,飞鸟,龙以及四龙驾辂车,在左上角有一翼牛,绕云飞向西王母。图 25 为 1980 年嘉祥宋山汉石画像,中间为羊头,两侧为人面,其右侧刻绘健硕翼牛作狂奔状,下有云气,左一羽人,下一长发羽人。① 图 26 是 1996 年山东费县所发掘的汉石画像,上格刻伏羲执矩,下格为一头戴牛角之人,牛角之间画有一日轮,戴牛角之人双手于胸前抱一月轮,月内刻蟾蜍。此画像上边还刻着极有价值的榜题铭文,虽铭文中有些字已漫漶不可尽识,但其中可辨认者有"行□□□□日也□戴日抱月此上下□□圣人也"。②

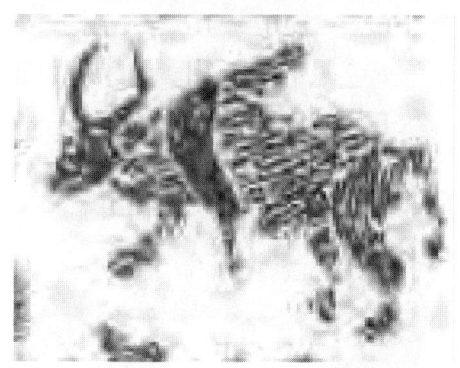

图 24　山东滕州翼牛升仙汉石画像(局部)

图 25　山东嘉祥翼牛飞天汉石画像(局部)

---

① 俞伟超主编:《山东汉画像石》第 2 册图版第 176、107。
② 俞伟超主编:《山东汉画像石》第 3 册图版第 83。

图 26　山东费县炎帝汉石画像

综上所述,秦晋和山东的拜谒西王母的"牛首人身"形象,可以看作是来自中原炎帝部族的走婚者,其崇拜者当是原炎帝或蚩尤部族的后裔;南阳的熊戏牛或阉牛图,可以看作黄帝战胜蚩尤的成功图,其崇拜者当是黄帝部族的后裔;而山东"戴日抱月"图,则可以看作炎帝或蚩尤的崇拜已经升华为创世神的地位。在这里,不论出于何种原因,不论是把牛看作祥瑞或是作为魔障,总之是牛已经成为民众生活中的基本精神信仰,受到了汉代人的敬畏和祭拜。

当然,牛不仅是精神信仰的偶像,也是物质的重要食粮。图27为上述陕西横山县党岔乡收回的孙家园子汉墓石的门楣右半部左边,一人戴冠、舒袖长衣,赤裸半肘,伸向前站立的牛之胯下,地面放一小罐,显然这是一幅挤奶画像;之前还有一挤鹿奶画像。① 图28为1954年山东沂南汉墓中室南壁横额东段画像,画面分为左右两部分,左部分为收获图,由粮食堆、粮仓、小鸡等,右部分为庖厨图,有剥羊的,抬猪的,切菜的,烧火的,缸、壶、樽、盒等用具;画面中有五条牛,其中收获图中一牛卧于树下,有绳子系在树上,三牛分别系于三部车后,其中两牛站立,一牛卧倒。也有绳子系在车上;庖厨图中一牛,一人右手举锤,左手牵牛,牛双角直竖,尾巴翘上,作挣脱状,这就是所谓的"椎牛",也就是杀牛,欲吃牛肉。② 由此,牛不仅是劳作的伙伴,也是肉食之一。

图27　陕西横山挤牛奶汉石画像

---

① 俞伟超主编:《陕西山西汉画像石》图版第230。
② 俞伟超主编:《山东汉画像石》第1册图版第204。

图28　山东沂南收获:庖厨汉石画像及其椎牛局部汉石画像

● 牛郎与金牛:汉代牛的理念及其饲养

　　牛作为重要的牲畜,既能做人们的耕作和运输的工具,又能为人们提供奶水和肉食,又可为人们提供衣饰,可见对于人们的生活太重要了。司马迁在《史记·货殖列传》说,如果一个人养牛,达到"牛蹄角千"(160～170头),就和"牧马二百蹄"(50匹)、"千足羊"(250头)一样,与"千户侯等";又说,在"通都大邑"拥有"屠牛、羊、彘千皮",或"牛车千两",那就与拥有"贩榖粜千锺"、"轺车百乘"一样,"此亦比千乘之家"。可见牛是汉代重要的财富,也是财富的重要计量单位和标志。《汉书·蔡义传》:"蔡义,河内温人也。以明经给事大将军莫府。家贫,常步行,资礼不逮众门下,好事者相合为义买犊车,令乘之。""犊车"就是牛车,没有马车就暂时用牛车代步。《后汉书·宦者列传》记载,左悺等人因协助桓帝清除梁冀有功,于是得以掌管朝中大权,"皆竞起第宅,楼观壮丽,穷极伎巧","其仆从皆乘牛车而从列骑"。《后汉书·逸民列传》记载,桓帝派"安车"聘请韩康,"辞安车,自乘柴车"。"柴车"也就是牛车。据此,说明牛车是次于马车的。因为乘坐牛车的多是下层官僚或老百姓。《史记集解》说"马贵而牛贱"。其实,这里所说的"牛贱",应该有两重含义:一是说牛的速度比不上马,二是说牛比马好饲养。就生活的实效而言,马与牛是无分轩轾的,两者都得到了汉代人们的关注。汉画牛郎织女和金牛就充分体现了汉代的关于牛的理念。

牛郎织女的神话传说肇端于战国,完善于两汉,定型于魏晋。其原型主旨,已经为许多的学者所讨论。但是其中一个重要的观念,尚未引起学者的关注。那就是牛女神话传说中,牛郎所以能够得到仙女为妻,最根本的是他饲养的老牛,因为他善待牛,所以老牛说话,告诉他仙女下凡洗澡并且有过凡间生活的愿望。因此,牛女神话的基本意旨就是劝诫人们要养好牛、善待牛。这对于年青人来说很重要,因为可以得到美女为妻。后世劝人读书,常说"书中自有黄金屋,书中自有千钟粟,书中自有颜如玉",其原型当是牛女神话。如图29在南阳出土的牛郎织女汉石画像中,牛郎一手执棍儿一手牵牛,正是为了表明美女与牛(实际也就是财富)有着实质的关联。①

图29 南阳牛郎织女汉石画像

而山东汉石画中牛与财富的关系就更显明。根据南阳汉画馆牛天伟先生的研究,汉石画中的口吐钱币的牛,如图30,画中刻一巨大的羊头图案,羊头右边有凤、虎等,左边为龙、牛、凤。此画中之牛甚为特殊,它肩生羽翼、头生长角,低首张口,口中正吐出三枚方孔圆钱。② 图31 山东新泰市西柳树出土八角石柱的柱础上刻有羊、鳖、牛等画像,原书将其中的牛画像误释为"一人牵牛",实为一人跪地双手前伸,承接从牛口中吐出的圆钱。③ 这些牛吐钱的画像说明,牛本质上就是财富的象征。民俗中常常把牛说成"金牛",其原意即在于此。

而我们知道,牛自身是绝对不可能口吐金钱的,之所以神话它能够吐金,

---

① 王建中、闪修山主编:《南阳两汉画像石》图版第277,文物出版社1990年版。
② 俞伟超主编:《山东汉画像石》第3册图版第474。
③ 俞伟超主编:《山东汉画像石》第3册图版第219。

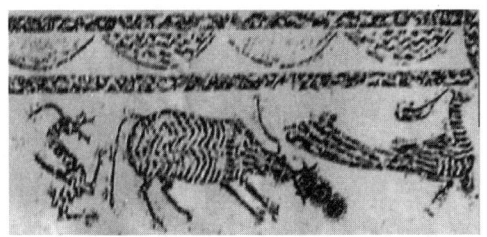

图 30　山东牛吐钱汉石画像

图 31　山东新泰牛吐钱汉石画像

与牛郎织女的神话传说一样,只是说明养牛的重要。汉石画像中,就有很多饲养牛的画面,如图 32,1977 年陕西绥德出土的汉墓门楣下格画像,就是一幅"放牧图",其中有牛、马、羊,而牛占多数。图 33 陕西绥德出土王德元汉墓前室东壁横额画像,也是牛羊所构成的放牧图。① 此一画面说明我们的解释是符合当时的实际的。

图 32　陕西绥德放牧汉石画像

图 33　陕西绥德出土王德元汉墓前室东壁横额画像

---

①　李贵龙、王建勤主编:《绥德汉代画像石》图版第 34、39,陕西人民美术出版社 2001 年版。

虎

作为民间信仰的偶像,虎已经为很多学者所关注和研究。但大多是从民俗或艺术图形的方面来研究和论述的,至于相关汉代的虎信仰,谈及的人就很少。①

● 猎虎与戏虎:汉代虎信仰的现实基础

汉代虎患极为严重。《后汉书·宋均传》说九江郡曾经虎多为患,"郡多虎豹,数为民患,常设槛阱而犹多伤害。"《法雄传》也说,法雄到南郡任太守,郡内"多虎狼之暴,前太守赏募张捕,反为所害者甚众。"据《后汉书·五行志一》刘昭注补引《袁山松书》说:"光和三年正月,虎见平乐观,又见宪陵上,啮卫士。"平乐观在洛阳城西近郊,宪陵就是汉顺帝的陵墓,距离洛阳大约十五里左右。可见,当时在京师洛阳郊区,虎还经常出入,甚至还吃掉卫兵。由此可知汉代虎对于人来说,危害是很大的。

虎的危害自然引来人们的搏杀。当时人们就以勇敢搏杀虎为荣。汉画像中,射杀虎的画面有三种。一是猎虎。如图1,南阳汉石画像,左虎向前奔来,右一人手持长枪直刺虎颈,一人挽弓射箭,长箭已冲向虎已张开的嘴巴。②图2中一骑者挽弓追射虎,一猎者持枪刺向虎,后面二只猎犬在围捕一只兔。③图3云南省博物馆所收藏的晋宁出土的青铜扣饰,扣饰上有八人手持

---

① 笔者所见,只有王子今先生曾先后发表《秦汉虎患考》(《华学》1995年第1辑,中山大学主办)和《秦汉时期的"虎患""虎灾"》(《中国社会科学报》2009年9月16日)作过论述,但主要是讲秦汉的虎患。

② 俞伟超主编:《河南汉画像石》图版第24,河南美术出版社2000年版。

③ 俞伟超主编:《河南汉画像石》图版第111,河南美术出版社2000年版。

长矛刺向虎,形象地反映猎手集体捕猎的场面:猎者均身着虎皮或豹皮制的猎装,髻饰长翎,佩戴大耳环和多道手镯,其中六个人执长矛猛刺虎身,一人站在虎旁,手中持一物,另一人被虎咬伤倒地,此人仍用剑刺入虎头;两只猎犬跃居虎背,其中一犬咬住虎的颈部,另一犬紧咬虎的后背,虎虽倒地,仍张口怒目咆哮,作挣扎欲脱状。

图1 南阳汉石画像 刺虎

图2 南阳汉石画像 猎虎

图3 云南省博物馆的青铜扣饰 刺虎

二是遭虎攻击而挽弓射杀。图4为南阳散存汉石画像,被杨镰先生命名为《巡行丝路》。画面上从左至右八组马骑,中间为辎车,缓步向左奔驶;一虎从右后猛扑向二骑马者,情况十分危急;此时,二骑者慌忙回首以剑刺虎,后骑者则挥剑冲向虎,左四排的三骑者回首挽弓射向虎。① 同样的汉石画面在南阳汉画馆也有一幅,如图5,只是射虎的人是走在队伍中的最后二骑。② 图6是河南禹州出土的汉砖画像,画面形式很紧张:一虎呼啸而来,一人吓得蹲在地上,一人头入其怀,高耸其臀,另有一人则大步逃窜;只有骑马者挽弓射虎。

图4　南阳汉石画像　射虎

图5　南阳汉石画像　射虎

图6　河南禹州汉砖画像　射虎

三是戏虎。人们在搏杀虎的同时,也充分认识到虎的威猛,于是为展示人的勇敢精神,就戏弄虎。汉画像中,有很多搏虎戏虎的图像。如图7,南阳汉石画像,一勇士面对二虎,面无惧色,双手左右搏击;另一勇士则持矛刺向虎,右前一人鼓掌欢呼。③ 如图8,南阳汉石画像,一勇士牵着虎,一勇士(猴)一手牵虎尾,一手抓虎腿;另一虎温顺地蹲坐在地面上。④ 图9南阳汉石画像,一虎乖乖地蹲在地上,另一虎低头奔逃并怒吼着,而其尾巴被一勇士右手所抓

---

① 杨镰:《丝绸之路史二题》,《文史知识》2009年第6期。
② 俞伟超主编:《河南汉画像石》图版第168,河南美术出版社2000年版。
③ 俞伟超主编:《河南汉画像石》图版第9,河南美术出版社2000年版。
④ 俞伟超主编:《河南汉画像石》图版第41,河南美术出版社2000年版。

住,勇士阔步追虎,左手挥斧欲砍,甚是威武。①

图 7　南阳汉石画像　搏虎

图 8　南阳汉石画像　搏虎

图 9　南阳汉石画像　搏虎

---

① 俞伟超主编:《河南汉画像石》图版第 45,河南美术出版社 2000 年版。

由此，虎作为猛兽的实际危害和威猛意象，在汉石画像中得到了充分的展现。而传世文献的记载，也证明了汉代对虎的复杂情感。《史记·李广传》："广出猎，见草中石，以为虎，而射之，中石，没镞。视之，石也。因复射之，终不能复入石矣。"《汉书·王莽传》："莽拜将军九人，皆以虎为号，号曰'九虎'，将北军精兵数万而东。"在这里，李广关键时之威猛，说明了虎之凶猛；而王莽将军队命名为"虎"，则取意于虎之精神。当然，因威猛而崇虎自汉以前已始，周武王伐纣，就率领"虎贲三千人，擒纣于牧野"。

● 部族与再生：汉代虎信仰的历史记忆

汉代人崇虎，不仅因其威猛，还因虎作为原始部族的象征存于汉代人的历史记忆里。

文化人类学认为，远古人类常常将生活在周围的动植物作为本部族的吉祥物而加以崇拜，从而使被崇拜的动植物成为该部族的象征。据此，虎作为远古部族的信仰偶像，也曾经是某一部族的象征。《史记·五帝本纪》："轩辕乃修德振兵……教熊、罴、貔、貅、虎，以与炎帝战与阪泉之野，三战然后得其志。"《列子·黄帝》："黄帝与炎帝战与阪泉之野，帅熊、罴、狼、豹、貙、虎为前驱，以雕、鹖、鹰、鸢为旗帜。"这里所谓黄帝所率领的"熊"、"罴"、"虎"，不是动物大军，而是指以此动物为标志的部族。换句话说，以"虎"为标志的部族，早在黄帝时代就已经存在。1987年发掘的濮阳西水坡第45号墓，距今6000～8000年左右，墓主人左右身边分别用蚌壳雕塑的龙虎。关于蚌壳龙虎的寓意，学者的争议颇多。笔者根据当时部族林立、部族之间的交往主要是走婚的情况，猜想这里的蚌壳龙虎就是走婚男女部族的标志。换句话说，蚌壳龙标志着墓主人的父系来自于龙部族，蚌壳虎标志着墓主人的母系来自于虎部族。根据历史发展，嗣后婚姻制度不断的进化，生活在中原的各部族逐渐形成了夫妻婚制，而虎部族依然保持着母系氏族的特征，并且逐渐迁离中原，向西部发展。这就是传说中的西王母部族。《山海经·西山经》："又西三百五十里，曰玉山，是西王母所居也。西王母其状如人，豹尾、虎齿而善啸，蓬发戴胜，是司天之厉及五残。"《山海经·大荒西经》："有人，戴胜虎齿，有豹尾，穴处，名曰西王母。"可见，西王母是以虎为标志的母系部族。由此，汉代人崇虎，可以说是对远古的母系部族的历史回忆。汉画像中有很多的画面，虎与捣药兔、蟾蜍和三足鸟一样，作为配神图像，被刻绘在西王母身边。

虎作为母系部族的象征，汉代人所以崇拜，不仅是出于历史的记忆，更重要的是虎与龙的结合,是人类婚配生育的源泉;从原始巫术的角度看,这是人再生的标志。秦汉之际,长生与再生是当时社会的基本目标。一方面,虎之崇拜也就油然而成时尚;另一方面,远古虎部族与其他部族的婚配情景,通过汉画像的形式被充分地再现出来。

(一)虎与龙相戏图像。图10山东武氏祠画像,一龙向左奔走,一虎口衔龙尾。① 图11陕西绥德王德元墓室左门柱第二格画像,画面龙虎相对。下格则是单龙、单虎。② 图12陕西汉墓的门扉画像,常常在左右门扉的铺首衔环下方分别刻绘为虎相戏,如绥德四十里铺的汉墓门扉下方的龙虎相戏图像。③

图10　山东武氏祠画像　龙虎戏

图11　陕西绥德王德元墓室左门柱第二格画像　龙虎戏

---

① 俞伟超主编:《山东汉代画像石》第1册图版第21,山东美术出版社2000年版。
② 俞伟超主编:《陕西山西汉画像石》图版第80,山东美术出版社2000年版。
③ 俞伟超主编:《陕西山西汉画像石》图版第172～173,山东美术出版社2000年版。

图 12　陕西汉墓的门扉画像　龙虎戏

（二）虎与牛相戏图像。图 13 南阳汉砖画像，画面为双阙中的虎牛斗，翼虎张牙舞爪腾空扑来，而牛则勾头伸角跳跃而应战；虎下为蟾蜍，牛上则是熊。图 14 南阳汉石画像，虎奔扑而来，牛则勾头欲抵。① 在云南省博物馆所收藏的晋宁出土的虎牛铜扣饰中，很多都是表现虎牛相戏的。如图 15 虎牛搏斗（原器型高 9.7 厘米，宽 15.3 厘米），虎被牛撞到，腹部被牛角戳穿，肠露外面；虎则反咬牛之前腿，前爪抓住牛腹，后爪蹬牛头；下有一蛇，嘴咬牛之后腿，尾绕虎爪。图 16 虎牛戏（原器型高 8.3 厘米，宽 15.5 厘米），虎爬居牛背，前爪紧抱牛腹，左后爪抓牛腿，右后爪蹬地；牛耸臀支持，尾翘于虎身，张口似鸣；其下一蛇，嘴咬牛足，尾盘虎腿。图 17 是徐州楚王陵出土的金牌虎牛相戏图。在这里，虎牛相斗好似很残酷，实际上主要表现的是虎牛之间的交合关系，尤其是蛇的出现，更是表现以虎为代表的部族与以牛为代表的部族之间的婚媾联系。

图 13　南阳汉砖画像　虎牛戏

---

① 南阳市文物研究所编：《南阳汉代画像砖》图版第 70、拓片第 188，文物出版社 1990 年版。

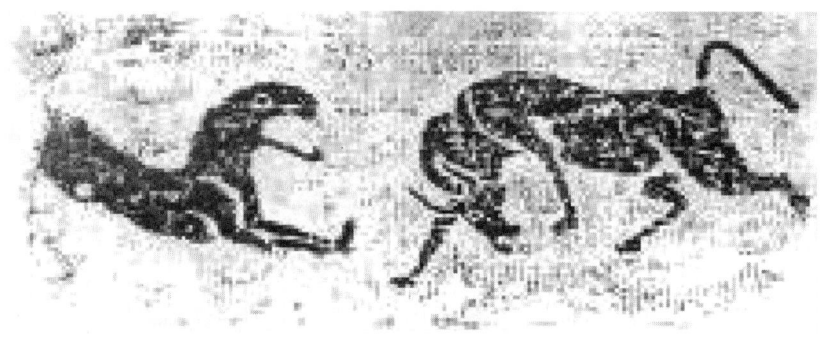

图 14　南阳汉石画像　虎牛戏

图 15　云南省博物馆铜扣饰　虎牛戏

图 16　云南省博物馆铜扣饰　虎牛戏

图 17 徐州楚王陵出土的金牌虎牛相戏图

（三）虎与鸟相戏图像。图 18 四川乐山、泸州石棺画像,都是刻绘左一鸟儿展翅回首,右一虎猛然停跑,张嘴欲吞鸟儿。① 图19 山东汉石画像,一虎嘴吞鸟儿的头,鸟儿展开双翅,鸟儿嘴喙置入虎口,睁眼观望。图20 山东汉石画像,局部刻绘着一蹲坐的虎头人身之神伸手与面前站立着的鸟嘴儿相接,似是饲喂鸟儿,或是从鸟儿的嘴里接受什么。② 图21 江苏汉石画像,画面一虎驻蹄停留,一凤鸟收翅将要落其身边。③ 图22 是1972年6月于唐河针织厂汉墓出土的汉石画像。画像上部刻一虎二凤。下部刻绘人物,其中一人将一只手伸向高足盘中。应为历史故事"二桃杀三士"。

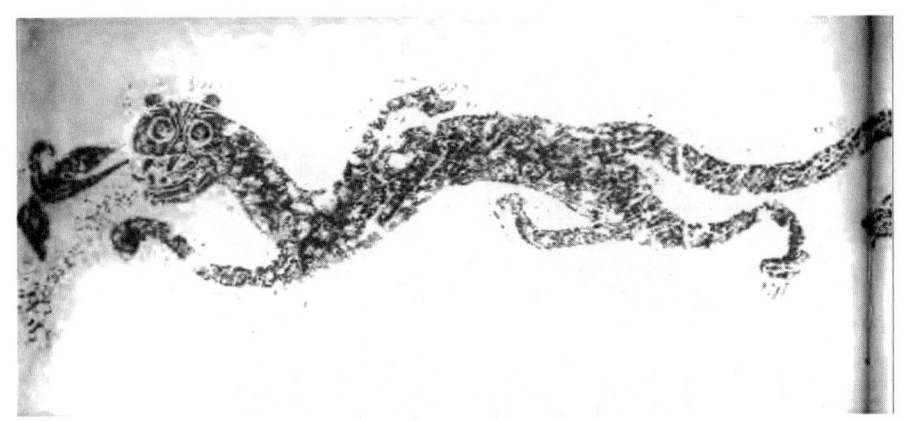

图18 四川乐山、泸州石棺画像 虎鸟戏

---

① 高文编:《四川汉代石棺画像集》图版第69、157,人民美术出版社1997年版。
② 俞伟超主编:《山东汉画像石》第3册图版第65、26,山东美术出版社2000年版。
③ 俞伟超主编:《江苏安徽浙江汉画像石》图版第220,山东美术出版社2000年版。

虎 65

图19　山东汉石画像　虎鸟戏

图 20　山东汉石画像　虎鸟戏

虎 67

图 21 江苏汉石画像

图 22　唐河针织厂汉墓出土的汉石画像

（五）虎与玄武、熊相戏图像。图 23 陕西米脂汉墓门楣画像，画面左边的画框内，虎与玄武在长着仙草的地面上并排向前而行。① 图 24 南阳汉石画像，画面左边刻一猛虎，瞪目张口；右刻一熊，奔走回顾，虎与熊之间有云气和山峦。②

---

① 俞伟超主编：《陕西山西汉画像石》图版第 69，山东美术出版社 2000 年版。
② 《南阳两汉画像石》图版第 13。

图23 陕西汉石画像 虎戏玄武

图24 南阳汉石画像 虎熊戏

此外,还有众多虎与猪相戏的图像。详细情况可参阅"猪"章节的相关论述。

在这里,若说虎是母系部族的标志的话,那么,龙、牛、鸟儿、玄武、熊和猪则应是父系部族的标志(在这里,龙是伏羲部族的象征,牛是炎帝、蚩尤部族的象征,猪是豢龙氏部族的象征,鸟儿是颛顼、舜、商部族的象征,玄武和熊是黄帝部族的象征)。由此,虎与龙、牛、猪、鸟儿和玄武相戏图像,实际上就是来自于母系部族的女子和来自于父系部族的男子的婚配结合的图像仪式,其寓意则是新生或再生。如果说,图像仪式是汉代人的历史记忆,那么,图像寓意就是汉代人的价值诉求。可见,汉画像作为艺术形式,正是远古的集体无意识中的婚配生育记忆,因汉代人的长生求仙而得以唤醒重现。有的汉画像就毫不掩饰地表现了汉代人的这一再生或重生意识。如上述山东汉画图像中的虎鸟戏,该幅画像的上部刻绘的是大母神和相戏的男女,可知下部的虎鸟相戏也是男女交合的象征。当然,最能说明虎崇拜是基于远古母系部族的历史记忆之上的巫术再生思维和求长生不死观念的,就是汉画像中的"西王母与虎龙戏",或"西王母打坐龙虎座"。汉代西王母的神格是"玉女"、"长生"和"善子",后来逐渐取代"太一·伏羲女娲人首蛇身交尾"中的太一地位,构成"西王母·伏羲女娲人首蛇身交尾"的格式,从而形成了汉代再生图像仪式的变异形式。

● 人文与天文:汉代虎信仰的方位观念

作为野兽,虎是自在的存在;而作为信仰的偶像,虎被赋予了人的理念。由此,虎崇拜是一种人文现象。先秦以前,虎作为西王母部族的标志,随着西王母部族迁离中原,移居西部,虎又被赋予了西方的方位含义,与生活在东方的以龙为标志的部族相对应。汉代社会,人们追求长生不死,所以崇拜西王母,崇拜虎。西汉张骞出使西域,东汉班超守护西域,其中一项共同的愿望,就是拜访西王母。这样,虎象征西方的观念,就牢牢植根于人的脑海之中;并与东方的青龙、南方的朱雀和北方的玄武,构成了汉代四方的标志。《白虎通·五行》:"其位西方,其色白","其精白虎"。按照五行的表现方式,西方属金,金色白。所以常常将虎称为白虎。

汉代崇尚天人合一,将人文与天文相对应,人间的地理概念与天上的星宿相比照,地上的四象就演变为天上的星宿。图 25 南阳汉墓墓顶石画像,刻绘青龙、白虎、朱雀和玄武,象征天之四宫。[①] 同样的画像也刻绘在河南永城梁王墓的墓顶上。

这样,虎不仅象征着西方,同时也象征着西方的天空和星宿。按照五行观念,西方属金,色是白的,所以常常将虎称为白虎。西方星宫中有七个星宿:奎、娄、胃、昴、毕、觜、参,所以在汉代人心目中,白虎身躯的不同部位就表示着不同的星宿。图 26 南阳汉石画像,画中刻绘一虎,张口翘尾,昂首行进;虎前

---

① 俞伟超主编:《河南汉画像石》图版第 20,河南美术出版社 2000 年版。

图 25　南阳汉墓墓顶石画像　四灵

横三星相连,其下竖三星相连,虎体下方三星;虎与星宿之间云气环绕。"画像石上的白虎星座虽未刻全七宿,但抓住虎头上的参宿,使人看去一目了然,其横三星为参宿中的衡石,竖三星为它的辅星伐。"由此,这幅画像可以说是"西宫白虎星座的形象表示"。① 图 27 南阳汉墓墓顶石画像,画面一虎向左奔驰,一圆中刻绘有三足鸟,向虎飞来。② 在这里,虎为白虎星宿,象征西方,圆中的三足鸟就是太阳的标志;整个画面表述了太阳向西运行的天文景象,而其蕴意则说明墓主人魂魄西去,走向长生不死的天堂。

图 26　南阳汉石画像　白虎星宿

---

①　吴曾德、周到:《南阳汉画像石中的神话与天文》,载韩玉祥主编《南阳汉代天文画像石研究》,民族出版社 1995 年版第 10 页,图版第 28。

②　俞伟超主编:《河南汉画像石》图版第 19,河南美术出版社 2000 年版。

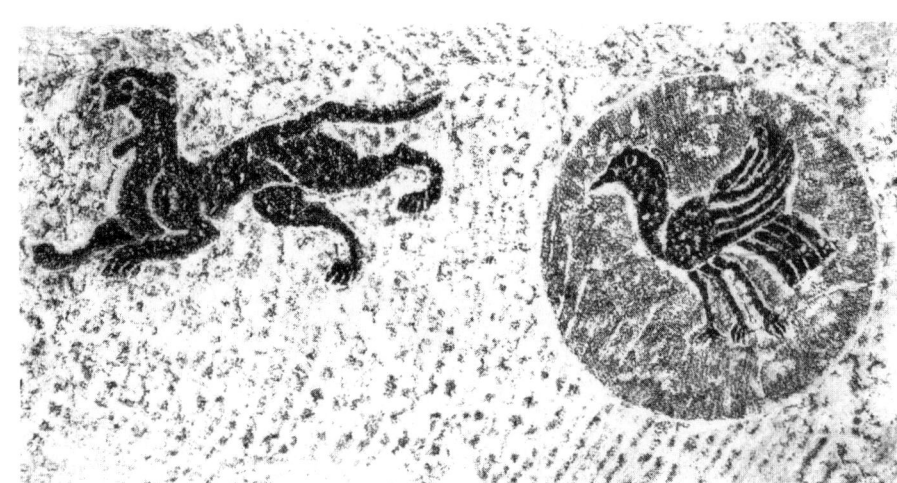

图27　南阳汉石画像　日与白虎星宿

● 巫术与科学：汉代虎信仰的矛盾性

　　汉代崇虎主要是原始的巫术思想在作祟。在汉代人看来，虎之威猛不仅可以驱逐百兽，而且也是帮助人们或者说是人们借助于虎威，可以驱除邪魔。《风俗通义·祀典》："画虎于门，鬼不敢入。""虎者，阳物，百兽之长；能执抟挫锐，嗜食鬼魅。今人卒得恶遇，烧虎皮饮之。击其爪，亦能辟恶。此其验也。"这就是说，如果把虎画作门神，就可以使鬼怪不敢进入房里；虎属于外向型的动物，是百兽之王，可以吞噬鬼魅。如果今天人们猝然遭遇鬼魅的侵扰，可以用虎皮烧成灰拌水喝下；或者用虎爪敲打自己，都可以驱除邪恶。据说这是非常灵验的。由此，虎成为辟邪驱魔的圣物，是人们的精神支柱。所以在汉石画像中，虎的形象特别多。如图28，四川乐山柿子湾崖墓的汉石画像，是一个大张着嘴巴的奔扑而来的虎；而图29南阳唐河汉石画像中的虎，则是虎身人面头戴平顶冠。① 在云南省博物馆所收藏的晋宁所出土的西汉银皮带扣（长10.1厘米，宽4.2～6.1厘米），如图30，上面雕刻着翼虎，右前爪抓一仙草，昂首、翘尾，双目镶嵌黄色的玻璃珠，身上镶嵌绿松石宝珠及错金片；虎背后为山石和云气纹。在这里，汉代人将虎的形象佩带在身上，目的就是要借助于虎的威猛辟邪。

---

　　① 《南阳两汉画像石》图版第178。

图 28　四川汉石画像　白虎

但同时,汉代对虎的认知已经相当客观,含有一定的科学因素。《淮南子·泰族》与《修务》都说,虎生存在"高山深林"、"茂草"之中;《时则》说仲冬之月"虎始交",《地形》则说"七月而生"。《论衡·遭虎篇》也分析了虎的习性。一是正确地说明了虎的生存现状。"夫虎,山林之兽,不狎之物也,常在草野之中,不为驯畜。"二是分析指出,虎的食谱极广,吃人是自然现象。"且虎所食,非独人也;含血之禽,有形之兽,虎皆食之";"夫虎,毛虫;人,倮虫。毛虫饥,食倮虫",这是虎的动物本能。三是批评那些虎吃人是因执政者耍"奸"的错误观念,指出,虎吃人的事情是偶然的,"天道偶会,虎适食人";这与执政者的行为无关,"实说虎害人于野不应政"。

这样,汉代对于虎的巫术崇拜和科学认知,自然就形成了思想中的矛盾性。近代科学发展的实践证明,信仰和知识的矛盾性,当是驱使崇拜者进一步研究探索的动因,有可能是科学发展的契机。但是遗憾的是,汉代对虎的崇拜,从知识探索一面,至多是进行了物理的观察,体现在文化上,就是李约瑟博

图 29　南阳汉石画像　人面虎

图 30　云南省博物馆西汉银皮带扣　白虎

士依据《说文解字》的统计,汉代使用"虍"偏旁的字有 24 个,使用"豸"偏旁的字有 20 个。① 也就是说,东汉许慎时仅仅是认知了虎的众多形象,至多是能够用文字准确地表述出来而已。

---

① 郭郛、[英]李约瑟、成庆泰:《中国古代动物学史》,科学出版社 1999 年版第 119 页。

而在信仰探索一面,因谶纬思潮的流行,却得到了矛盾的加强和深化。一方面,见于虎的威猛,可以驱除其他野兽的危害,认为虎属于祥瑞,若是执政者行使仁政、恩泽黎民百姓,即可得到虎的威信。《白虎通·封禅》则说如果执政者如能恩泽鸟兽,那么,如同"凤凰翔"、"麒麟臻"、"狐九尾"等祥瑞的出现一样,将会"白虎到"。另一方面,见于虎的危害,若是执政者行使仁政,既可以感化恶虎,远离人们。《后汉书·宋均传》载,宋均任九江太守,"务退奸贪,思进忠善,可一去槛阱,除削课制",终于感召了动物,"山阳、楚、沛多蝗,其飞至九江界者,辄东西散去";"其后传言虎相与东游度江"。《后汉书·法雄传》记载法雄任南郡太守,但是郡内"多虎狼之暴"。法雄"恩信宽泽,仁及飞走","是后虎害稍息,人以获安"。《后汉书·刘昆传》:"先是崤、黾驿道多虎灾,行旅不通。(刘)昆为政三年,仁化大行,虎皆负子度河。"由此,撇开知识探索不谈,仅仅是就信仰而言,也是矛盾的。

兔

兔是十二生肖之一,排行第四,俗称卯兔。对此,已经有很多的学者尤其是民俗学专家予以了深入和广泛地探讨。① 在汉代艺术图像中,兔也是一个出现频率较高的形象。举凡有西王母、月亮或者狩猎的画面,大多都有兔的形象。对此,学者虽有论及,多是附属在论述西王母或者天文画像时才谈到,而专门分析兔信仰的还很少。

● 捕食兔:汉代兔信仰的现实基础

汉代信仰兔,应该首先是由于兔有食用的价值。在汉代的艺术图像中,有很多悬挂兔肉的画面。有背面侧头挂的,如图1,山东宋山小石祠东壁的汉石画像,其中下的庖厨图所悬挂的肉食中,有猪头、兔和鱼。其中的兔体量比鱼宽无鱼长,上肢上举,下肢和尾巴下塌,脊骨显明,侧头,睁眼,双耳长。② 又如安徽铜山汉石画像,其下层为庖厨图,所悬挂的肉食为猪腿、鱼、狗和兔等,其中的兔形象没有鱼、猪腿和狗大,上肢下搭,下肢跪弯,侧头,睁眼,双耳长。③ 再如图2,嘉祥武氏祠汉石画像,中下格也是庖厨图,所悬挂肉食也是猪头、猪腿、鸡、鱼和兔。其中的兔体量也是最大,上肢上举,下肢和尾巴下拉,脊骨显豁,头侧向其右的鱼,显然为兔的背面形象。④ 也有正面挂的,如图3,宋山的

---

① 王迅:《兔寄明月》,社会科学文献出版社1998年版。魏家骏编著:《卯兔依月》,中国时代经济出版社2003年版。张廷兴、段东升:《生肖兔》,齐鲁书社2004年版。刘黎明、李鉴踪:《兔文化与人生》,辽河出版社2006年版。
② 俞伟超主编:《山东汉画像石》第1册图版第90,山东美术出版社2000年版。
③ 俞伟超主编:《江苏安徽浙江汉画像石》图版第16,山东美术出版社2000年版。
④ 俞伟超主编:《山东汉画像石》第2册图版第134,山东美术出版社2000年版。

另一幅汉石画像,中格也是庖厨图,悬挂的肉食鸡、鱼、兔、猪头。其中的兔体量比鸡还大,上肢上举,下肢和尾巴下拉,胸肌丰满,双耳高耸,兔脸正面酷似人面,显然是兔的正面形象。① 兔的肉食价值在文献中早有记载。《诗经·小雅·瓠叶》:"有兔斯首,炮之燔之。"《礼记正义·内则》解释"雉兔皆有芼"时说:"为雉羹兔羹,皆有芼菜以和之。"可见,古人食用兔的方法,要么烧烤(包泥(炮)或是剥皮(燔)),要么炖汤。

图1　山东宋山小石祠东壁的汉石画像

图2　嘉祥武氏祠汉石画像

兔作为汉代的肉食之一,可能更多是捕猎所得。汉画像中,有很多捕猎兔的画面。如南阳王庄出土的汉石画像,山岭之中,猎者呼唤着猎犬猎兔,二犬从兔后面追逐,一犬奔到兔前面突然转身拦截(相关的图可参阅"狗"图2)。图4是王庄出土的另一幅汉石画像,一兔蛰伏隐藏,睁眼,似乎已经感受到危险;一猎者右手持棍,左手牵犬,悄悄逼进,但似乎尚未发现兔子,其左侧的猎犬也是悄悄爬行,回首,似乎已经发现兔子;另一猎者则半跪挽弓,瞄向兔子,其后骑者勒马伫立,瞠目张口,似恐惊吓兔子。② 图5陕西榆林汉石画像,猎

---

① 俞伟超主编:《山东汉画像石》第2册图版第98,山东美术出版社2000年版。
② 俞伟超主编:《河南汉画像石》图版第153、151,河南美术出版社2000年版。

图 3　山东宋山汉石画像

者驰马挽弓,二兔慌忙逃窜;其旁,一猎犬差一步就要追抓前面的兔。① 图 6 南阳唐河汉石画像,画面已残,二骑猎者、二猎犬和二徒步猎者正在围剿一兔。其中的徒步猎者,一人右手持锤,左手欲抓兔,一人双手持箅子网兔。② 图 7 陕西米脂汉石画像的"牛君"狩猎图局部中,画面五人,三骑猎者围剿一兔,其中二骑猎者右手持匕首,左手提袋子,自右而左;一骑猎者手持箅子网兔,自左而右。一骑猎者自右而左,奋力牵拉绳子,绳子后栓系着一牛;一骑者自左而右,肩扛节杖,为后面的"牛君"导引。兔子惊恐奔逃,鸟雀被惊得直飞天空。③ 图 8 嘉祥武氏祠汉石画像,一人肩扛弩机,一人肩扛箅子,自右而左,呼喊二猎犬追捕二兔;一人左手牵猎犬,右手持棒,自左而右,拦截二兔。④ 由此可见,汉代人在捕猎兔子时,主要采用了猎犬、弓箭、箅子和马等工具。

图 4　南阳王庄出土的汉石画像

---

① 俞伟超主编:《陕西山西汉画像石》图版第 28,山东美术出版社 2000 年版。
② 俞伟超主编:《河南汉画像石》图版第 6,河南美术出版社 2000 年版。
③ 俞伟超主编:《陕西山西汉画像石》图版第 40,山东美术出版社 2000 年版。
④ 俞伟超主编:《山东汉画像石》第 2 册图版第 125,山东美术出版社 2000 年版。

图 5　陕西榆林汉石画像

图 6　南阳唐河汉石画像

图 7　陕西米脂汉石画像的"牛君"狩猎图

图 8　嘉祥武氏祠汉石画像

在捕猎兔子时,汉代是否开始家养兔子？笔者在文献记载中尚未所见,在出土的汉墓冥品中,有鸡、鸭、猪和狗等陶塑,没有见到兔陶塑。汉石画像中,有一些描述汉代人家庭生活的场景,里面也只有鸡、鸭、鹅、猪和狗的形象,没有发现兔子的形象。不过以兔子之温顺,汉代家养兔子应该是有的。图 9 山东临沂白庄汉墓石画像,画面一大人扶持一小孩骑羊,羊高大盘角,地面上有两只兔在戏耍。① 如果这是一个现实生活场景的话,那就说明汉代已经有家养兔子了。

图 9　山东临沂白庄汉墓石画像

---

①　俞伟超主编:《山东汉画像石》第 3 册图版第 16,山东美术出版社 2000 年版。

● 捣药兔：汉代的长生向往和历史部族记忆

在汉代人心目中，兔不仅仅是肉食，更重要的是兔可以给人带来维系生命和保障健康的药物。在秦汉那个追求长生成仙的年代里，这一点是非常重要的。所以，在汉代艺术图像中，捣药兔成为一个固定的形式，陪伴在仙人西王母身边。如图 10，陕西绥德汉墓门楣画像，西王母戴胜端坐，围绕其周围的有侍从、羽人、三足乌、九尾狐、蟾蜍等等，其中两只兔捣药，一只兔似乎在收药。①

图 10　陕西绥德汉墓门楣画像

问题在于，汉代人为什么将兔与捣药结合起来？考究其因，一方面，可能是因为兔肉不仅有食用价值，而且也有药用价值。《本草纲目》说兔肉可以"凉血解热毒，利大肠"，兔血可以"凉血、活血、解胎中热毒，催生易产"，兔肝可"明目"，兔皮烧成灰可"治妇人带下"。甚至兔子的粪便也是重要的药材："兔屎能解毒杀虫，故治目疾、痔疾、疮痔方中往往用之。诸家本草并不言及，亦缺漏也。"崔元亮《海上方》说兔子可以治疗糖尿病："消渴瀛瘦，用兔一只，去皮爪五脏，一水一斗半，煎稠去渣，澄冷，渴即饮之，极重者不过二兔。"

另一方面，更重要的是，捣药兔是汉代人对于远古发现中医药部族的怀念和记忆。《乐府诗集》有"白兔长跪捣药虾蟆丸"诗句，说明汉代人并没有看中兔子的药用价值，而是看中兔子是药物"虾蟆丸"的炮制者。汉代艺术图像中，捣药兔常常与蟾蜍即蛤蟆在一起。有的是蟾蜍与兔一起捣药。图 11 山东宋山汉石画像，玉兔与蟾蜍共同在橐臼中捣药。② 有的则是蟾蜍帮助兔捣药。图 12 安徽睢宁县汉石画像局部，西王母坐在蒲团上，手执灵芝。其后有侍从，前面则有展翅欲飞的人面青鸟，其左上部为双兔捣药，蟾蜍则帮助将灵芝放入

---

①　俞伟超主编：《陕西山西汉画像石》图版第 153，山东美术出版社 2000 年版。
②　俞伟超主编：《山东汉画像石》第 1 册图版第 91，山东美术出版社 2000 年版。

窠臼中。① 也有的只有兔子在捣药。如图 13，山东沂南汉墓石画像，其下部为两个兔子坐在地面上捣药。② 这些图像表明，传统中医药的发明是与兔子分不开的。

图 11　山东宋山汉石画像

图 12　安徽睢宁县汉石画像局部

---

① 俞伟超主编：《江苏安徽浙江汉画像石》图版 127，山东美术出版社 2000 年版。
② 俞伟超主编：《山东汉画像石》第 3 册图版第 118，山东美术出版社 2000 年版。

图 13　山东沂南汉墓石画像

文化人类学告诉我们,远古部族常常将其最早的发明创造物作为本部族的标志,来命名本部族。如发明树居生活的部族被称为"有巢氏",发明火的部族被称为"燧人氏",发明饲养猪的部族被称为"豢龙氏",发明农业的部族被称为"神农氏"。由此,如果远古祖先曾经有将兔子作为自己部族的标志,那么,汉代捣药兔形象应该是对这一远古部族发明中医学的纪念和记忆。笔者曾经推测,远古人们看到兔子咀嚼草的动作启发了炮制草药,"切碎药材的过程正如兔子咬碎草茎",而"把捣药兔放在西王母身边,寓意着传统中药学创源于远古的女性"。[①] 汉代艺术图像中,甚至就有兔子咀嚼草茎的画面。如图14,山

[①]　郑先兴:《汉画像的社会学研究》,河南大学出版社2009年版,第261、262页。

东汉石画像,东王公、青龙之间有一玉兔,屈身弯颈,嘴衔草茎,正在细嚼。① 西王母身边的玉兔除了捣药的形象之外,也有以美丽的女子形象出现的,如图15,四川彭山石棺画像,画面西王母打坐龙虎座,蟾蜍在面前嬉耍,两个美丽的少女坐在蒲席上,头上两只耳饰酷似兔耳。图16 四川合江石棺画像,画面西王母打坐龙虎座,左侧的虎旁边也刻绘有一兔女,丰满的身躯、苗条的长腿,俏丽的面颊,双手伸向西王母,左手持捣药石臼。② 图17 彭山和合江石棺的兔少女形象,表明正是发明中医药学的母系氏族。汉代人认为,兔子是没有雄性,只有雌性,兔子的受孕,要依靠其他的途径。《论衡·奇怪篇》:"兔舔雄毫而孕。及其生也,从口中出。"宋人《尔雅翼》:"故说者以为天下之兔皆雌,顾兔为雄,故望之以宣气。"王充认为兔子是舔食雄性的毫毛受孕,而《尔雅翼》又说天下兔子都是雌的,惟有月亮中的才是雄的,地上的雌兔只有通过仰望月中雄兔才能受孕。这些说法虽然荒诞,但是表征了远古时代有一个以兔为标志的母系部族。民族学资料也说明,中医药的发明是女子。至于文献记载神农氏尝百草而发明中医药学,当是说中医药学的发明是在神农氏部族处于母系氏族时代的事情,进入父系氏族之后,该部族的男子就将女子的发明专利挂名在自己头上而已。

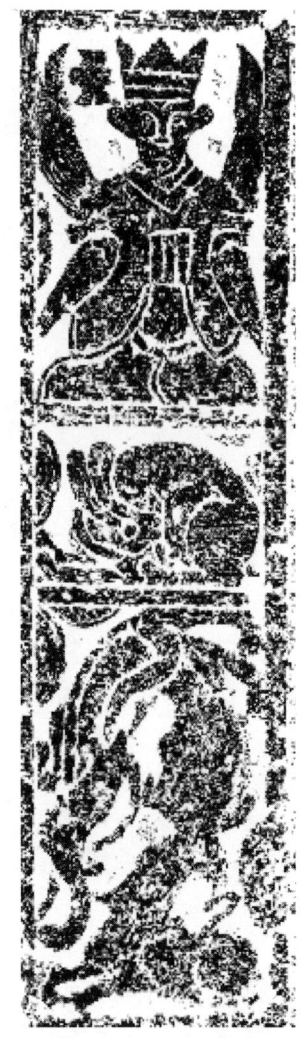

图14 山东汉石画像

① 俞伟超主编:《山东汉画像石》第3册图版第72,山东美术出版社2000年版。
② 俞伟超主编:《四川汉画像石》图版第149~151、175,河南美术出版社2000年版。

兔　85

图 15　四川彭山石棺画像

图 16　四川合江石棺画像

图 17　彭山和合江石棺的兔少女

已如所知,西王母是处于母系氏族时代的部族,白虎是其主要的标志;而其身边的捣药兔和九尾狐也是处于母系氏族时代的其他母系部族的象征和标志。按照摩尔根的观点,西王母、九尾狐和捣药兔,都是相同性质的同胞部族。

如果捣药兔确系母系部族的标志,按照汉代人的阴阳和谐理念和再生诉求,必定有与捣药兔相匹配的来自于父系部族标志的动物形象。以此观照汉代艺术图像,果然找到了这样的图像。如图18,山东临沂汉石画像,其中有部分为鸟啄兔画面,鸟收翅落下,爪子按着兔,伸长喙啄兔;兔则低头使劲欲窜。整个画面气氛很是紧张。图19山东汉石"祥禽瑞兽"画像,画面的鹰挺胸昂首,两只鹰爪前后抓在身下兔子的头和臀,兔子夹着尾巴,双眼流露着恐惧的目光。① 图20四川江北县汉墓门楣画像,上部刻绘朱雀展翅,左有玉兔,右为蟾蜍,画面朱雀体量巨大,兔与蟾蜍则很小。② 显然,这幅画像舍弃了山东画像中的鸟与兔的自然关系,显得和谐匹配,将汉代人的阴阳和谐和再生理念体现得更加明白。有论者在谈到汉画像的"鹰啄兔"时,指出,"'鹰啄兔'是近东、西亚、希腊、罗马与欧亚草原艺术中最习见的主题之一","鹰捕杀猎物,血腥而残忍。故西方的艺术每用作征服与毁灭的象征";"鹰啄兔作为视觉的传统,在中国是贫瘠、脆弱、不持久的","鹰啄兔作为视觉的主题,不甚合于中国的程式";鹰啄兔作为汉代艺术形式,"图为中国的无疑,但灵感是来自于外的","都是希腊化艺术的特征"。③ 在这里,说鹰啄兔画像源自于国外,是文化交流的结果,这点我们是赞同的。但是说鹰啄兔在汉代完全是因交流而交流,成为"无所取义的画幅",则不敢苟同。如前所述,在汉画像中,兔是西王母的伙伴或侍从,与虎一样是西王母的表征;凤鸟也是为西王母服务的伙伴或侍从,与龙一样是到母系部族求婚男子(东王公)的象征。因此,鹰啄兔正如龙虎戏一样,都是源自西王母与东王公(再往上追溯就是伏羲女娲人首人身蛇尾相交)的阴阳和合观念,是汉代文化精神中基于生殖认知之上的重生或再生信仰。由此,如果说鹰啄兔在西方是征服或毁灭,那么,传到中国汉代则转换为和合与重生。文化传播中的功能论在这里就有了一个确凿的案例。可见,论者的问题在于只是接收了机械的文化传播学理论,而忽略了文化传播不仅仅是机械的接受,同时还是一个不断吸纳并加以改造和创新的过程,忘记了文化学研究理论中还有一个功能学派。

---

① 俞伟超主编:《山东汉画像石》第3册图版第17、58,山东美术出版社2000年版。
② 俞伟超主编:《四川汉画像石》图版第58,河南美术出版社2000年版。
③ 缪哲:《鹰啄兔》,载朱青生主编《中国汉画研究》第4卷,广西师范大学出版社2011年版。

图 18　山东临沂汉石画像　　　　图 19　山东汉石"祥禽瑞兽"画像

图 20　四川江北县汉墓门楣画像

　　作为重生或再生的图像仪式,如汉画像其他的动物崇拜格式一样,兔崇拜的最高境界就是使其占据大母神的位置。以此观照汉画像,竟然真的就有这样的画面。图 21 山东临沂汉墓八角立柱上的画像(局部),其中的第二格中下部分,第四格的中部和第五格的中部,都是刻绘兔首人身者置于中间,半蹲,右手执仙草,宽袖短裙,上下分别为龙、虎。龙、虎皆曲颈回首,甚为生动。① 显然,这种形式的图像,与"西王母打坐龙虎座"的格式一样,表示了再生的愿望。换句话说,兔在这里已经上升到大母神的地位,与西王母一样了。至此,可以说,汉代的兔信仰已经发展到顶峰。

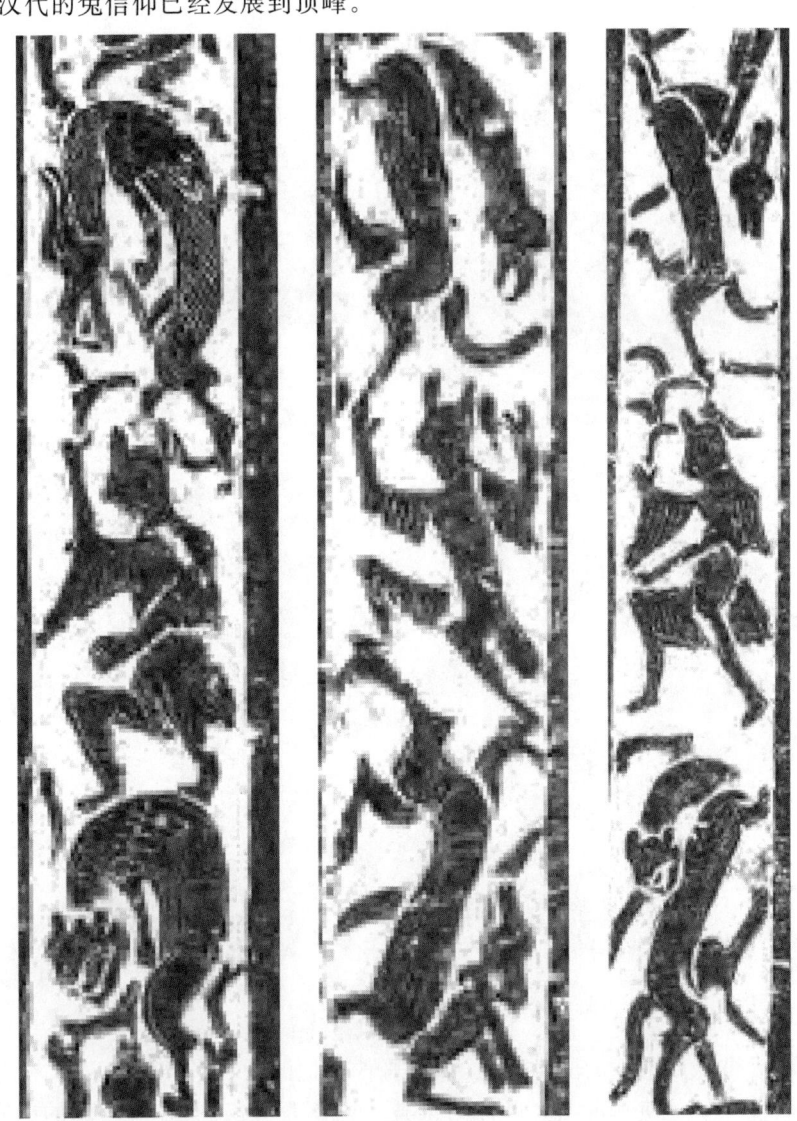

图21 山东临沂汉墓八角立柱上的画像

① 俞伟超主编:《山东汉画像石》第1册,图版第202,山东美术出版社2000年版。

● 月中兔：汉代的月相天文观念

兔子的价值，无论是食用或是药用，其实它就是一个自然的生物，正是因为人的干预，才被赋予了人文的含义。而当人们了解了兔子的基本特性之后，就根据"近取诸身远比诸物"的思维规则，用兔子的已知属性来解释未知的并且与之近似的事物，即天文现象，于是兔信仰就由人文进入天文，成为月中兔。细究其推理的规程，第一，兔所代表的发明中医药学的部族与西王母部族一样同属于母系氏族时代，而西王母部族由于历史上不断地西迁，与中原部族保持距离，逐渐成为"西方"方位的标志，这样，捣药兔、西王母和西方，在古人的知识概念中，有着相同的意义。第二，按照汉人的观念，太阳居住在东方，月亮居住在西方。这样，西王母就与月亮联系起来。著名的神话学者杜而未先生就认为，西王母崇拜实际上就是月亮神崇拜。① 其实，说崇拜西王母就是崇拜月亮不是很妥当的。应该说是西王母、西方、月亮有相通的地方。第三，秦汉时期特别讲究养生保健，尤其是道教形成之际，养生修炼已经成为人们的基本诉求。而其养生修炼之法，除了炼丹服食之外，更讲究的就是与女子的性媾和。长沙马王堆所出土的医学帛书中，就讲述了男子如何与女子交媾来获取健康的方法。而在远古至两汉长期的生活婚媾习俗中，夜晚尤其是明月的晚上，应是男女性交媾的时间。这样，捣药兔→西方→月亮→修炼就联系在一起，成为汉代艺术中非常独特的形象。笔者曾经考察月中兔和蟾蜍图像，发现代表月亮的最早是蟾蜍，可能到东汉之后，兔或捣药兔才出现在月亮中，与蟾蜍一起成为月亮的标志。"在汉画月轮中，早期只有蟾蜍，中期蟾蜍与玉兔并存，后期则只有玉兔。"②分析其因，客观上是两汉的民族统一使"嫦娥神话系统"和"西王母神话系统"融合之外，主观上则是两汉的养生修炼观念和道教的注重男女双修。由此，兔就成为月亮的标志。《尔雅翼》分析兔所以为月亮的标志，是因为月有缺，兔唇也缺："盖月唯望一日满，余时缺。兔亦缺。以类相从。""古者称日乌月兔，相传已久。"显然，《尔雅翼》是将月中兔给予了神话的解释。但是从另一层面证明我们所推测的古人月下交合是正确的。汉代艺术图像中众多的月中兔形象，一方面表现了汉代人的天文月相知识，正所谓"金乌西坠，玉兔东升"。如图22，淮北出土的汉石"日月"画像，刻绘左右两圆轮，其中左有凤

---

① 杜而未：《中国古代宗教系统》，台湾学生书局1977年版，第161页。
② 郑先兴：《汉画像的社会学研究》，河南大学出版社2009年版，第271页。

鸟的就象征太阳,右有蟾蜍与兔的就象征月亮。① 另一方面则更多可能是表现了汉代人的养生修炼观念和长生成仙的愿望。

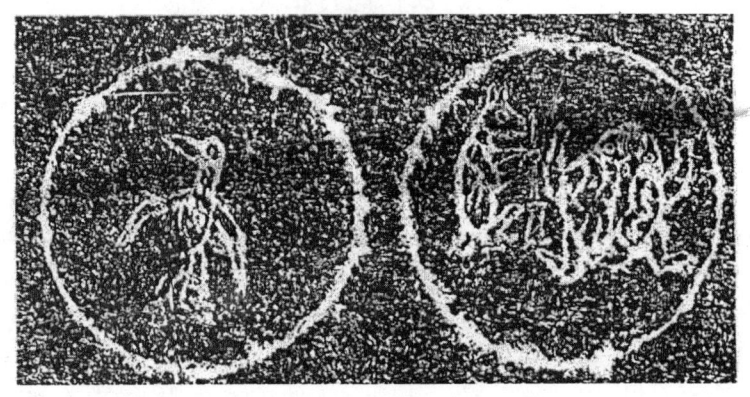

图 22　淮北出土的汉石"日月"画像

在南阳汉石画像中,兔子不仅进入月轮中,而且还是二十八星宿中毕宿的标志。如图 23,南阳出土的汉石画像,其中一幅被称之为"牛郎织女",画面有牛郎牵牛、白虎星座、毕宿(内有玉兔)、女宿(内有织女)。图 24 为另一幅被称之为"日月合璧",画面上部刻绘有象征太阳的阳乌、象征月亮的蟾蜍,其下部刻绘苍龙星座和内有玉兔的毕宿。② 在这里,应该是完全体现着汉代人的星象知识,没有附加所谓人文神话因素。

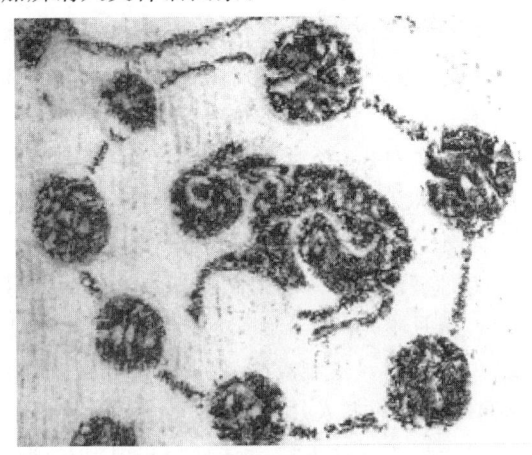

图 23　南阳出土的汉石画像局部

---

① 高书林主编:《淮北汉画像石》,天津美术出版社 2002 年版,第 178 页。
② 俞伟超主编:《河南汉画像石》图版第 116、160,河南美术出版社 2000 年版。

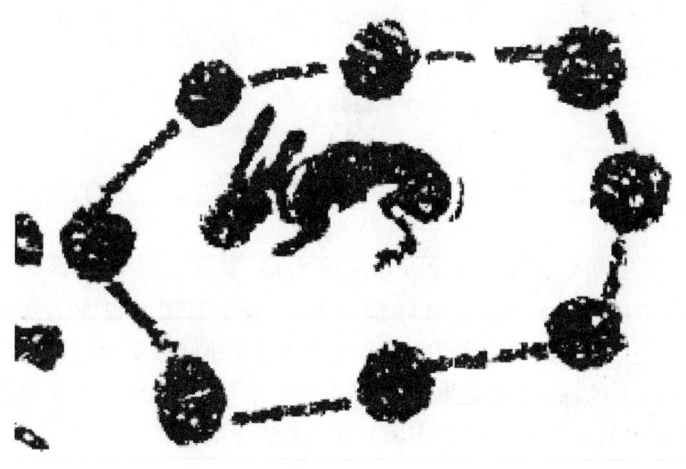

图 24　南阳出土的汉石画像局部

● 兔儿爷：汉代兔信仰的活化态

兔儿爷是流传于北京地区的民间传说。明末纪坤《花王阁剩稿》："京中秋节多以泥抟兔形，衣冠踞坐如人状，儿女祀而拜之。"明《北京岁华记》："市中以黄土抟成，曰兔儿爷，着花袍，高有二三尺者。"《燕京岁时记》："每届中秋，市人之巧者，用黄土抟成蟾兔之像以出售，谓之兔儿爷。"兔儿爷的传说是这样：相传某年北京城里忽然瘟疫流行。月中的嫦娥就派身边的玉兔下凡为百姓治病。玉兔幻化成为少女，挨家挨户地走，医治好了很多人。人们为答谢玉兔，纷纷赠送给她东西，她什么也不要，只借别人的衣服穿。每到一处就换一身装扮。有时是卖油的，有时是算命的，有时是男，有时是女。为了尽快更多地给人治病，玉兔就骑上马、鹿、虎甚至狮子，走遍了京城，直到消除瘟疫，玉兔才回到月宫。京城人为纪念玉兔，就用泥巴塑造了玉兔的各种形象，骑鹿的，乘风的，披甲的，千姿百态，非常可爱。每年农历八月十五，家家都拿出瓜果菜豆，供奉和酬谢玉兔。与汉代的兔信仰相较，兔儿爷的神格几乎完全一致：少女，医药，月亮。为所不同的是，将时间固定在农历的八月十五。由此，可以说，北京地区的兔儿爷崇拜，正是汉代兔信仰的现代依存和活化形态。

龙

龙在十二属相中排序第五,地支次序为辰,是民间信仰中最为崇拜的偶像。所以研究龙的学者和论著就特别多[①],甚至也有同学以龙为课题做出博士学位论文[②]。纵观这些论著,虽然有关龙的实物原型、文化意蕴以及历史沿革都予以了深入的探究,可是断代的龙研究,尤其是借助于汉画像资料的研究,就显得非常欠缺。大概只有李陈广的《汉画龙的艺术》[③]。

● 具象与想象:汉代民间龙信仰的现实基础

作为民间信仰的尊贵偶像,其真实的原型是什么?学者们予以很多的猜测,如马说、蛇说、蜥蜴说、蚕说、猪说、熊说、虹说、雷说,甚至有生殖崇拜的男根说,等等。可谓是众说纷纭,见仁见智。现在比较能够被大家所接受的观点就是闻一多先生的综合说。其实,龙作为自古至今所传承而来的信仰偶像,其艺术的具象到汉代就已经基本定型。如李时珍《本草纲目》引汉代王符的话说,龙的特征是集合各种动物部分的形象:"头似蛇,角似鹿,眼似兔,耳似牛,项似蛇,腹似蜃,鳞似鲤,爪似鹰,掌似虎。"但是龙的真确原型是什么?汉代人好像也说不太清楚。《论衡·龙虚篇》:"世俗画龙之象,马首蛇尾。由此言之,马、蛇之类也。"又说,"龙,牛之类也。"王充根据当时民俗画中所绘出的形象,以为龙属于马与蛇的结合体,龙头是马,龙尾像蛇;又说龙像牛。《说文解字》:"龙,鳞虫之长。"依照许慎的意思,龙是带有鳞的介虫。可见,究竟龙是什么东西,谁也说不清的。

---

① 如闻一多:《伏羲考》《龙凤》;丁山:《中国古代的神话与传说》;王大有:《龙凤文化源流》,中国时代经济出版社 2008 年版;何新:《龙:神话与真相》,上海人民出版社 1989 年版,《谈龙说凤》,时事出版社 2004 年版;刘志雄:《龙之源》,中国书店 2008 年版;胡照华:《中华神龙》,中国城市出版社 2003 年版;庞进:《八千年中国龙文化》,人民日报出版社 1993 年版。

② 汪田明:《中国龙的图像研究》,中央艺术研究院 2008 年博士学位论文。

③ 《南都学坛》1988 年第 4 期。

虽然汉代的文字说不清龙是什么,但汉画像中的龙却相对清晰地表明其原型的现实特征。大致上,汉画像龙有两个特征,一是在地域上显示出龙的自然动物的不同形状,二是各个地域表现出龙的共同的艺术形状。

汉画像中的龙,表现在地域方面,在山东、陕北、四川和南阳等地的形象各有所不同,体现着龙的原始形态。

山东的汉画龙突出了鳄鱼或马的特征。图 1 山东平邑县出土的汉石画像,画面的龙"鼻端和头顶共有三支角,身体扭曲作爬行状,龙脊以阴线表示,两边刻斜线纹"。仔细观察,除了头顶的三支角之外,很像鳄鱼。① 图 2 山东武氏东阙正阙蜀柱北面画像,龙马首马身,有鳞,头上有支角,尾巴稍呈上钩状,四蹄为鸟爪状,整体很像马。②

图 1　山东平邑县出土的汉石画像　鳄鱼龙

---

① 俞伟超主编:《山东汉画像石》第 3 册图版第 80,山东美术出版社 2000 年版。
② 俞伟超主编:《山东汉画像石》第 1 册图版第 40,山东美术出版社 2000 年版。

图 2　山东武氏东阙正阙蜀柱北面画像　马龙

陕北的汉画像龙既像牛又像鹿。如图 3，米脂党家沟墓门门楣画像，有一猎人骑龙回首挽弓射鹿和兔，龙马身有鳞，头长双耳、双角，二目圆睁，酷似鹿；图 4 绥德杨孟元墓门楣画像，龙头上长双角，有翼，尾长卷曲成"S"状，嘴短目睁，奋爪前行。再如"牛"图 18，延家岔墓室东壁右立柱画像（局部），上半部为西王母打坐树桩之上，下半部为龙，龙执长枪，细颈双耳双角，二目圆睁，似牛似鹿。①

图 3　米脂党家沟墓门门楣画像　鹿龙

---

① 俞伟超主编：《陕西山西汉画像石》图版第 46、105，山东美术出版社 2000 年版。

图 4　绥德杨孟元墓门楣画像　牛龙

四川的汉画像龙显示出蛇的特征。如图 5,乐山九峰乡出土的石棺画像,龙修长的身躯,长长的嘴巴吐着舌信,尾巴也拖得长长的。①

图 5　乐山九峰乡出土的石棺画像　蛇龙

南阳的汉画像龙,近似鸟、龟和蟾蜍。南阳麒麟岗汉墓画像中,被发掘者命名为"神兽"的画像,如图 6,长着四肢、羽翼、尾羽、鸟头并两支角的冲破云气、从天而降的"神兽";图 7,长着马身、马蹄、羽翼、鸟嘴、双耳、独角,正在扬蹄奔来的"神兽";图 8,龟身、羽翼、长长尾巴、短颈、长长的独角、瞪目、大张着嘴巴的"神兽",这些其实都应该是龙的比较初始的形态,体现着原始的形象。图 9,英庄汉墓出土的画像,画面上撑开四肢,瞪目,阔嘴,两支长角,有尾巴,有羽翼,在云中与狮子对舞,被发掘者称为"异兽",其实也是龙的具象。而其原型应是蟾蜍。②

---

① 俞伟超主编:《四川汉画像石》图版第 161,河南美术出版社 2000 年版。
② 俞伟超主编:《河南汉画像石》图版第 141、140、139、188,河南美术出版社 2000 年版。

图6、7 南阳麒麟岗汉墓画像 鸟龙

图8 南阳麒麟岗汉墓画像 龟龙

图9　英庄汉墓画像　蟾蜍龙

虽然龙在各地的原始形象有所不同,但是汉代毕竟是龙的图像定型的重要时期,所以,在汉画像中,山东、四川、陕北和南阳各地的龙的图像都有着非常近似的特征。大致上,就其形象而言,马首、虾须、鳞身、鸟爪、牛(鹿)角、蛇尾等,就构成了龙的基本图像元素;就其动态而言,仰首、曲颈、奋爪、盘身、摆尾;就其意象而言,回首衔身自恋(相恋),仰首乘云而来(去);就其配景而言,龙多与虎相配,有的作门神,有的作西王母座椅,有的作玉璧配神。由此可见,龙无论是作为图像的元素,或是动作,或是意象,或是配景,都已经有着相对固定的格式,表明了龙的艺术图像在汉代确实成熟了。

无疑的是,汉画龙的区域特征表明了民间信仰的地区差异,而其共性的形态则表明了龙是汉代社会普遍地信仰和崇拜对象。前者意味着文化的民间性,后者则体现着文化的政治性,即统一的中央政权所带来的民间信仰的一致性。问题在于,为什么汉代(及汉代前后)崇拜龙?换句话说,龙的意象亦即龙的原型究竟是什么?论者多从龙的自然原型中来寻求,所以提出了马说、蛇说、牛说、猪说等等。然而,我们从汉画龙的区域差异中可以看出,将龙归结为自然生物的研究思路和方法显然是不合适的,而只是从龙的文化象征方面以揭示其民族精神,其实也是不全面的。正确的思路应该是从龙的起源即从历史源头上揭示龙的文化意蕴。

● 记忆与期盼：汉代龙信仰的历史与现实诉求

根据文献记载，传说中的古代帝王的出生大多与龙有关。列表如下：

表一：与龙相关的帝王事迹表

序号	帝王	与龙相关的事迹	文献	年代①
1	伏羲	太皞氏以龙纪，故为龙师而龙名。	左传·昭公十七年	千万年前～公元前 5000 年
		宓羲龙师官名。	汉书·百官公卿表	
		太皞帝包羲氏，风姓也，母曰华胥。燧人之世，有大人迹出于雷泽之中，华胥履之，生包羲于成纪，蛇身人首，有圣德。	帝王世纪	
		伏羲鳞身，女娲蛇躯。	鲁灵光殿赋	
		伏羲龙身，女娲蛇躯。	玄中记	
2	炎帝	少典纪安登，游于华阳，有神龙首或（感）之，于常羊，生神农。	春秋元命苞	公元前 5000～公元前 4000 年（仰韶文化早期）
		炎帝神农氏，姜姓也。母曰任姒，有娇氏之女，名女登，为少典正妃。游于华阳之阳。有神龙首感女登，于常羊，生炎帝。	帝王世纪	
		昔，少典氏娶于有娇氏，是曰女登，生二子。一为黄帝，之先袭少典氏；一为神龙，是为炎帝……弘身而牛顈（额），龙颜而大唇。	路史·后纪三	
3	黄帝	黄帝黄龙体，龙颜，有圣德。	史记·五帝本纪	公元前 4420～公元前 2900 年（仰韶文化中晚期）
		轩辕黄龙体。	史记·天官书	
		黄帝得土德，黄龙地螾见。	史记·封禅书	

---

① 许顺湛：《论伏羲》、《中国文明阶段论——邦国文明》，载氏作《史海荡舟》，中州古籍出版社 2008 年版，第 74～85、22～33 页。

(续表)

		黄帝有熊氏,姓公孙,名荼,一曰轩辕氏……少典之子,黄精之君也。母吴枢,曰符葆。秘电绕斗轩而震,二十四月而生帝于寿丘。……河目隆颡,日角龙颜。	路史·后纪五	
		其先出自坱隗翼火之精,有神龙首出于常羊,庆都交之,生伊尧。	帝尧碑	
4	刘邦	母曰刘媪。其先刘媪尝息大泽之陂,梦与神遇。是时雷电晦冥,太公往视,则见蛟龙于其上。已而有身,遂产高祖。	史记·高祖本纪	公元前257或公元前248年

由表中可以看出,第一,帝王伏羲、黄帝、炎帝和唐尧都是私生子,即只知其母不知其父。第二,这几位帝王虽然不知其父,但是出身不凡,是龙种,预示着他们后来所以执掌政权,是天命神赐。第三,龙是君权神授的理由、见证和神圣。由此我们知道汉代及汉代之后的统治者为宣传自己得到政权的合法性,从而来震慑和聚拢民众,都曾不惜背其乃母私通的罪名而尽情地予以使用。比如,汉高祖刘邦就说自己是其母与龙媾和而生的。

由此,如果撩开龙的神秘面纱,其实龙就是一个男子。伏羲、黄帝和唐尧之母所以能够与龙交合,其实就是与男子的约会。根据文化人类学的观点,远古人类婚姻的进程,是从血缘杂婚到走婚,再从走婚到夫妻婚制。在走婚中,首先是女性的走婚,其后才是男子的走婚。而在走婚实施中,人类有一个性意识逐渐自觉的过程。其间,人们为避免自然(比如洪水)和人为(婚媾仪式)所带来的走婚不便,于是将目光转向自己的同胞兄弟姊妹;同时又为了避免相互熟悉所带来的尴尬,就将自己装扮伪装,这就是傩的出现。据此而言,龙本质上就是走婚部族中的伪装起来的男子。随着走婚的进展,男子取代女子成为走婚的主体,于是一些部族则完全以龙为标示。由此,伏羲、黄帝、炎帝和唐尧之母所交合的龙,其实就是华胥、符葆、女登和庆都诸女子走婚与身披龙装束的男子交合。根据《大戴礼》记载,颛顼曾经装扮成龙的样子到各地走婚。"宰我曰:请问帝颛顼。孔子曰:颛顼,黄帝之孙,昌意之子,乘龙而至四海。"《汉书·五行志》引《洪范五行传》:"龙,阳类,贵象也。"就是说,作为走婚男子的标志,龙的出现就是宝贵气象。可见,龙作为象征,一方面是男子,一方面是男权制的部族。作为前者,各个部族都可以尽情发挥,装扮成各自想象的龙的样子;作为后者,龙需要有一个共性的装束。汉画像的龙在各地既有不同的形象,而同时又有固定的形象,其因大概就是源自于对于远古这段历史的记忆吧。

《左传》曾记载:"太皞氏以龙纪"。《竹书纪年》笺按引《外纪》:"太昊命朱襄为飞龙氏造书契,昊英为潜龙氏造甲历,大庭为居龙氏造物庐,浑沌为降龙氏驱民害,阴康为土龙氏治田里,栗陆为水龙氏繁滋草木,疏导泉流。又立五官:春官为青龙氏,又曰苍龙。夏官为赤龙氏。秋官为白龙氏。冬官为黑龙氏。中官为黄龙氏。是为龙师而龙名。"可见,太昊氏(伏羲)时期,曾经将龙作为标志,不仅来管理文秘、历法、工程、灾害、农业和水利等各项政务,而且管理春、夏、秋、冬和中等各个季节与方位。由此推测,龙的出现时间,大约是在女子走婚时就已经出现,如华胥到雷泽;在男子走婚并向夫妻婚制转型的期间,龙全面出现,如女登、庆都在华阳、常羊遇龙幸。以此对照上述表格中河南博物院许顺湛先生所推算的时间,大约在千万年前到公元前2900年前,约相当于仰韶文化中晚期之前的中国历史,在这样一个漫长的时期内,龙一直活跃在社会生活中。

当然,汉代大量绘制龙的图像,绝不仅仅源自于对远古的走婚男子和男权制部族的记忆,也不仅仅是刘邦等统治者宣扬君权神授的因素,而是根源自汉代社会普遍的长生诉求和不死信仰。众所周知,汉代长期的稳定局面和官本位社会,使得人们的价值诉求相对单一。除了封侯拜爵、荣华富贵的追求之外,期盼长生和不死就构成了整个社会的基本价值观念。但是长生和不死的技术因素,炼丹求仙需要大量的财力和精力,一般的百姓是无缘于此的。而对于生育认知和原始接触巫术的结合,男女的婚媾既是人生快乐的本源,同时也是再生重生的基本路径。这样,将性媾和看作是重生,或者是升仙,就成为汉代人长生不死诉求的基本方法。由此,作为男子象征的龙与作为女子象征的物象就被刻绘在一起,表面上是形容男女的婚媾,本质上则是寓意着重生和不死。

大致上,汉画像中以龙为主的重生图像,有两种形式。其一是龙与虎。这有单一式和复合式两种形式。单一式主要刻绘龙虎,如图10,安徽淮北汉石画像,画面为龙、虎怒目龇牙,好似搏斗状。① 如图11,陕西子洲苗家坪的汉墓左立柱画像,画面中格刻绘有龙虎相对图像。② 复合式刻绘龙虎,其背景一是西王母,表现出来为"西王母打坐龙虎座";二是玉璧,表现出来则是龙虎衔璧。如图12,四川合江四号石棺"车临天门"画像,画面中部刻绘双阙天门,左

---

① 俞伟超主编:《江苏安徽浙江汉画像石》图版第194,山东美术出版社2000年版。
② 俞伟超主编:《陕西山西汉画像石》图版第196,山东美术出版社2000年版。

侧为篷车,右侧为西王母打坐龙虎座,头戴三山冠,有翼;图13为另一侧画像,画面刻绘青龙、白虎衔璧相持。①

图10 安徽淮北汉石龙、虎戏画像

图11 陕西子洲苗家坪的汉墓左立柱龙虎画像

① 俞伟超主编:《四川汉画像石》图版第175、174,河南美术出版社2000年版。

图 12　四川合江石棺一侧西王母打坐龙虎座画像

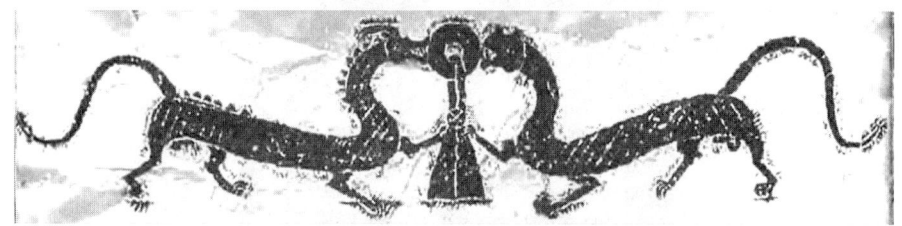

图 13　四川合江石棺一侧青龙、白虎衔璧画像

其二是龙与螺。图14南阳汉画像中,有龙戏螺的画像。这里的螺也是女子的象征。如南阳奎星楼出土的汉石画像,画面为翼龙奔驰扑向螺,螺头微出,触须迎接龙。龙身后一羽人。①

---

①　俞伟超主编:《河南汉画像石》图版第163,河南美术出版社2000年版。

图14 南阳龙戏螺汉画像

● 人文与天文：汉代龙信仰的方位观念

如上所述，伏羲之母华胥走婚而来到雷泽，与装扮成龙的男子媾和有孕，又到成纪生了伏羲。这里的问题在于，一是雷泽所在何地？考文献记载，是有所不同。如《尚书·禹贡》将雷泽称为雷夏泽，在今天的河南濮阳："九河既道，雷夏既泽，雍、沮会同。"雍水、沮水汇流于雷泽。《括地志》："雷夏泽在濮州雷泽县（北）郭外西北。"唐代颜师古在《汉书·扬雄传》"雷泽"条注释，则指出雷泽在山西永济县，"雷泽在县南，（长）四十五里，首阳山下，南流入河。相传舜渔于此。"而在今天的山东菏泽市西4.5公里处有座水库，其名就是雷泽湖。雷泽三处虽然距离很远，但都属于东方。二是成纪所在何地？《拾遗记》："有华胥之洲，神母游其上，有青虹绕神母，久而方灭，即觉有娠，历十二年而生庖牺。"古人将十二年作为一纪，为纪念伏羲的出生，将其出生地称作成纪。《帝王世纪》："以庖牺氏孕十二岁生得名，汉其地建县。"《伏羌县志》："汉武帝改冀县为成纪。"冀县就是甘肃的甘谷县，从唐代武德三年到民国被称为伏羌县。① 可见，成纪地处今甘肃省境内，而在静宁县境内尚有成纪古城。由此，相对于雷泽来说，成纪虽然是汉代方命名的地名，但其地理位置确实是在西方。这样说来，伏羲的出生，是来自于西方的女子与东方男子的媾和的结晶。远古的这段爱情故事在汉代人的传说中，俗话为伏羲女娲的兄妹婚姻故事，仙话为西王母与东王公，神话为白虎与青龙，实话则是重生的期盼。由此，西王母与白虎象征着西方，东王公与青龙则表征着东方。再加上标志北方的玄武和标志南方的朱雀，就形成了汉代的所谓四灵。南阳汉画像中，四灵曾经多次出现。如前述"虎"图25唐河针织厂汉墓北主室墓顶画像，四灵分属于四个不同的方位。图15麒麟岗汉墓墓顶画像，天帝居于中央，四灵分布于四方，伏羲载日女娲负月分侍于左右，南斗六星与北斗七星遥遥相望。显然这是一幅天人合一

---

① 相振稳主编：《伏羲城资料选编》，新乐市文物管理所2001年编，第201页。

图像。① 同样地,四灵图像也在河南永城狮子山汉墓墓顶中出现。所不同的是,狮子山的四灵画像是壁画而不是石刻画像。

图 15　麒麟岗汉墓墓顶天帝、四灵画像

汉代不仅将龙象征东方,同时也把东方的天空和形象以龙来表示。由此,汉画像中就出现了苍龙以表示东方的天文景观。图 16 南阳阮堂出土的汉石"苍龙星座"画像,一鸟头神龙从天而降,头颈上部刻绘圆,圆中有奔驰的兔、跳跃的蟾蜍,表示此为月儿;龙身边分别刻绘星点,分别象征角、亢、氐、房、心、尾、箕七星,整个画面以苍龙为主,七星为辅,表示整个东宫。② 图 17 南阳宛城区出土的汉石毕宿、苍龙画像,分上下两层,上层左、右分别为太阴鸟、太阳鸟;下层左、右分别为星座毕宿、苍龙。③

图 16　南阳阮堂出土的汉石苍龙星座画像

---

① 俞伟超主编:《河南汉画像石》图版第 128,河南美术出版社 2000 年版。
② 俞伟超主编:《河南汉画像石》图版第 110,河南美术出版社 2000 年版。
③ 俞伟超主编:《河南汉画像石》图版第 160,河南美术出版社 2000 年版。

图 17 南阳宛城区出土的汉石毕宿、苍龙画像

总之,龙作为方位的标志,不仅表征东方,同时也表征东方的天象。《淮南子·天文训》将龙与人文的太皞、句芒、规、角和天文的岁星相对等,再与五行搭配,从而表述了龙为代表的四灵方位观念。

表二:"四灵"与"五行"关系示意表

五行	方位	帝王	神祇	治具	季节	神星	神兽	声调	地支
木	东	太皞	句芒	规	春	岁星	青龙	角	甲乙
火	南	炎帝	朱明	衡	夏	荧惑	朱雀	徵	丙丁
土	中	黄帝	后土	绳	四方	镇星	黄龙	宫	戊己
金	西	少皞	蓐收	矩	秋	太白	白虎	商	庚辛
水	北	颛顼	元冥	权	冬	辰星	龟蛟	羽	壬癸

● 生机与张力:汉代龙信仰的精神抗争

远古帝王伏羲、黄帝、炎帝和唐尧的父亲其实就是装扮而成的男子。民间传说所以将其神话为龙,一方面是为这些帝王制造君权神授的理由和政治统治的工具。《论衡·奇怪篇》:"野出感龙,及蛟龙居上,或尧、高祖受富贵之命,龙为吉物,遭加其上,吉祥之瑞,受命之征也。"《礼记·礼运》说,"圣人作则","四灵以为畜","龙以为畜,故鱼鲔不淰。"可见是把龙作为政治控制的工具。另一方面则是这些装扮起来的男子,其身份自然不俗。也就是说,他们是精装细扮的巫师。远古洪荒时代,人类由蒙昧向文明进化,巫师扮演着极其重要的角色。他们既是族群的导师,又是族群的首领。他们要根据季节的变化来安排部族的生产、生活和婚姻等事宜。所以,巫师是部族生活的中心和精神领袖,是远古人类进取的动力和信仰。换句话说,巫师所以装扮成为龙,是因为远古部族把龙看作是奋发进取的力量,征战胜利的保证。《山海经·大荒北经》记载,蚩尤作兵伐黄帝,"黄帝乃令应龙攻之冀州之野"。又,"应龙已杀蚩尤,又杀夸父,乃去南方处之,故南方多雨"。《广雅·释鱼》:"有翼曰应龙。"在这里,应龙可以说就是一装扮成有翅膀的龙的部族。可见,龙是黄帝战胜蚩尤的有力保证。所以,龙是充满着生机、拥有超能力的物象。《周易·乾卦》的卦辞就是以"龙"来表示事物的生长,"潜龙勿用"、"见龙在田"、"飞龙在天"、"亢龙有悔";《象》干脆就说是"天行健,君子以自强不息"。贾谊和许慎也都指出,龙的意象就是生机和威力。《新书·容经》:"龙之神也,其惟兹能乎?能与细细,能与巨巨,能与高高,能与下下。吾故曰:'龙变无常'。"《说文解字》:龙"能幽能明,能细能巨,能短能长。春分而登天,秋分而潜渊。"《淮南子》和《春秋繁露》也都记载,说当时社会曾经用龙来祈福。

汉代社会用龙来宣泄其精神,表现在三个方面。 一方面,是借助于龙的神力以达其自由的境地。譬如,用龙来作为交通工具,驾车御云。如图18,山西离石马茂庄三号汉墓出土的龙车升仙画像,画面上部刻绘苍龙衔护的天柱,其上有华盖,西王母踞坐其中,周围祥云缭绕,有九尾狐、三足乌、青鸟、嘉禾、羽人、蟾蜍;下部刻绘一乘五缰绳的云车,车内有乘者,云车之上有流云、持节骑者、应龙,之下则有乘龙者、骑马者、飞鸿。这幅画像,"造型上不求细微,但求神似,艺术的再现飞升成仙,以求长生的思想"。① 图19,山东汉石乘御龙车升仙画像,五龙乘云牵车,翱翔在祥云之间,车舆中有乘者。②

也有直接乘龙翱翔的。图20为马王堆汉帛"骑龙升仙"画像,玉龙则直接骑龙,升仙成圣。图21郑州出土的汉砖画像,画面一龙,怒目巨口,奔腾向前;龙背之上一人,手执玉圭;龙尾上有玉兔捣药,其下为西王母戴胜,拱手踞坐,左上角有三足乌。③ 在这里,西王母是仙境的象征,乘龙人则表示升仙。可见,龙是升仙成圣的强有力的工具。

---

① 俞伟超主编:《陕西山西汉画像石》图版第266,山东美术出版社2000年版。
② 俞伟超主编:《山东汉画像石》第2册图版第176,山东美术出版社2000年版。
③ 张秀清:《汉砖上的远古神话与动态形象》,《舞蹈》1997年第3期。

图 18　山西离石马茂庄三号汉墓出土的龙车升仙画像

图 19　山东汉石乘御龙车升仙画像

图 20　马王堆汉帛骑龙升仙画像

图 21　郑州出土的汉砖画像

另一方面,则是控制或者说耍龙。据史书记载,玩龙耍龙是远古人们生活中的经常事情,并有专门的部族或者说专业的人士,被称为"豢龙氏""御龙氏"。《左传·昭公二十九年》记载,虞舜时代有"豢龙氏",源起于董父实掌握了豢养龙的技艺,"能求其耆欲以饮食之,龙多归之";夏代孔甲时,有"御龙氏","刘累学扰龙于豢龙氏","能饮食之"。《论衡·感虚篇》:"唐虞之时,豢龙御龙,龙常在朝。夏末政衰,龙乃隐伏。"庆幸的是,在汉画像中,依然可以看到豢龙的画面。如图 22,河南永城出土的汉石豢龙画像,画面中为豢龙者,左右手各持长枪,左手枪所指为牛身的龙,右手枪所指为鸟嘴的龙;左右两侧分别刻绘有熊与虎。图 23 的另一幅画像,画面右侧的二熊持拳欲搏,实际是豢龙者,左侧一猪龙俯首听训,马首龙高昂回首,蛇身龙抵地回首,皆作昂叫状。①

---

① 俞伟超主编:《河南汉代画像石》图版第 72、76,河南美术出版社 2000 年版。

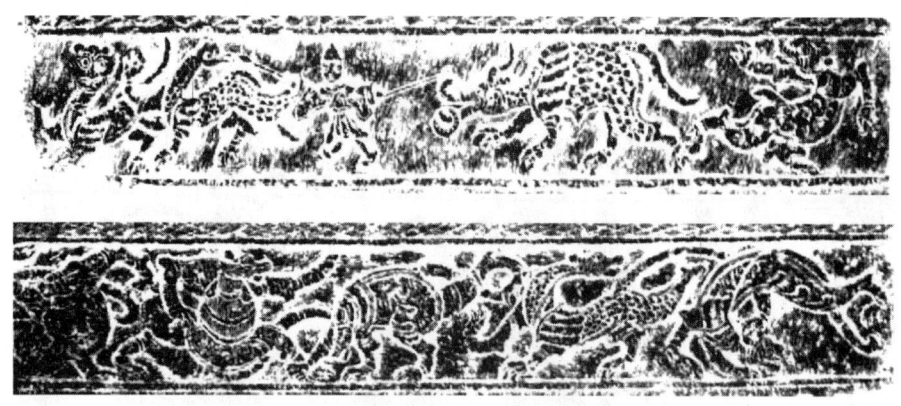

图 22、23　河南永城出土的汉石"豢龙"画像

第三方面,则是借助于龙的神力以辟邪驱魔。还有干脆将龙作为卫士以驱除邪恶势力。如图 24,陕西榆林段家湾汉墓龙虎门神画像,画面刻绘龙、虎分别持长枪,立于左右墓门两侧。寓意着守护与辟邪。[①]

图 24　陕西榆林段家湾汉墓龙虎门神画像

---

①　俞伟超主编:《陕西山西汉画像石》图版第 22、23,山东美术出版社 2000 年版。

图 25 长沙马王堆汉墓帛画《辟兵图》。画面形象自上而下,可分三层。上层:正中绘鹿角状神人,右侧绘雨师,左侧绘雷公。鹿角状神人,双眼圆睁,巨口大开,舌头前吐,神情肃穆,双手自然下垂,上身着红装,下着齐膝青色短裤,赤足,两腿分开,双膝外曲,做骑马欲行之势,腋下墨书一"社"字,头部左侧有题记两行:"大一将行,何日,神从之,以……"(这里所说的"大一"也就是"太一")中层:鹿角神人之下,并排着四个神,其题记自右到左分别是:"武弟子,百刃毋敢起,独行莫……";"我□百兵,毋童(动),□禁";"我虒裘,弓矢毋敢来"(最右边的一题记已残泐)。总体上看,这四位神人是"太一"的"武弟子",是"太一"的护卫神。下层:除中层与下层之间有一黄头青龙正在往中层爬外,右边是一黄龙,龙头下题记"黄龙持炉",左边是一青龙,龙头下题记"青龙奉容"。帛画右侧有总题记一行:"……□承弓,禹先行,赤包(抱)白包(抱)莫敢我乡(向),百兵莫敢我[当]。□□狂谓不诚,北斗为正。即左右唾,径行毋顾。大一祝曰:某今日且[行],神从之……"①

图 25 长沙马王堆汉墓帛画《辟兵图》

---

① 周世荣:《马王堆汉墓的"神祇图"画面》,《考古》1990 年第 10 期。

由上所述，可以看出，汉代人赋予龙以无限的生机和不可战胜的神力。龙是民间信仰中的至尊之神，充分展示了汉代人的精神风貌。分析其形成的社会历史因素，主要有两个方面的因素。一方面，从龙的自身功能来说，汉代及汉代以前的人认为，龙的神力来自于雨水。《论衡·龙虚篇》："龙闻雷声则起，起而云至，云至而龙乘之。云雨感龙，龙亦起云而升天。天极云高，云消复降。"又，《论衡·感虚篇》："夫龙之登云，古今有之"；"方今盛夏，雷雨时至，龙多登云。云龙相应，龙乘云雨而行。物类相致，非有为也。"由此，龙就成为巫师祈雨的道具。《吕氏春秋·召类》："以龙致雨。"高诱注："龙，水物也。"《春秋元命苞》："龙之为言萌也，阴中之阴也。"另一方面，从社会历史的客观进程来说，秦汉社会是中国历史上一个极其特殊的阶段。一方面，经过春秋战国的社会动荡，原有的贵族制已经荡然无存，而秦汉之际的农民战争以及对于匈奴的抵御，使得英雄主义深入人心，所以可以说，那是一个充满英雄气概、充分张扬个性的时代。另一方面，汉代社会稳定之后，尤其是汉武帝"罢黜百家，独尊儒术"之后，之前西周社会的礼制传统、等级秩序又逐渐渗透到社会生活的各个层面。这样，张扬的个性倾向与拘束的现实制度就造成了汉代的社会精神矛盾。作为上层统治者，排解压力的方式主要是王莽的改制与东汉刘秀政权的重建，以及东汉后期的党锢事件；作为下层民众，宣泄的方式则是借助于艺术的创作和历史记忆亦即原始巫术与经验的形式。于是在汉画像中就有了很多表现生机的龙的形象。

蛇

依照十二生肖的地支排序,蛇在第六,称为巳蛇。而相关蛇信仰的研究论著,问世的实属不少,如李德友所编纂的《巳蛇衔珠》(钱仓水主编:《十二生肖妙品欣赏》之六,中国时代经济出版社 2003 年版)、萧兵的《操蛇或饰蛇:神性与权力的象征》(《民族艺术》2002 年第 3 期)、范立舟的《伏羲女娲神话与中国古代的蛇崇拜》(《烟台大学学报》2002 年第 4 期)、李炳海的《蛇:参与神灵形象整合的活性因子——珥蛇、操蛇、践蛇之神的文化意蕴》(《文艺研究》2004 年第 1 期)、代岱的《中国古代的蛇崇拜和蛇纹饰研究》(苏州大学硕士学位论文 2008 年 3 月),等等。但是与龙信仰的研究成果相比,蛇信仰的研究就逊色很多。一方面,学者常常将龙与蛇分不开,讲龙的会讲到蛇,同样讲蛇的最后是说的龙。另一方面,断代的蛇信仰研究,尤其是借助于汉画像资料来探究汉代蛇信仰的专门论析,就显得格外的少。

● 珥蛇与操蛇:汉代蛇信仰的英雄意蕴

《山海经》中有许多关于珥蛇、操蛇的记载,汉画像中也有一些操蛇、珥蛇的画面。其中所蕴含的旨趣,学者们的研讨意见可谓是"英雄所见略同"。如吴荣曾先生指出,"有不少神灵珥蛇、操蛇、践蛇,蛇作为一种被克制的对象,或者是神身上的装饰物,显然处于附属地位"[①]。与吴先生的含蓄不同,萧兵先生直接指出操蛇之神就是英雄的展现。"蛇的象征是多种多样或多元的,但主要是一种狂暴而危险的自然力。操蛇、践蛇、衔蛇或饰蛇,表示这种神秘力量的驾驭或控制,从而达成一种神性、灵力或权威。""操蛇犹如操纵群团的命脉

[①] 吴荣曾:《战国汉代的操蛇神怪及有关神话迷信的变异》;载氏作《先秦两汉史研究》,中华书局 1995 年版,第 357 页。

或'国运'。"①李炳海先生则沿着神话的思路,指出操蛇是神灵的整合。蛇"是经过整合而成的神灵形象",其含义"一是作为神灵行走和腾空的助推因素,二是作为神灵调节气候的法宝",青蛇和赤蛇"分别是水神和旱神,通过调控它们实现阴阳平衡、气候适宜"。② 无论是助走或是法宝,掌握蛇就是多了份神力,在这点上,李先生的说法与萧兵先生的英雄讲法的意思是相同的。

珥蛇或操蛇作为英雄的象征,当是毋庸置疑的。问题在于,为什么珥蛇或操蛇就可能是英雄?换句话说,作为英雄的珥蛇或操蛇之神的深层意蕴是什么?显然,论者很少谈及。

说珥蛇者或操蛇者是英雄,是因为蛇曾经是人类的公害。蛇作为一种爬行的生物,其盘绕曲折、滑溜迅疾,让人毛骨悚然,更不说其毒素之猛烈,使人防不胜防。《说文·它部》:"它,虫也。从虫而长,象冤曲垂尾形。上古草居,患它,故相问:'无它乎?'"甲骨文"它",是个象形字,是指蛇,描述了其弯弯曲曲的形象,在上古时期,人们居住草丛中,蛇虫出没,人们的生命安全受到威胁,所以日常见面互相问候——"没有蛇吧"(无它乎),反映了远古先民对蛇的恐惧。刘向《新序·杂事》:"楚孙叔敖尝出游,见两头蛇,杀而埋之,及归,忧而不食。母问其故。泣对曰:'儿闻见两头蛇者必死。今儿见之,恐弃母而死也。'母曰:'蛇今安在?'曰:'恐后人又见,已杀而埋之矣。'母曰:'无忧。吾闻有阴德者,必获喜报。汝必兴于楚。'后果为令尹,执楚政。"孙叔敖所遭遇的两头蛇是否实情,姑且不论,但其时人们对于蛇的惊恐,由此可见一斑。《新语·明诫》:"恶政生恶气,恶气生灾异。螟虫之类,随气而生;虹蜺之属,因政而见。治道失于下,则天文变于上;恶政流于民,则螟虫生于野。"在陆贾看来,毒蛇害虫的出现,乃是因政治腐败引起的。这虽然是典型的汉代天人合一观念的折射,但是从另一个侧面说明,蛇的危害到汉代时还是令人生畏的。图1山东汉石"蛇害"画像中,一人仰身而卧,身旁有蜻蜓、蝈蝈、小蛇等夏虫,其身上有蛇盘卧;前后两侍者,一人正双手持斧躬身欲砍杀蛇,蛇亦昂首向之,好像在挑战;一人左手持斧于肩,右手挥动,似乎恐误伤主人,制止欲砍蛇的同伴,形势非常危险。③ 整幅画面说明了蛇在现实生活中的危害。

由此可见,那些珥蛇、操蛇的画面,实际上就是表明了人们的英勇无畏。如图2,南阳汉砖"操蛇"画像,一人赤裸上身,左手执斧,右手操蛇,左腿弓步,

---

① 萧兵:《操蛇或饰蛇:神性与权力的象征》。
② 李炳海:《蛇:参与神灵形象整合的活性因子——珥蛇、操蛇、践蛇之神的文化意蕴》。
③ 俞伟超主编:《山东汉画像石》第1册图版第81,山东美术出版社2000年版。

图 1　山东汉石"蛇害"画像

右腿跪姿;图 3 南阳汉砖"操蛇"画像,双手操蛇,弓步跪姿。一幅凌然威武之情。① 图 4 山东汉石"操蛇"画像,一人襦衣长袖站立,左右手各操一蛇,两蛇蛇头各直指其身边的两名武者之口,武者躬身向蛇,皆持斧头砍蛇。图 5 山东汉石"操蛇"画像,画面是襦衣短裙,手持一蛇,左边一武者身佩长刀,左手持斧,欲砍向来接吻的蛇。图 6 山东汉石"操蛇"画像,画面左侧武士将长蛇盘在自己的脖颈上,左右手各抓蛇,中间一武士手执长枪刺蛇,右侧武士跃跃欲试;三武士皆跪踞,赤膊,头梳牛角鬈。② 根据原始巫术的原理,蛇的威猛迅疾,也是人类所缺乏的。人们要获得这些功能,只要将蛇吃掉,即可获得其所拥有的能力。因此,一些为获得本部族认可的巫师,为显示自己有超常的能力,率先捕蛇吃蛇。《山海经·海内经》:"有人曰苗民,有神焉,人首蛇身,长如辕,左右有首,衣紫衣,冠旃冠,名曰延维,人主得而飨食之,伯天下。"可见,人们只要勇敢地吃掉蛇"延维"即可称雄于世;当然,由此人们也弥补了食物的不足。《淮南子·精神训》:"越人得蚺蛇,以为上肴,中国得而弃之无用。"可见,汉代时南方的"蛮人"仍然吃蛇。由此,那些珥蛇、操蛇的人,不仅以戏蛇呈威武,而且也是吃蛇者。

---

①　南阳市文物研究所编:《南阳汉代画像砖》图版第 35、184,文物出版社 1990 年版。
②　俞伟超主编:《山东汉画像石》第 2 册图版第 102、123、87,山东美术出版社 2000 年版。

图 2　南阳汉砖"操蛇"画像

图 3　南阳汉砖"操蛇"画像

蛇 117

图 4　山东汉石"操蛇"画像

图 5　山东汉石"操蛇"画像

图 6　山东汉石"操蛇"画像

根据吴荣曾先生的考察，这些只是戏蛇或弄蛇。"操蛇之神在汉代画像上是不见的，但和蛇有关的神怪仍能见到，如马王堆1号墓出土的漆棺盖板上就有仙人戏蛇的画像，在山东的画像石上也有神人双手挽蛇的内容。不过以上这类画面并不多见，和战国时神怪操蛇的姿态明显有别，只能称是戏蛇或弄蛇了。"①在我们看来，戏蛇也好，弄蛇也好，应该都是远古先民与蛇搏斗的英勇事迹的汉代遗存。据《史记·高祖本纪》记载，刘邦曾经拔剑斩蛇，"高祖被酒，夜径泽中，令一人行前。行前者还报曰：'前有大蛇当径，愿还。'高祖醉，曰：'壮士行，何畏！'乃前，拔剑斩蛇。蛇遂分为两，径开。行数里，醉，因卧。后人来至蛇所，有一老妪夜哭。人问何哭，妪曰：'人杀吾子，故哭之。'人曰：'妪子何为见杀？'妪曰：'吾子，白帝子也，化为蛇，当道，今为赤帝子斩之，故哭。'"这则故事显然是传说，属于荒诞虚构。但是作为比较严谨的史学家司马迁，仍然将它写入《史记》，说明司马迁也已看出，刘邦集团是借助于民间的斩蛇英雄崇拜来为自己树威。图7四川雅安高颐阙的"高祖斩蛇"画像中，刻绘一人头戴平顶帽，侧卧，右手支撑着头部，左手握刀，二目圆睁（象征睡梦之中），左脚前放置一耳杯（表明酒酣），右肘下一蛇弯头勾尾。此幅图像被编者题名为"高祖斩蛇"，说明刘邦集团借助于斩蛇英雄来为自己树威的事迹，在汉代的民间也是妇孺皆知的。②

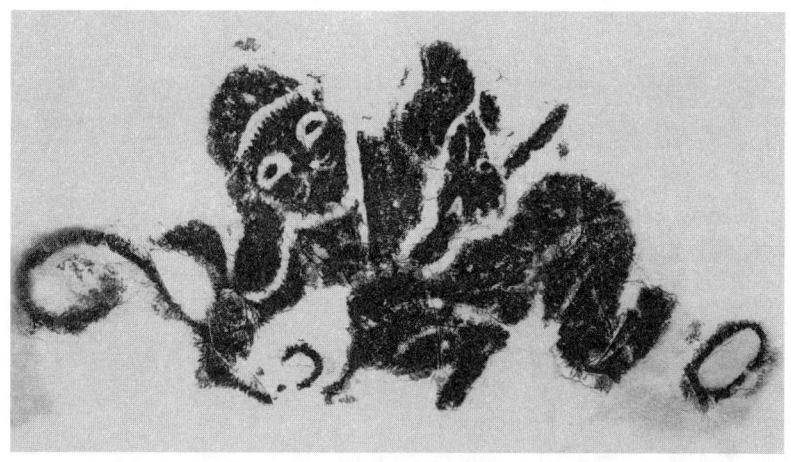

图7　四川雅安高颐阙的"高祖斩蛇"画像

---

①　吴荣曾：《战国汉代的操蛇神怪及有关神话迷信的变异》，载氏作《先秦两汉史研究》，中华书局1995年版，第359页。

②　俞伟超主编：《四川汉画像石》图版第84，河南美术出版社2000年版．

● 交尾蛇:汉代蛇信仰的性意识与生殖观念

蛇在汉画像中的表现,除了珥蛇和操蛇之外,还有很多是以伏羲女娲人面蛇身交尾的形式出现的,我们可以简单称之为"交尾蛇"。在汉画像研究中,学者们的兴奋点都集中在伏羲女娲兄妹婚的民间传说,而对于汉代图像中为什么用蛇的形象来表征,却很少关注。

在我们看来,交尾蛇意蕴的揭秘,当然还是要考虑伏羲女娲兄妹婚姻的民间传说所折射的历史真相。据笔者管见,伏羲女娲兄妹乱伦婚媾,是传说的远古时代因为洪水阻隔,外出走婚日渐困难,而性的冲动及其意识的觉醒,本部族内部的男女就将婚媾的对象指向同胞。这样就出现了乱伦交合的情况。但是要克服原来走婚所禁止同胞婚媾的心理障碍,传说中男女双方就提出了很多的难题并予以破解,比如绕山走、烟火相绕等等;而在实际生活中,男女双方则头戴面具,手执便面,以表明婚媾的神圣性。由此,交尾蛇就有了两种意思,一是男女之间的婚媾,二是男女婚媾的神圣性。不管那种意思,蛇都是性的象征。

职此之故,在汉画像中,以蛇来表征伏羲女娲是兄妹婚媾关系,就成为一种普遍现象。图8四川壁山一号汉墓石棺画像,伏羲左手、女娲右手相搭联,伏羲右手、女娲左手分别举日月,其下体各自夹着蛇头,二蛇身体交织。图9四川郫县一号汉墓石棺中的伏羲女娲人面蛇身交尾画像,伏羲女娲面部相吻,面容欣喜,蛇身缠绕三次,其性的交媾更为突出。① 这里所以单说出土于四川的这两幅汉画像,是因为画面中的蛇和性媾和的意思表现得更为鲜明。其实在南阳、山东和江苏等地所出土这类画像,可以说是不胜枚举。

---

① 俞伟超主编:《四川汉画像石》图版第165、127,河南美术出版社2000年版。

图 8　四川璧山一号汉墓石棺"伏羲女娲交尾"画像

图 9　四川郫县一号汉墓石棺"伏羲女娲人面蛇身交尾"画像

　　至于由蛇所勾连的伏羲女娲图像的意蕴,笔者曾经撰文指出,它所体现的是汉代以孝治天下统治理念下的始祖信仰、讲究夫妻关系中的男欢女爱生活、天人合一精神中的日月崇拜和阴阳观念中的具象思维。① 根据原始巫术思维,汉代如此不厌其烦地刻绘这类画像,可能尚有精神上的诉求,这就是借助

---

① 郑先兴:《汉画像的社会学研究》,河南大学出版社 2009 年版,第 118~165 页。

于性媾和以获得重生或者说再生的神力。简单说就是重生的期盼。正如学者所推测:"他们很有可能是通过这种方式,在缅怀死者逝去的同时,表达对新生的渴求。"①当然,汉代表现重生诉求的,不仅仅是伏羲女娲人首蛇身交尾画像,还有直接的男女结合的,如图 10,陕北汉石"放牧·交媾"画像,春天的旷野里,放牧的男女在羊、马啃食野草的大地上,在身旁有吹笙、吹箫的同伴面前,公然交媾。男子坐在地面上,左手抚爱女子面颊,右手撕扯女子下衣,女子跨蹲在男子胯上,其动作形象俨然如交缠的蛇。② 图 11 徐州汉画馆所展出的一块画像石,画面是傩仪,两个装扮的男女在抚琴、舞蹈的同伴前,各伸手舞之,而下体却互相直指,盘绕交合,好像二蛇缠绕,显然这是以隐晦的形式表现性媾和和重生希望的。

图 10　陕北汉石"放牧·交媾"画像局部

图 11　徐州汉画馆收藏"傩仪"画像石

当然,作为性的象征,汉代不止让其勾连伏羲女娲,也有用来勾连其他象征交合的图像的。在云南省博物馆所收藏的晋宁出土的虎牛戏的铜扣饰中,其中就有蛇来连接虎牛。如前述"虎"图像 15,虎牛搏斗中下有一蛇,嘴咬牛

---

① 冯利:《红山文化中生殖的崇拜》,《民间艺术》2001 年第 1 期。
② 李贵龙、王建勤主编:《绥德汉代汉画像石》图版第 49,陕西人民美术出版社 2001 年版。

之后腿,尾绕虎爪。"虎"图16虎牛戏下的蛇,绕牛足盘虎腿。在这里,牛虎戏作为仪式图像,其表面看来是牛与虎的自然争斗相残,但是由于蛇的出现,这种相斗成为男女媾和的象征,而其更深层的意蕴则是重生的期盼。可见,在汉代人的意识中,蛇是将性媾和和重生成为可能的保障。

　　除了以蛇勾连人或动物,在汉画像中,也有纯粹的二蛇交缠的形象,也是性媾和和重生的意象。如图12、13,山东汉石画像,有二蛇身体互相缠绕,蛇头则分别从两侧伸出。① 再如图14,陕北汉石画像,云气环绕中,两条身躯交织,二头向望,从头上长着的两角稍长的嘴嚼看,这种形式的交尾蛇已经开始向交尾龙转化。② 图15南阳汉砖画像中,两条如蛇样的丝带盘绕成"心"字状,其原型当是交尾蛇,寓意着重生。③ 从这个角度讲,汉代所传说的两头蛇,实际上就是交尾蛇。由此推测,汉画像中的众多的"两头兽"图像,也是交尾蛇的变形。如图16,陕西绥德刘家沟汉墓"双头兽·玄武"画像,玄武上方,一两头兽人面同体,四只脚。图17子洲苗家坪汉墓画像,则是奔驰的马身上有两只像蛇的头,其下则鹿居卧。④ 前述孙叔敖以为见到两头蛇为不吉,其实就是隐晦地表明,男女媾和是隐秘的事情,不能让其他人知道;若第三者知道是不吉利的。今天的民俗生活中,依然以突然撞见男女之事为"倒霉",特别禁忌。但是汉代以图像的形式表现出来,则是重生的希望,是一幅吉祥画像。

 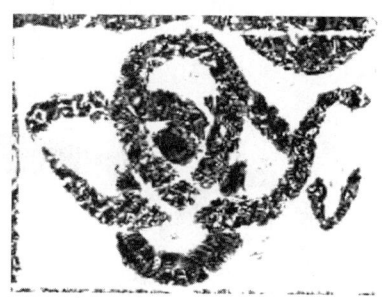

图12、13　山东汉石"交尾蛇"画像

---

① 俞伟超主编:《山东汉画像石》第3册图版第99、212,山东美术出版社2000年版。
② 俞伟超主编:《陕西山西汉画像石》图版第161,山东美术出版社2000年版。
③ 南阳市文物研究所编:《南阳汉代画像砖》图版第214,文物出版社1990年版。
④ 俞伟超主编:《陕西山西汉画像石》图版第185、196,山东美术出版社2000年版。

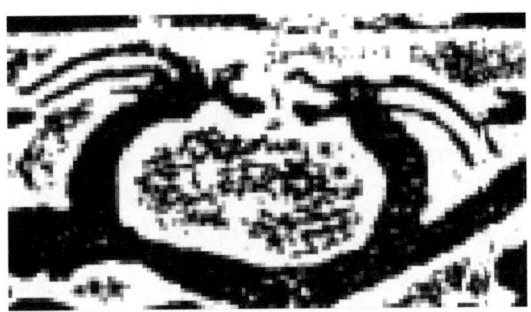

图 14　陕北汉石"交尾蛇"画像

图 15　南阳汉砖画像

图 16　陕西绥德刘家沟汉墓"双头兽·玄武"画像

图 17　子洲苗家坪汉墓"双头兽"画像

众所周知,《圣经》曾谈到亚当和夏娃在伊甸园里偷吃禁果,尝试男欢女爱,从而人类开始堕落,其因是蛇的引诱。由此可知,蛇作为性的象征,其实是人类史上一种普遍的现象。考究其因,自然方面,可能是洪水之后,蛇和其他各类虫子比较多,使人类很为之恐惧;人文方面,可能是男女交媾的姿势以及男根的涨缩,与蛇缠绕和卷曲相似,使得人们将蛇来作为性的表征。

● 玄武蛇:汉代蛇信仰的远古部族记忆与重生期盼

在汉画像中,蛇的性和重生意蕴,除了伏羲女娲交尾的形式外,还有一种就是玄武蛇,亦即龟蛇相交。对于玄武的研究,古今学者们皆将之放在四神或四灵信仰予以了论析。洪兴祖《楚辞补注》云:"玄武为龟蛇,位在北方故曰玄,身有鳞甲故曰武。"但是,玄武所蕴含的社会历史内容是什么,论者谈及较少。

在我们看来,玄武是远古龟部族和蛇部族的婚配结合的表征与记忆,是远古婚姻进程中的走婚形式的折射。

龟是远古黄帝部族的折射。商代铜器上有龟形纹朝拜人形纹图样,学者释为"天鼋",为文字或族徽。郭沫若释天鼋即轩辕,《国语·周语下》说"我姬氏出自天鼋",犹言出自黄帝。《史记·五帝本纪》说"黄帝者,少典之子,姓公孙,名轩辕",又云"故黄帝为有熊"。《史记》集解引谯周曰"黄帝,有熊国君,少典之子也。"

《说文解字》:"黄,地之色也。从田从炗,炗亦声。炗,古文光。凡黄之属皆从黄。"在这里,要了解黄帝的原意,首先是对"黄"字的掌握。近人徐中舒先生根据甲骨文的说"黄"是人直立佩环之形;郭沫若认为是佩玉之形。其实,这些猜测都是不准确的。"黄"字本意当是妊娠的女子,甲骨文中的圆环,就是妊娠大肚的象形。撩开历史文化的面纱,我们知道,远古社会曾经有一很长时间是由女子所主掌的,这就是母系氏族。黄帝部族作为华夏民族中发祥最早的部族,起始应该也是母系氏族。这在汉代人的著作中尚有遗存。如《史记·天官书》:"轩辕,黄龙体。前大星,女主象。""黄帝,主德,女主象也。"《淮南子·天文训》:"轩辕者,帝妃之舍也。"《后汉书·郎传》:"轩辕者,后宫也。"《大戴礼·帝系》:"黄帝产玄嚣","黄帝产昌意"。"如此种种,已足证黄帝是个'巾帼'英雄了。华夏族团于肇始之初,有此女主(部落大酋长),亦足自豪于世矣。在原始社会,'母权制'早于'父权制',无怪其然,人类社会发展就是这样"。①

附表一:甲骨文的"龟"字:

---

① 龚维英:《女神的失落》,河南大学出版社1993年版,第196页。

附表二:金文的"龟"字:

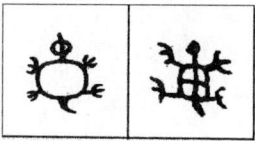

附表三:《说文解字》的"鼋"字:

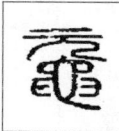

根据人类学的调查,母系氏族的婚姻是外婚制,亦即女子要凭借走婚与外族的男子媾和方能怀孕。所以,上述商代铜器上的龟形朝拜人形的图样,其实是表示女子在接受了男子的性爱之后即可妊娠的意思。不难想象,妊娠的女子无论仰卧或俯卧,或站立,其身形都与龟形相似。因此,在生殖崇拜极为浓郁的远古人们,自然就将龟形来作为本部族的表征。因此,《史记》所谓黄帝"名轩辕",读音就是所谓的"玄鼋","天鼋",其实就是指黄帝部族早期的标志。

蛇也是远古部族的折射。只是与黄帝部族的母系氏族相比,蛇当是表征男子部族的。根据文献记载,有一些部族的标志就是蛇。

附表四:与蛇相关的部族首领

序号	帝王	与龙相关的事迹	文献	年代①
1	伏羲女娲	太皞氏以龙纪,故为龙师而龙名。	左传·昭公十七年	千万年前~公元前5000年
		宓羲龙师官名。	汉书·百官公卿表	
		太皞帝包羲氏,风姓也,母曰华胥。燧人之世,有大人迹出于雷泽之中,华胥履之,生包羲于成纪,蛇身人首,有圣德。	帝王世纪	
		伏羲鳞身,女娲蛇躯。	鲁灵光殿赋	
		伏羲龙身,女娲蛇躯。	玄中记	

---

① 许顺湛:《论伏羲》、《中国文明阶段论——邦国文明》;载氏作《史海荡舟》,中州古籍出版社2008年版,第74~85、22~33页。

(续表)

2	颛顼	有鱼偏枯,名曰鱼妇。颛顼死即复苏。风道北来。天及大水泉,蛇乃化为鱼。是为鱼妇。颛顼死即复苏。	山海经·大荒西经	前2514~前2437(仰韶文化晚期)
		鲋鱼之山,帝颛顼葬于阳,九嫔葬于阴,四蛇卫之。	山海经·海内东经	
3	祝融	颛顼生老童,老童生祝融	山海经·大荒西经	
		南方祝融,兽身人面,乘两龙	山海经·海外南经	
		火正曰祝融	左传·昭公二十九年	
		夫黎为高辛氏火正,以淳耀敦大,天明地德,光照四海,故命之曰"祝融"	国语·郑语	
		西北海之外,赤水之北,有章尾山。有神,人面蛇身而赤,直目正乘,其瞑乃晦,其视乃明,不食不寝不息,风雨是谒。是烛九阴,是谓烛龙	山海经·大荒北经	
4	共工	西北荒有人焉,人面朱发,蛇身人手足,而食五谷禽兽。贪恶愚顽,名曰共工	神异经·西北荒经	
5	相柳相繇	共工之臣曰相柳氏,九首……相柳者,九首人面,蛇身而青。不敢北射,畏共工之台。台在其东,台四方。隅有一蛇,虎色,首冲南方	山海经·海外北经	
		共工之臣名曰相繇,九首蛇身,自环,食于九土。	山海经·大荒北经	
6	禹	禹母曰修巳,生禹于石纽,长于西羌,西夷人也。	帝王世纪	
		禹辞辟舜之子商均于阳城。天下诸侯皆去商均而朝禹。禹于是遂即天子位,南面朝天下,国号曰夏后,姓姒氏。	史记·夏本纪	

从表中可以看出,传说中的帝王,要么本身就有蛇的身形,如伏羲女娲、祝融、共工,要么就是将蛇来作为自己的保护神,如颛顼、夏禹。总之,这些人都与蛇有关,或者说,都是与蛇有关的男子。换句话说,在远古社会生活中,这些都是

走婚的男子部族。正是他们与接收走婚的女子部族的结合,才逐渐形成了后来的华夏民族。汉代人虽尚未完全认识这一历史真相,但是看到了装扮成龟形的母系氏族需要走婚而来的装扮成蛇的男子部族的结合方能成孕,"近取诸身",于是认为自然的龟全是雌性,其受孕需要来自异型的蛇。《说文解字》:"龟,天地之性,广肩无雄。鱼鳖之类以它为雄。"《博物志》亦言:"大要龟鼋之类无雄,以蛇通气则孕。"《文选》卷十五张衡《思玄赋》曰:"玄武宿于壳中兮,腾蛇蜿而自纠。"李善注云:"龟与蛇交曰玄武。"可见,汉代人的龟蛇知识其实是借助于远古人类的走婚形式而形成的,虽然荒诞,但却是远古历史的集体记忆。

除了历史记忆和重生功能外,在汉代,玄武尚有天文星象、北方位置和辟邪等文化功能,但是如果仔细分析,这些都与上述的黄帝部族及其走婚制有关。《史记·五帝本纪》说黄帝"教熊、罴、貔、貅、貙、虎,以与炎帝战于阪泉之野",《列子》亦载"黄帝与炎帝战于阪泉之野,帅熊、罴、狼、豹、虎为前驱,雕、鹖、鹰、鸢为旗帜"。这里的"熊、罴、貔、貅、貙、虎"等,就是以这些动物为标志的部族,其意是说,黄帝与炎帝作战,赢得了广大部族的支持。《礼记·曲礼上》:"行,前朱鸟而后玄武,左青龙而右白虎。"由此可知,黄帝作战的队伍中,还有他本部族的成员玄武。而在作战的阵法中,玄武是处于后续的、被保护之列的。其因不言自明,因为是女性组团。可惜后来的学者不知此因,而只是凭借自己的知识来解释。一是借助龟的硬壳表明不容侵犯。唐代孔颖达也曰:"玄武,龟也,龟有甲,能御侮也。"宋朝高似孙的《纬略》说:"龟,水族也,水属北其色黑,故曰玄;龟有甲,能御侮,故曰武"。二是依照天文星象来解疏玄武,如唐孔颖达:"此明军行象天文而作陈法也。前南,后北,左东,右西。朱鸟、玄武、青龙、白虎,四方宿名也。军前宜捷,故用鸟。"宋朱熹《群谭采余》曰:"玄武,即是乌龟之异名。龟水族也,水属北,其色黑,故曰玄;龟有甲能捍御,故曰武。其实只即乌龟一物耳,北方七宿如龟形,其下有腾蛇星,蛇水族也,借此以喻身中水火相交,遂绘如龟蛇蟠虬之状,世俗不知其故,乃以玄武如龟蛇二物。"三是北方的阴冷与龟蛇的水性相结合。《后汉书·王梁传》曰:"玄武,神之名。"李贤注:"玄武,北方之神,龟蛇合体。"《重修纬书集成》卷六《河图帝览嬉》:"北方玄武之所生……镇北方,主风雨。"由此可以看出,玄武的文化功能在不断地生长:由行军布阵的战法生发了辟邪的功能,由天文星象标志了北方的方位,由龟蛇的水生活习性衍生为水神主宰。至此,玄武在远古的表征部族婚媾和行军阵法的功能已经残余无几,在汉人的心目中,只有方位、星象和水神的功能了。

披阅汉画像可知,龟蛇相交的玄武图像非常之多。南阳汉画像中的玄武有的属于四神之一,表示方位;有的则与仙人或者鹿在一起,表示的是尊贵。如图18,南阳十里铺出土的东汉石画像玄武(局部)。图19南阳麒麟岗汉墓出土的玄武画像。① 图 20 上海博物馆收藏的玄武瓦当。② 但是在陕西出土汉画像中,玄武充当辟邪门神的特别多。图 21 是米脂党家沟汉墓门左立柱下部的"玄武"画像,图 22 绥德汉墓木门立柱下部的"玄武"画像。③ 在这里,不管其具体的功能为何,但是其基本的文化功能是一致的。这当然就不仅仅是对历史记忆的问题,而是同伏羲女娲交尾一样,也是重生的仪式图像。有趣的是,在南阳汉砖画像中,真的有一幅伏羲女娲人首蛇身交尾于玄武的图像。如图 23,画面上部的熊与蟾,中部的伏羲女娲,下部的玄武,都是阴阳和合,寓意重生。图 24 也是一幅汉砖画像,刻绘龟与三足乌在一起。④ 图 25 为著名的汉画研究者孙文青先生收藏的汉石画像,画面刻绘凤鸟和玄武。三足乌表征的是男子部族的走婚者,龟在这里所表征的则是母系部族接受走婚者。据此可说,玄武的意蕴当然就是男女和合和重生。图 26 四川新津石棺"玄武·灵芝·朱雀·青龙"画像,画面中部刻绘玄武,玄武、蛇交汇而上成灵芝,灵芝左右两侧的枝杈上各站立凤鸟,枝杈下左有骑鹿仙灵,右有仙灵采摘灵芝;左边青龙腾跃。⑤ 图 27 沂南汉墓中室八角立柱画像,其中第四角上部,上面刻绘玄武,其下部分别为龙、虎。⑥ 在这里,玄武扮演着大母神的角色,而凤鸟则是阴阳的结合,象征着媾和与重生。

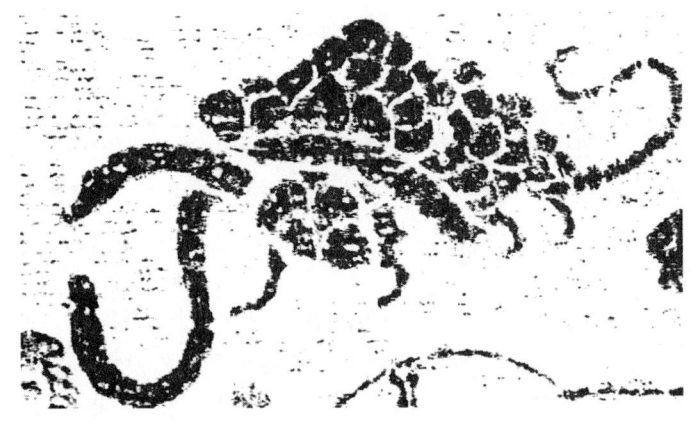

图 18　南阳汉石"玄武"画像

---

① 俞伟超主编:《河南汉画像石》图版第 197、130,河南美术出版社 2000 年版。
② 《中国美术全集·工艺美术编·陶瓷》图版第 151,上海人民美术出版社。
③ 俞伟超主编:《陕西山西汉画像石》图版第 53、130,山东美术出版社 2000 年版。
④ 南阳市文物研究所编:《南阳汉代画像砖》图版第 166、44,文物出版社 1990 年版。
⑤ 俞伟超主编:《四川汉代画像石》图版第 142,河南美术出版社 2000 年版。
⑥ 俞伟超主编:《山东汉画像石》第 1 册图版第 221,山东美术出版社 2000 年版。

图 19 南阳麒麟岗汉墓"玄武"画像

图 20 上海博物馆收藏的玄武瓦当

图 21 米脂党家沟汉墓"玄武"

图 22 陕西绥德汉墓"玄武"画像

图 23 南阳汉砖"伏羲女娲交尾·玄武"画像

蛇 133

图 24　南阳汉砖"玄武·三足乌"画像

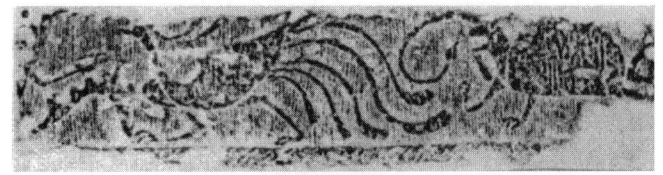

图 25　孙文青收藏南阳汉石"凤鸟·玄武"画像

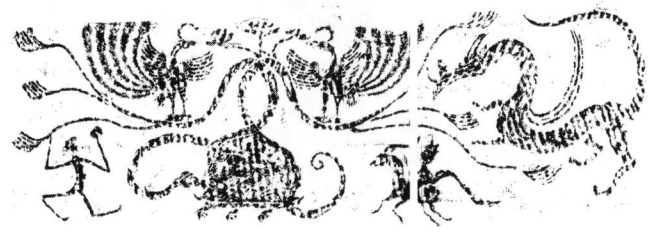

图 26　四川新津石棺"玄武·灵芝·朱雀·青龙"画像

图 27　沂南汉墓中室八角立柱画像局部

● 升仙蛇:汉代蛇信仰的精神向往

蛇在汉画像中,除了与人在一起的操蛇图、伏羲女娲的交尾图和玄武蛇之外,还有就是与凤鸟在一起的被称为导引升仙的蛇。如图28,长沙马王堆汉墓所出土的帛画,一襦衣宽袖、长裙拖地、头梳堕马髻、面容祥和的贵妇拱手侧立,其左上方有一凤鸟展翅而鸣,凤鸟前一花斑长蛇昂首冲天,四肢腾跃,与凤鸟呼应。关于这幅画像的升仙寓意,学者们的意见是一致的。此毋庸赘言。问题在于,为什么用凤鸟和蛇(当然也有学者说是龙)来表明升仙?于此,学者们的意见即需要讨论。

在我们看来,蛇与凤鸟的结合,其实与上说的蛇与龟的结合是一致的,都是远古部族婚媾的历史记忆,同时也是汉代重生愿望的体现。在这里,蛇所寓意的男子部族,如上所述,已经没有异议。而凤鸟所寓意的女子部族,则需要重新阐释。众所周知,在汉画像西王母神话系统中,凤鸟所扮演的角色,是来自于东方部族的男子走婚者。但是,因为与捣药兔、九尾狐、白虎和蟾蜍一起构成西王母画面的元素,所以当其单独摘出来时,则失去阳性特性,而表征着西王母的寓意,与捣药兔、九尾狐、白虎和蟾蜍一样,属于阴性。由此,表面为阴性的蛇,其实属于男子的走婚者,与表征阴性的凤鸟放在一起,就如龟与蛇、西王母与凤鸟一样,表示着阴阳和谐,是远古走婚制中的男女部族的婚媾形式;当然,在汉代人的眼中,这则是重生的基本形式。由此,这幅所谓的升仙导引图,其实寓意的是身为墓主人的贵妇,现实身体已溘然长逝,但其所拥有的精神魂魄将进入到新的轮回之中,转入重生。

明白了凤鸟性质的变化,那么帛画凤鸟、白虎和蛇的图像的寓意即不言自明。如图29,画面上凤鸟、白虎分别占据着画面上下大部分区域,而在凤鸟的嘴巴下,一蛇盘旋迎面而来;凤鸟的下身尾巴处,一蛇盘旋而下,与下面腾跃的白虎相呼应。① 由此,蛇与凤鸟、蛇与白虎就构成了两对合欢图,既是远古男子部族蛇与女子部族西王母婚媾的记忆再现,也是汉代人所梦寐以求的重生体现。

由上所述,可以看出,蛇与凤鸟图像的出现,肇示汉画像中重生仪式图像在悄悄发生的变化,这就是由龙虎戏转而为更接近今日的龙凤戏。此其一。其二,就是汉画图像中的蛇,逐渐演变,与远古传说中的龙图像渐趋结合,提升

---

① 俞伟超主编:《山东汉画像石》第1册图版第221,山东美术出版社2000年版。

图 28　长沙马王堆汉墓所出土的帛画

为具有龙的文化功能。所以,汉画像中除了有乘龙升仙之外,就有了驾蛇升仙的画面。比如图 30,洛阳卜千秋汉墓壁画中,西王母打坐在神山之上,仙逝的墓主人女乘三头红色凤鸟、男驾红底黑花的一字长蛇,由衔着仙草的捣药兔在前面带领,九尾狐身边陪伴,向着仙山上的西王母狂奔而来。图 31 南阳麒麟岗汉墓石画像中有一人跪踞在龟背上,手持仙草,被称之为"仙人乘龟"。①

---

①　俞伟超主编:《河南汉画像石》图版第 132,河南美术出版社 2000 年版。

图 29 "凤鸟、白虎和蛇"帛画

综上所述,蛇作为自然的爬行类动物,却在人类生活中被赋予了具有某种

图30　洛阳卜千秋汉墓壁画

功能的生灵,如操蛇、交尾蛇、玄武蛇和升仙蛇等,但是如果撩开神秘的面纱,即可看出,这些具有某种特异功能的蛇,其实都体现了汉代人的知识观念和精神诉求。尽管这些知识在今天看来是很粗陋的,然而却是其时普通民众生活的力量源泉;也是我们今天科学知识的基础。

当然,问题还不止于此。因为汉代蛇信仰中,还有一种被称作"虹霓蛇"的。如图32,南阳唐河针织厂汉墓石"蛇虹"画像中,有一拱弧形180°的蛇躯,其双头则是蛇形。① 江苏铜山大庙汉墓石画像,刻绘的则是两条平行的弧形蛇,蛇左侧是肩扛连鼓正在奔跑的雷神,右侧则是河伯乘鱼车出行。无言自明,虹霓蛇的出现,正是汉代人"近取诸身远比诸物"思维下以蛇为中心类推出来的虹霓知识。汉代人认为,雷雨天的出现是久困在湖泊河海中的巨蛇徜徉自在的产物,而虹霓的出现则是其将两地水源相互连接或者是相互戏耍的景观。关于此的详细论析,请阅读我的朋友牛天伟和金爱秀所撰著的《汉画神灵图像考述》中的"虹神图像"(河南大学出版社2009年版第140~151页),此不再赘述。

---

① 俞伟超主编:《河南汉画像石》图版第21,河南美术出版社2000年版。

蛇 139

图 31　南阳麒麟岗汉墓石"仙人乘龟"画像

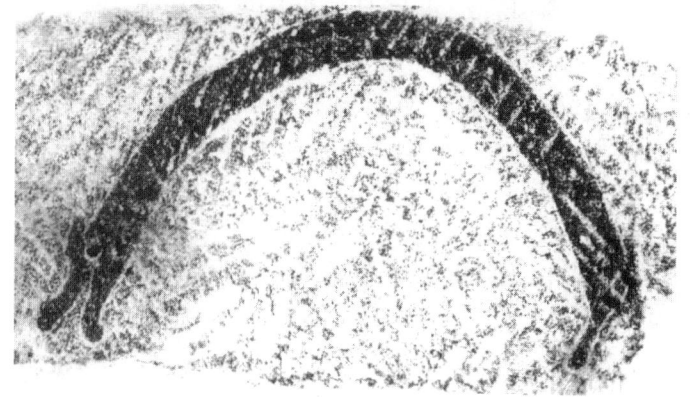

如图 32　南阳唐河针织厂汉墓石"蛇虹"画像

马

马作为生肖之一,按照地支纪年,排序在第七,称之为午马。有关马的绍介和研究论著,同其他属相一样,非常之多。如钱仓水所编纂的《午马奔腾》(钱仓水主编:《十二生肖妙品欣赏》,中国时代经济出版社2003年版),宋长宏所著的《骐骥驰骋》(十二生肖典藏图文版,陕西人民出版社,2008年版)等等。而"马政",即作为与马相关的社会政治问题,在经济史和政治史研究中始终是一个非常引人注目的话题。以秦汉史研究为例,单单马政研究的论著,就有陈直的《汉代的马政》(《西北大学学报》1981年第3期)、龚留柱的《秦汉时期军马的牧养和征集》(《史学月刊》1987年第6期)、何平立的《略论西汉马政与骑兵》(《军事历史研究》1995年第2期)、秦宁《秦汉马政研究》(苏州大学硕士学位论文2006年)、黄敬愚的《简牍所见西汉马政》(《南都学坛》2006年第3期)、伊传宁的《由汉简所见西汉的马政》(《和田师范专科学校学报》2011年第1期),等等。但是借助于汉画像资料研究汉代马信仰的论著,只有王今栋的《汉画像中马的艺术》(《中原文物》1984年第2期)。显然,这与大量的丰富多姿的汉画像马相比,是远远不相称的。

● 耕战:汉代马信仰的物质基础

马的驯养有着非常悠久的历史。根据考古发现,马的驯养和使用早在原始社会晚期就开始了。山东城子崖和大汶口等许多同时期的遗址中都发现有马的骨骼。《夏小正》记载,夏朝就有"攻驹"(公马去势)和"颁马"(颁给士大夫所乘的马)等事宜,说明夏代马的使用和饲养已比较普遍。殷墟出土的甲骨文有"色、牧、牢、厩"等字,其中的"厩"指养马的地方;传说商十一祖相土"作乘马",即驯服马为坐骑。说明商代在马的驯养上有了进步。《周礼·天官》记:"校人掌王马之政,辨六马(种马、戎马、齐马、田马、道马、驽马)之属。"表明管理马已是国家的一项重要工作。秦汉时期,马的驯养更是得到国家的重视,专门设太仆官主管,并辟有牧师苑专门养马。

马所以得到广泛的驯养,其一是在汉代或整个农耕时代,被用于耕作和食用。《穆天子传》:"甲子,天子北征……因献食马三百。"又"壬申,天子西征。至于赤乌,赤乌之人,献酒千斛于天子,食马九百,牛羊三千。""食马"被注疏者视为"可以供厨膳者"。可见周代时,西北地区的部族还是将马用来食用的。《居延汉简》有一售卖牲畜肉脂及杂碎的记录,曰:"凡肉五百册一斤,值二千一百六十四;脂六十三斤,值三百七十八。脂肉并直二千五百册二,凡并值三千二百一十二,脂肉六百四斤(286.19A)。"胡平生先生认为这应是公家的马牛死之后,杂卖其肉及其内脏、肢体的簿记。新出敦煌悬泉汉简中:"传马一匹……名曰蒙华。建昭二年十二月丙申病死,卖骨肉,受钱二百一十(10111②:2)";"效谷移建昭二年十月传马薄(簿),出县(悬)泉马五匹,病死,卖骨肉,值钱二千七百册,校钱薄(簿)不入,解……(1116②:69)"。① 可见,秦汉时期,年壮之马主要用于耕驾,一旦年老或生病则变成肉食。有专家指出:"商代以前,养马是为了食用和祭祀,商以后,马主要用作军事、交通和狩猎的动力,尤其是马在战争中的作用越来越重要。"② 在山东汉石画像中,有马耕地的画面,如图1,耕地者双手执犁把,前面马右牛左,抬杠驾辕,共同拉犁耕地;马的缰绳和牛的缰绳连在一起。③ 图2陕西汉石画像中,有挤马奶的场面,说明当时人还以马奶为食品。如横山孙家园子汉墓挤奶画像,一人牵马,一人在马后被踢仰倒,右手前有一钵,还有三匹小马驹。显然是母马想把奶水留给自己的孩子,所以拒绝挤奶。④

其二是马具有快捷的运输能力。与牛相比,马拉车要快捷方便。以汉代而论,马拉车有单驾、双驾、三驾、四驾等等,所拉的车按其功能有辇车、轺车、鼓车等等。图3江苏出土的汉石"轺车"画像,前两辆和后一辆皆为轺车(所谓盖系四维),中间一辆则为敞车。图4江苏汉石"篷车"画像为前后各一人。中则为篷车。⑤ 图5重庆出土的汉砖画像,则是三驾轺车,马奋蹄疾驰,车上二人,驭者和乘者。⑥ 图6河南密县出土的汉砖"三驾轺车"画像,有三驾轺车的。图7为河南密县出土的汉砖"两驾轺车"画像。⑦

---

① 胡平生:《云梦龙岗秦简考释校正》,《简牍学研究》第1辑,甘肃人民出版社1996年。
② 宋涛:《我国古代的养马业》,《甘肃社会科学》1994年第5期。
③ 《山东汉画像石选集》图版第345。
④ 俞伟超主编:《陕西山西汉画像石》图版第230,山东美术出版社2000年版。
⑤ 俞伟超主编:《江苏安徽汉画像石》图版第162、23,山东美术出版社2000年版。
⑥ 重庆市博物馆编:《重庆汉画像砖》图版第24,文物出版社1957年版。
⑦ 密县文管会编:《密县汉代画像砖》,中州书画社1982年版,第43、48页。

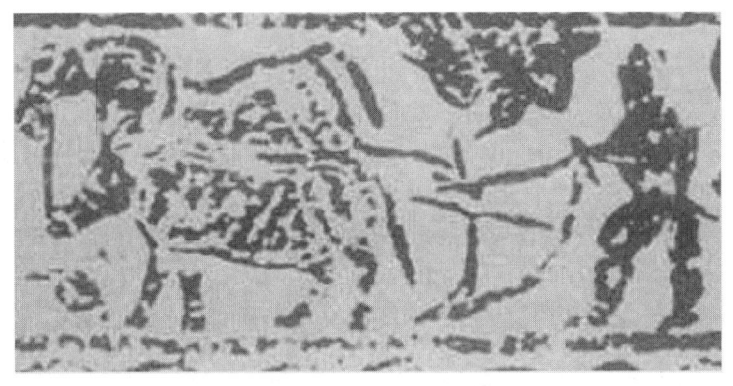

图 1　山东汉石"牛马耕地"画像

图 2　陕西汉石"挤马奶"画像局部

图 3　江苏出土的汉石"轺车"画像

此外，与牛不同的是，马备上鞍子，还可以当做坐骑，直接运送抵达目的。根据载人情况，可以有单骑，也可以有双骑。

第三，马拉车或马坐骑，最重要的功用就是用来战争。根据《史记》记载，汉武帝时反击匈奴，前后动用骑兵一百二十万，每次参战的骑兵多达十多万。从汉武帝时起，汉朝军队已由车骑并用转变为以骑兵为主，步兵仅为运送辎重。《史记·卫青霍去病传》：元狩四年（前119年）北伐匈奴，卫青、霍去病各率骑兵五万，"私负从马达十四万匹"，而"步兵转者踵军数十万"。将马用于战争的事情，在汉画像中有着很多的画面。如图8，武氏祠前石室西壁汉石"交

马 143

图 4 江苏汉石"篷车"画像

图 5 重庆出土的汉砖"三驾轺车"画像

战"画像,第三层,刻绘的是水陆攻占图,中央桥面上有辆盖系四维的轺车,车上一人执刀作战;右边有"贼曹车"、"游击车"、"功曹车",左边有"主簿车"、"主记车",还有骑吏、步卒,皆手执兵器作攻杀之状。① 这幅画像可以说是描绘政府军镇压消灭叛军的画面。更多的汉石画像反映的是汉代与匈奴骑马、驾车作战的画面。如图9,山东苍山汉石画像,三根桩的木桥上,四维轺车乘者头戴武冠,佩长刀,车顶飞鸟;桥前汉兵执刀盾与胡兵交战,二胡兵已跪降,另二

---

① 俞伟超主编:《山东汉画像石》第 1 册图版第 56,山东美术出版社 2000 年版。

图 6　河南密县出土的汉砖"三驾辎车"画像

图 7　河南密县出土的汉砖"两驾辎车"画像

胡兵则挽弓欲射;桥后三骑执矛、弓,一车也奔驰而来。再如图 10,山东嘉祥汉石"胡汉交战"画像,一汉兵单骑挽弓射向骑马奔逃的胡兵,另一汉兵则单骑执长矛刺得另一胡兵仰面朝天;而在山峦之中,一胡兵正向其首领跪报战况;汉官面前,一卒吏牵着被捆绑的两个胡兵俘虏。①

---

①　俞伟超主编:《山东汉画像石》第 2 册图版第 113、102,山东美术出版社 2000 年版。

图 8　武氏祠前石室西壁汉石"交战"画像

图 9　山东苍山汉石"胡汉战争"画像

正因为马在汉代有着运输、坐骑和作战的功能,所以,汉代人非常重视马的饲养。在山东和陕北的汉画像中,有很多为马打扫卫生的场景。如图 11,山东汉石"养马"画像中,两匹身披马鞍的马被系在树上,右侧马后一人正左手持粪箕,右手持扫把,清扫马粪。[①] 图 12 陕西米脂官庄汉墓东壁左室"养马"画像,刻绘清扫马厩、饲养马的场景。[②] 当然,汉代重视马的饲养不止于此,更重要的是形成了从中央政府到各地政府的相关政治机构,专门管理马的饲养。

图 10　山东嘉祥汉石"胡汉交战"画像

---

① 俞伟超主编:《山东汉画像石》第 2 册图版第 159,山东美术出版社 2000 年版。
② 俞伟超主编:《陕西山西汉画像石》图版第 39,山东美术出版社 2000 年版。

图 11 山东汉石"养马"画像

图 12 陕西米脂官庄汉墓东壁左室"养马"画像

● 富贵:汉代马信仰的制度养成

马的耕战作用得到了历代特别是汉代政府的高度重视。应劭注引《汉书·百官公卿表》说周穆王时:"盖大御,众仆之长,中大夫也。"表明周代专门负责马政事务的官员级别已经很高。秦代在中央政府中设有太仆专管马政,郡县则设有牧师苑专门养马。汉承秦制,中央政府设有太仆官,在全国郡县遍设牧师苑三十六处。陈直先生根据《汉书·百官公卿表》统计,掌管马政的太仆官,其属下"有大厩、未央、家马三令各五丞一尉;车府、路转、骑马、骏马四令丞,龙马、闲驹、橐泉、騊駼、承华五监长丞,又边郡六牧师苑令各三丞,又牧橐、昆蹏令丞皆属马"。陈先生又根据汉代器物统计,有关汉代马政的,西汉初期军用的,有"左马厩将"、"右马厩将"、"左中将马"、"军中马丞"等 5 例;西汉初中期郡国用的,有"齐中厩印"、"齐中左马"、"齐中右马"、"菑川厩长"、"鲁厩丞"等9例;西汉时期,郡国马政的,有"济南马丞"、"睢陵马丞"、"上虞马丞"等18例。① 如此庞大的管理队伍,可以说为汉代政府马匹的需要提供了保证。颜师古在注解牧师苑时说:"牧师诸苑三十六所,分置北边西边,分养三十万头。"扬雄《太仆箴》:"肃肃太仆,车马是供。"在徐州汉画馆所收藏的汉石画像中,就有马丞备车出行的画面。

马政的发达,不仅仅在于管理机构的设置,还有相应的法律制度的保障。汉初政府对于马政的重视,体现于秦律基础上增加"厩、兴、户三章"为九章律。张家山汉简《田律》:"诸马牛到所,皆毋敢穿阱,穿阱及置机能害人、马牛者,虽未有杀伤也,耐为隶臣妾。杀伤马牛与盗同法。杀人,弃市。伤人,完为城旦舂。"这就是说,在饲养牛马的专用场所,禁止设置陷阱及其他会对牛马造成伤害的狩猎工具,无视此禁令而在牛马所经的地方设置陷阱及其他工具,即便是未造成伤害,也要全部"耐为隶臣妾";杀伤牛马者以盗牛马论处,而对盗牛马者则以重罪论处。《盐铁论·刑德篇》云:"今盗马者死,盗牛者加"。偷盗马者要处以死刑,偷盗牛者还要加罪。居延汉简中也说:"府移使者□所诏书,毋得屠杀牛马"②。牛马的功用主要是用于耕战,任意屠宰是不允许的。

马政的重要,还在于国家规定了使用的制度,不是谁就可以随意使用的。《后汉书·马援传》:"马者,兵甲之本,国之大用,安宁则以别尊卑之序,有变则济远近之难。"周代已经规定了车舆制度。《逸礼·王度》曰:"天子驾六马,诸侯驾四,大夫三,士二,庶人一。"《说文》曰:"天子驾六,诸侯及卿驾四,大夫驾二,士骑、庶人驾一。"《史记·秦始皇本纪》记载,"数以六为纪,符、法冠皆六寸,而舆六尺,六尺为步,乘六马。"秦承袭了最高驾数为六的制度,天子的乘舆仍旧是以六为尊,其次是四马一驾,再次一马一驾。《后汉书·舆服志》载:天子"所御驾六,余皆驾四,后从为副车";"公卿以下至三百石长导从……三车导,主簿、主记两车为从,县令以上加导斧车";"公以下至二千石,骑吏四人,千石以下至三百石县长二人。"《礼·曲礼注》:"车有一辕四马,中两马夹辕为服,两边各骓马。"《后汉书·舆服志》:"太皇太后,皇太后,非法驾乘紫车,皇孙绿车,皆左右骓,驾三。"可见,汉代官员出行、郊游、赴宴、田猎,都必备车骑,而车骑则成为汉代社会生活中荣华富贵的标志。

有专门的机构管理,又有相应的制度保障,再加上耕战的需要,马在汉代受到全社会的重视,这就自然生发出相关的事宜。如"郡国既养马,必有马

---

① 陈直:《汉代的马政》,《西北大学学报》1981年第3期。
② 劳干:《居延汉简考释》(一一六)一七〇·三号简。

医";"辨别马的良驽,则有《相马经》,托名于伯乐"。但其中最重要的是,马成为财富的标志。"六畜中因战争的需要,以马的价值为最贵"。居延汉简中有"马五匹二万"、"马一匹五千五百"、"马五千三百"的记载,比牛价要高一倍,比较谷价,一匹要合到50余石(汉代通常米价每石百钱)。①《史记·货殖列传》说乔姚:"致马千匹,牛倍之,羊万头,粟以万钟计。"班固在《汉书·序传》中说其上祖班壹值始皇之末,"避地于烦楼,致马牛羊千群","当孝惠、高后时,以财雄边"。《后汉书·马援传》:"至有牛马羊数万头,谷数万斛。"因此,在汉代,养马、乘马蔚然成风。《汉书·食货志》云:"天子为伐胡,盛养马,马之来食长安者数万匹,卒牵掌者,关中不足,乃调旁近郡。""众庶街巷有马,阡陌之间成群。"《盐铁论·未通篇》也记述:"牛马成群,农夫以马耕载,而民莫不骑乘。"

一方面是快捷便利的实用功能,一方面是国家规定的特权贵标准,一方面又是国家保护而自己只要努力即可得到的,由此,马成为汉代社会中除了钱币之外第二崇拜物。"喜马尚车"成为汉代社会现实生活中的普遍风俗。在汉代,纵马驾车是人生的极大享受。如汉代典籍所说:

《盐铁论·刺激》:"贵人之家,云行于涂,毂击于道。"

《论衡·骨相》:"豪富之家,役使童仆,养育牛马。"

《潜夫论·浮侈篇》:"牛马车舆,填塞道野。"

不仅此,汉代人还希望生前的荣华富贵能够延续到身后,或者说,生前没有享受的荣华要到来世享受,甚至荫庇后代。因有斯期望,他们用大量的车骑(实物、冥物或图像)陪葬于墓中。如考古发掘的甘肃武威雷台东汉墓,出土铜马39匹,铜牛1头,铜车14辆,铜俑45件,组成一个庞大的阵势。最前方是举世皆知的铜奔马为前导,然后是17名骑士组成的行列:2骑吏并列为领,15名骑士两列为从;随后为主骑1匹,从骑4匹;稍后是斧车1辆,轺车4辆,各有1马系驾,"御奴"5人,从婢2人;再后为"冀张君"及"夫人"乘骑车马,共3马,2车,3奴1婢;"守张掖长张君"及"前、后夫人"乘骑车马,共3马,2车,3奴2婢;"守左骑千人"乘骑车马,共1车,1马,2奴。最后为"车"3辆,马3匹,牛车1辆,牛1头,驾车奴1人,从婢8人,凭几1个。②

当然,在汉墓中,其实最多见的还是汉画像的车骑出行图像,可以说是不胜枚举。尤其值得一提的是,在汉画像出土比较集中的地方,如河南南阳、山东、徐州、四川和陕北等地,都有大篇幅的"车骑出行"的画面。如图13,为南阳汉砖"车骑出行"画像,轺车向右,车舆中乘坐二人,前为驭者,挽缰执鞭;后

---

① 陈直:《汉代的马政》。
② 甘肃省博物馆:《武威雷台汉墓》,《考古学报》1974年第2期。

为主人,正襟危坐。马首有璎珞,颈有轭,尾巴打结;怒马昂首张口,扬蹄飞驰。再如图14,南阳汉砖"车骑出行"画像,车前驷马奔驰,车上二人躬身扬鞭,催马前行。原本迎面而来的驷马,从画面上看到的不是马首,而是驷马的马尾,马首则向车回首。汉代艺人的奇妙构思令人怡案惊奇。① 图15山东汉石"车马出行"画像,双阙后有迎者躬身站立做欢迎状,两单骑执长戟为引导,驷马轺车也是迎面而来。车上有二驭者。与南阳汉砖画像不同,迎面而来的驷马则是马首向前,左右两侧的马则作奔向中间二马状,显示出驷马正迎面奔来。② 图16陕北米脂县汉墓门楣画像,双重双阙内,二层房内,宾主对坐,身旁左右各有侍者二人;双阙外,各有门吏站立躬身相迎,迎面而来的有导骑、轺车。所不同的是,左边的轺车为三驾,右边能显示出来的有一驾,其后有导骑、一马,马后可能仍然是轺车。③ 在这里,无论是单驾的轺车,或是驷驾的轺车,其所显示的富贵气象,可以说是溢于画表。至于陕北的轺车拜谒,在彰显主人尊贵的同时,也体现了拜谒者的高贵身份,其中所蕴含的富贵气象,更是恢弘。

图13　南阳汉砖"车骑出行"画像

---

① 南阳市文物研究所编:《南阳汉代画像砖》图版第136、164,文物出版社1990年版。

② 俞伟超主编:《山东汉画像石》第2册图版第136,山东美术出版社2000年版。

③ 俞伟超主编:《陕西山西汉画像石》图版第69,山东美术出版社2000年版。

图 14　南阳汉砖"车骑出行"画像

图 15　山东汉石"车马出行"画像

图 16　陕北米脂县汉墓门楣画像

图 17　陕西绥德汉墓门楣左右两上角"驯马"画像

● 相驭：汉代马信仰的知识张扬

马在社会生活中的重要价值，引致汉代对于马认知的发展，如马病的医治、马价值的审视和马功能的驾驭。前者属于兽医学，毋庸赘言。后两者就是所谓的相驭之术。这在汉代或者整个古代社会都是非常引人关注的事宜。

先说相马之术。马价值的审视，是使用马的前提。因为马的饲养和驯服的成本较高，所以通过面相来判断其使用价值，就是必须的事情。但是这又需要长时间养马和驯马的经验积累。因此，真正能够判断马价值的人，即传说的伯乐就很少。《韩诗外传》卷七："使骥不得伯乐，安得千里之足。"假如千里马遇不到伯乐那样的相知者，怎么能发挥其千里马的特性呢？韩婴的意思还是以马喻人，说明人才的重要。而东汉著名的伏波将军马援（前14～49）曾经在西北养马，得到民间养马专家的指点，撰写《铜马相法》，专门讲述马的形象与其能力的关系。"水火欲分明(水火在鼻两空孔间也)。上唇欲急而方,口中欲红而有光:此马千里。颌下欲深,下唇欲缓,牙欲向前。牙欲去齿一寸,则四百里;牙剑锋,则千里。目欲满而泽,腹欲充,口欲下,季季肋欲长,悬薄欲厚而缓(悬薄,股股也)。腹下欲平满,汗沟欲深长。而膝本欲起,肘腋欲开,膝欲方,蹄欲厚三寸,坚如石。"由此,马的观察主要是鼻、口、牙、唇、目等面相,还有腹、股、膝、蹄等等。这与贾思勰《齐民要术》卷五十六所述的相马要观察头、目、脊、腹等等,几乎是一致的。"马:头为王,欲得方;目为丞相,欲得光;脊为将军,欲得强;腹胁为城郭,欲得张;四下为令,欲得长。"由此可知,汉代时有关马的饲养和能力观察,已经积累了丰富的经验,形成了较为完备的系统知识。

再说驭马之术。马性情剽悍,桀骜不驯,可是一旦为人所驯服,则极其服从,甚至颇通人性。由此,驭马是用马的又一非常重要的事情。先秦儒家的创始人孔夫子教诲学生,其中有一项内容,就是驾驭之术,也就是骑马驾车的技能。《周礼·保氏》:"养国子以道,乃教之六艺:一曰五礼,二曰六乐,三曰五射,四曰五驭,五曰六书,六曰九数。"郑玄注:"五驭:鸣和鸾,逐水曲,过君表,舞交衢,逐禽左。"这就是说,行车时车轴的嘎吱声应该和鸾鸟的鸣叫声一样好听,车在弯弯曲曲的河畔疾驰而不翻车坠水,车在遇到地位比自己高的人身边还能够及时地表示相迎的礼仪,车在穿过交叉口时能够驱驰自如,行猎时追逐禽兽从左面射获。可见驾车的技术在当时要求是很高的。加之耕战的需要,驭马就成为社会生活中更重要的事情。陕北汉画像中,有很多驭马的图像。如图17,陕西绥德汉墓门楣左右两上角"驯马"画像,右上角的驭马者左手执棒,右手牵马缰绳,似乎要打向马;而马扬左前蹄,回首嘶鸣,好像不服。左上角的驭马者,左手牵马缰绳,右手奋扬(棍棒),马低首嘶鸣,扬右前蹄,但是其背部已经套上鞍子,似乎已经驯服。①

● 智能:汉代马信仰的精神诉求

相马需要经验的积累,骑马驾车则需要技术的训练。由此,有关马的知识也就在实践中逐渐丰富。当知识达到一定程度,自然的,人们的精神也会升华。这样,有关的马信仰,就由必然王国进入到自由王国。汉画像中,马作为汉代精神的张扬,主要体现在"马舞"和"马杂技"上。

如图18,南阳师范学院"汉文化研究中心"收藏的汉石"马舞"门扉画像,

---

① 俞伟超主编:《陕西山西汉画像石》图版第123,山东美术出版社2000年版。

广场上,一单骑扑面奔来,骑者身前系着双面鼓,左右两侧各有单骑奔马扬蹄,长袖而舞,边舞边击鼓。其间,负鼓马的稳健,击鼓马的轻灵,不仅充分显示了舞者高超的骑艺,同时也让观赏者精神得到了愉悦。根据汉画像研究专家陈江风先生的意见,汉画像中的鼓,寓意着升天成仙。由此,"马舞"的意蕴,不仅仅是现实生活中的娱乐节目,还是人的灵魂进入仙界天堂的标志,是汉代社会民众的精神期盼。

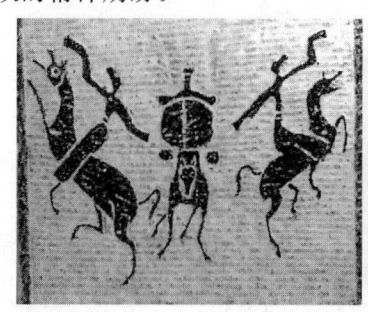

图18 南阳师范学院"汉文化研究中心"收藏的汉石"马舞"画像

如果说"马舞"作为升仙仪式体现了汉代民间的精神诉求,那么,"马杂技"则是通过现实艺术的形式愉悦人们的精神。图19南阳汉砖"斜索戏车"画像,两乘单驾马车,前后驰驱,车上各立木橦,前车橦端倒挂一人,两臂平伸,掌心置球,球上各居一人,一人单腿站立,双臂弓伸,一人半蹲,双手捧物于胸前;后车木橦顶端半蹲一人,与前车舆内一人共挽绳索,绳索斜拉,一人裸露上身,下身穿宽裤,脚踏斜索而上。①

图19 南阳汉砖"斜索戏车"画像

---

① 南阳市文物研究所编:《南阳汉代画像砖》图版第115,文物出版社1990年版。

图 20 南阳汉砖"平索戏车"画像。前车单驾立木橦,木橦半腰一人双手抓橦,其身体悬空,与绳索几乎保持水平;木橦顶端有赤裸上身的半蹲者,左手抓一人足,右手牵绳索,绳索另端系在后车双驾上的木橦顶端,一人攀援左手已经抓到木橦顶;绳索与地面平行,中间一人倒挂;戏车前驱,正当跨桥。其惊险动人,不亚于"斜索戏车"。①

图 20　南阳汉砖"平索戏车"画像

"双索戏车"比"平索戏车"复杂惊险。图 21 南阳汉砖"双索戏车"画像,一单骑策马前驱,其后两乘双驾木橦车相随,前车木橦顶端半蹲一人左右手分别握着绳索,与前驱的单骑和后随的木橦顶端组成"双索"。单骑者左手拽马尾,右手握索,回首顾望;绳索上一人双手抓索,悬于空中;双驾戏车之间的绳索上,倒挂一人,右手抓一人,左手则与前车攀援者的右手相牵。前车舆后,一人左手拽舆缘,右手曼舞,身躯悬空;后车橦顶,一人双手倒立,身蜷若环。②

由上所述,可以看出,"马杂技"的戏车,整个动作环环相扣,险象迭出,令观赏者揪心揪肺;而更可恐怖的是,戏车前驱,需跨拱桥,前途之惊心怵目,岂堪卒睹?画面尚且惊心动魄,现实的戏车表演又不知让人如何惊心?李尤《平乐观赋》描写说:"戏车高橦,驰骋百马;连翩九仞,离合上下;或以驰骋,覆车颠倒。"从现代心理学可知,当人们的精神高度紧张之后,接下来是无以言表的放松和愉悦。由此可知,"马杂技"实际上是汉代精神愉悦诉求的一种表示。其

---

① 南阳市文物研究所编:《南阳汉代画像砖》图版第 116,文物出版社 1990 年版。
② 南阳市文物研究所编:《南阳汉代画像砖》图版第 121,文物出版社 1990 年版。

图21 南阳汉砖"双索戏车"画像

实汉画像意蕴还不止于此。"斜索戏车"画面中,即将过桥的两乘轺车及其随从,以及桥端二吏躬身相迎之状,说明桥那端的戏车只是截取生活中的部分片段,实际表明的是升仙场景;同样的,"双索戏车"驱车前行就是需要跨过的桥,以及戏车前羽人脚踏索状云气双手挽缰,驾驭马身鸟首的奇兽,等等情况表明,惊险戏车的杂技,其实是护送主人到仙界。可见,"马杂技"所要表明的是现实生活中的人期盼离开喧嚣纷杂的俗世而进入到纯洁美好的仙界。至此,马的价值功能在汉代精神生活中方达到最高的境界,成为汉代民众自由洒脱精神展现的灵物。

令人生疑的是,为什么马会成为汉代精神自由的象征?为什么不会是其他动物呢?

笔者以为,要回答这个问题,需要从马和社会历史两个方面来进行。从马自身来说,作为动物,其特征是桀骜不驯,不如牛、羊那样顺从,也不如狗那样忠诚。但是一旦被驯服,马又比牛、羊懂得人心,理解人意,又像狗一样忠诚主人。所以,古人称马为"六畜之首"。从社会历史来说,汉代社会秉承了先秦礼治的优良传统,在现实生活中,既恪守礼仪制度,墨守成规,又讲究自由创新,发挥才智。《白虎通·性情》:"礼者,履也,履道成文也。"又说,"智者,知也,独见其闻,不惑于事,见微知著也。"可见,礼治社会需要的是既遵守现实制度,又不被现实物质所迷惑,能够把握历史的先机,创造历史。这就是儒家所讲究的智慧。由此反观马,马的驯服和忠诚,体现了遵守礼制的要求,而其撒野和狂放,又体现了不拘于礼法的灵性。可见,礼治正如驭马,其最高的境界是在顺从中的自由,约束中的自在。图22 南阳汉砖"大马"画像,一马昂首奔驰,马后横书"大"字,表明了马的精神之可贵。①

---

① 南阳市文物研究所编:《南阳汉代画像砖》图版第59,文物出版社1990年版。

图 22　南阳汉砖"大马"画像

纵观汉画像,马作为精神自由的表征,不仅体现在"马舞"和"马杂技"等激情欢乐场面,也表现在祥和的场面。如图 23,陕西绥德汉墓门楣画像,一羊(祥)居中,左右两侧依次为仙人乘鹿、天马、朱雀,奔驰而来,日、月相向,祥云环绕,说明是天界仙境。在这里,昂首奋蹄的天马,作为汉代精神自由的象征,可以说被表现得淋漓尽致。①

图 23　陕西绥德汉墓门楣画像及其局部

---

① 俞伟超主编:《陕西山西汉画像石》图版第 114,山东美术出版社 2000 年版。

羊

羊作为十二生肖之一,依照地支顺序,排序在第八,称作未羊。学者们进行了很多的研究,专著方面如钱仓水所编纂的《未羊吉祥》(钱仓水主编:《十二生肖妙品欣赏》,中国时代经济出版社 2003 年版),专门收集中外古今有关羊的论著,何阿珺所撰作的《羊致清和》(陕西人民出版社 2008 年版)则详细论述民间羊信仰的各种内涵。论文方面相对较多,如普珍的《中华羊俗概览》(《民俗研究》1997 年第 3 期)、殷寄明的《羊的文化影响管窥》(《杭州师范学院学报》1991 年第 5 期)、黄杨的《羊文化与善、义、美的原始内涵》(《南通师范学院学报》2002 年第 3 期),都从民俗信仰方面论述了羊的文化含义。特别是张爱美、赵丽的《探索汉画像中的羊图像及其与中国传统之间的关系》(《美与时代(下半月)》2008 年 第 5 期),论析羊与汉代的孝悌观念、审美和宗教的含义,对于我们理解汉画像中的羊图像有着一定的启发意义。

● 美:汉代民间羊信仰的物质需要

羊作为牲畜,其价值就在于食用。汉代虽然农耕技术已经相当发达,农业产量已经提高,但是肉食一直还是重要的食物资源。汉代肉食的资源,除了猪、牛、马、鸡、鸭、鱼、狗等,羊也是重要资源之一。图 1 陕西绥德汉墓门楣画像,有家畜场面,其中有三只长角的羊跪卧、一只羊站立、两只小猪、一只大猪,鸡、鸭、鹅、鸽和狗各一只,屠者正在将一只羊拴在肉架上,用倒刻绘的形式表现羊挣扎,很是滑稽。①由此可知汉代肉食的丰富,以及羊的重要。

有关羊的肉食情况,汉画像予以了足够的体现。有捕杀羊的画面,图 2 山东临沂汉石"庖厨"画像,画面左为厨房,二人造厨做饭,横梁上挂着猪头、猪

---

① 俞伟超主编:《陕西山西汉画像石》图版第 159,山东美术出版社 2000 年版。

图 1　陕西绥德汉墓门楣画像

腿、鱼、鸡;中间有人抬着馒头、反绑的猪;右边有人在汲水、剥狗,还有一人右手持刀,左手牵羊,羊抵角挣扎,似乎不愿被杀。① 图 3 山东大汶口汉墓"庖厨·屠宰"画像,右部分画像有两人抬着被倒捆的山羊走在后面,前面是两人抬着倒捆的绵羊,还有一只绵羊,一人在前面牵引,一人在后面鞭赶。②

图 2　山东临沂汉石"庖厨"画像局部

图 3　山东大汶口汉墓"庖厨·屠宰"画像局部

---

①　俞伟超主编:《山东汉画像石》第 3 册图版第 9,山东美术出版社 2000 年版。
②　俞伟超主编:《山东汉画像石》第 1 册图版第 231,山东美术出版社 2000 年版。

有剥羊皮的场景。图4山东沂南汉墓石"收获·庖厨"画像,右上部分锥牛旁边的肉架上羊倒挂着,一人正持刀剥羊皮。①

图4　山东沂南汉墓石"收获·庖厨"画像

还有烧烤羊肉串的画面。图5山东大汶口汉墓"庖厨·屠宰"画像,左中部分,有二人跽坐在火炉前,右一人正将羊肉串放置在炉子上。②图6陕西横山孙家园子汉墓门柱画像中,有一人正在挤羊奶。③图7陕西绥德汉墓门柱画像,刻绘有宰羊和烤羊肉串的场景。④

图5　山东大汶口汉墓"庖厨·屠宰"画像

---

① 俞伟超主编:《山东汉画像石》第1册图版第204,山东美术出版社2000年版。
② 俞伟超主编:《山东汉画像石》第1册图版第231,山东美术出版社2000年版。
③ 俞伟超主编:《陕西山西汉画像石》图版第230,山东美术出版社2000年版。
④ 李贵龙、王建勤主编:《绥德汉代汉画像石》图版第43,陕西人民美术出版社2001年版。

图 6　陕西横山孙家园子汉墓门柱画像

图 7　陕西绥德汉墓门柱"宰羊·烤羊肉串"画像

从汉画像中可以看出,汉代肉食羊大多是饲养的,但是也不排除捕获野生羊的可能。汉画像中一些狩猎场景中,就有捕获羊的画面。如图 8,山东汉石"狩猎"画像,左边为一羊奔逃,其后两只狗在追,其中一只狗已经撕咬羊的左后腿,猎者右手牵一狗,左手执戟;右边为一羊奔逃,前有二人手执网罩阻截,后有一人牵狗执棍、一人执棍驱赶。① 图 9 陕西榆林汉石"狩猎"画像中,猎者骑马挽弓,射向身后的鹿、兔、羊等等。②

图 8　山东汉石"狩猎"画像

① 俞伟超主编:《山东汉画像石》第 3 册图版第 114,山东美术出版社 2000 年版。
② 俞伟超主编:《陕西山西汉画像石》图版第 6,山东美术出版社 2000 年版。

图 9 陕西榆林汉石"狩猎"画像

图 10 彭州汉砖"羊尊酒肆"画像,画面中刻绘一商行,商人正在向客人打酒,向里的商柜上则放置羊和鸭,近处则有一人手推着车,车上有只羊。① 此幅图像表明,羊不仅是主要的肉食资源,同时也是重要的商品。

图 10 彭州汉砖"羊尊酒肆"画像及其拓片

---

① 《中国美术全编·绘画编》18《画像石画像砖》图版第 217。

综上所述,羊的肉食价值在汉画像中得到了充分的展示。根据司马迁的描述,羊如同牛、猪一样是当时财富的象征。《史记·货殖列传》:如果一个人有"千足羊"(250头)可与"千户侯等",在"通都大邑"拥有"屠牛、羊、彘千皮","此亦比千乘之家"。《汉书·卜式传》记载,卜式养了千余只羊,而拜"中郎官"。

也许因为羊的食用价值和财富标志,所以羊成为美的象征。甲骨文和金文的美字都与羊有关。《说文解字》指出:"美,甘也。从羊从大,羊在六畜,主给膳也。美与善同意。"学者们在讨论这里时,有些不同的意见。有的说是"羊大为美",有的说是"羊人为美",还有的学者指出,羊的美质在于"交换"。"羊在人们的生活中作为等价交换物可以换回很多自己想要的东西,因而在人们心中唤起了一种美滋滋的感觉,产生了最初的美感。"①在我们看来,无论"羊大为美",或者是"羊人为美",或者"羊作为等价交换物",其实际的根据正如许慎所说,是因为羊肉甘美爽口,是羊所带来的肉食或物质快感,才激起人的美好感觉。

附表一:甲骨文的"美"字:

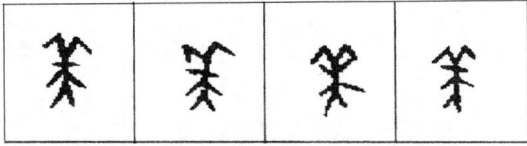

附表二:金文的"美"字:

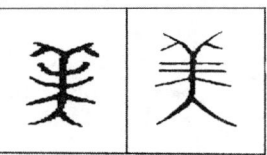

● 姜:汉代羊信仰的生殖崇拜

在"美的本意"的学术专题研讨中,谈到美之所以与羊有关,黄杨先生认为,是"羊体现的原始宗教祭祀(祥)、道德(善)、正义(羲)等观念的凝合"。②王政先生对此提出质疑,指出,"美的本义缘由'羊'的生殖崇拜,是羊的生殖特

---

① 寇鹏程:《"美"的本意:羊作为等价交换物》,《商丘师范学院学报》2003年第1期。
② 黄杨:《"美"字本义新探——说羊道美》,《文史哲》1995年第4期。

性给人们感官想象中的一种美的感觉,一种祈求"。"因为羊的生殖顺达畅美","人们崇祀于羊"。①

王政先生的意见,可以说揭示了羊信仰的除了肉食之外的另一奥秘。但我们以为,所谓"孕妇祈羊求取生育畅美"却不是美的本意,而是汉字姜的本意。从甲骨文、金文等字形看,姜像头戴羊角的孕妇,或像怀孕的羊。如图:

附表三:甲骨文的"姜"字:

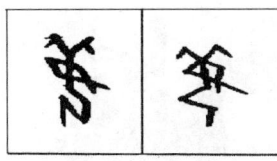

附表四:金文的"姜"字:

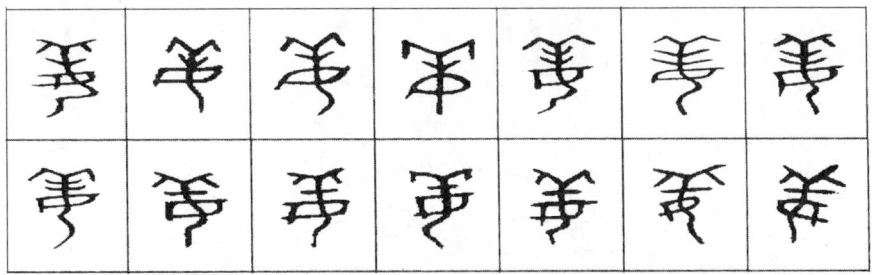

《诗经·大雅·生民》写姜嫄生后稷,"诞弥厥月,先生如达,不拆不副"。其意是说,姜源怀后稷怀足了月份,生产时下体不破也不裂,很滑顺地生出一个"胞胎"(即孩子连同胞衣一齐娩出),像母羊生小羊羔一羊。王政先生谈到这里时说,这是表明后稷的"不痛苦的畅顺滑美的'羊'式的分娩成为神奇值得称颂的现象"。显然这种说法是不对的。正确的理解是说,后稷是出生于早期饲养羊部族的姜氏;而其意蕴则是生殖崇拜,是人们期盼自己的生产如羊羔的出生一样安然顺遂。由此,姜的本意在于,一是在远古时代拥有一个母系氏族,二是接触羊生产巫术的生殖崇拜。

在汉画像中,羊巫术的生殖崇拜有两三种形式的表现。一是以羊为标志的大母神。此种画像,有写生和神画两种形式。作为写生画,陕北绥德白家山汉墓狩猎图中有羊交合的图像,寓意着生殖和生机,见图11;②河南密县打虎亭汉墓"羊"画像,如图12,一母羊端卧正中,其周边刻绘有各种奔跑、戏耍的

---

① 王政:《美的本意:羊生殖崇拜》,《文史哲》1996年第2期。
② 李贵龙、王建勤主编:《绥德汉代汉画像石》图版第29,陕西人民美术出版社2001年版。

九只小羔羊,寓意着多子多福。① 作为抽象神画仅见于陕西绥德的汉墓门楣。如图13,画面中心是车骑出行,左右两边分别刻绘伏羲女娲人首人身蛇尾,手持嘉禾;在右边伏羲前刻绘有人物,羊首羊面、头生羊角,连衣长裙,双乳袒露,左手持嘉禾抗于肩,右手低垂向前面的与之比肩的嘉禾,好似拔出。无疑的,这是一幅以羊为核心的大母神崇拜,或者说是包括了羊崇拜在内的伏羲女娲重生期盼的画面。②

图 11 陕北绥德汉墓"羊交合"图像

图 12 河南密县打虎亭汉墓"羊"画像

---

① 李正光主编:《楚汉装饰艺术集·画像石画像砖帛画》,湖南美术出版社2000年版,第54页。
② 李贵龙、王建勤主编:《绥德汉代汉画像石》图版第164,陕西人民美术出版社2001年版。

图 13　陕西绥德的汉墓"羊神"画像

二是以羊为工具的骑羊画面。这种画面较多见。如图14,陕西绥德汉墓立柱"羊"画像,左右对称,分为三层,上层为男女仙人打坐于玄圃之上华盖之内对饮,下层则是鸡首人身、牛首人身,身着连衣长裙,手持长刀的门神;中层中部刻绘一只盘角大羊,一位褊面短袖短裙的小孩骑在羊身上,另一位同样打扮的小孩站在右(左)上边,其右(左)前方站立着一只长翅的羊。① 前述"兔"图像9为山东临沂白庄汉墓石画像中,画面一大人扶持一小孩骑羊,羊高大盘角,地面上有两只兔在戏耍。再如图15,山东汉石画像,也是刻绘骑羊的场面,羊也是盘角高大,骑者短裙舒衣;骑羊旁边翼羊前肢着地后肢舒展,好像刚刚从天而降。② 骑羊的意蕴,显然是希望后代能够吉祥如意,幸福成长。毋庸赘言,这也是生殖崇拜的一种体现。

图 14　陕西绥德汉墓立柱"羊"画像

---

① 李贵龙、王建勤主编:《绥德汉代汉画像石》图版第143。
② 俞伟超主编:《山东汉画像石》第3册图版第382,山东美术出版社2000年版。

图 15　山东汉石"骑羊"画像

三是以羊为大母神的重生画面。这种形式有两种,一种是以羊和鸟儿为对称的重生画面。这类画像也仅见在河南密县打虎亭汉墓画像,如图 16,祥云环绕,仙草之下,独角翼羊在左,展翅凤鸟在右。[①] 在这里,翼羊是母系部族姜姓的象征,凤鸟则是来自东方走婚的父系部族的象征。两者的结合,正如伏

---

① 李正光主编:《楚汉装饰艺术集·画像石画像砖帛画》,湖南美术出版社 2000 年版,第 54 页。

羲女娲一样,是重生的象征。第二种是以羊为大母神,左右则为标志男女的二龙戏羊画面,如图17,陕北的绥德汉墓画像局部,独角翼羊站在仙草旁边,而翼龙分别刻绘两侧,左侧翼龙细颈长尾,勾曲盘绕,背部有仙人,似为雄性;右侧翼龙雍容华贵,姿容整齐,背部有三足乌、小兔,前面有仙人饲奉,应为雌性。无疑,这是一幅将羊作为大母神,而翼龙作为阴阳的和合重生画面。① 可以说,它暗合姜嫄生后稷的神话传说。

图16 河南密县打虎亭汉墓"羊"画像

图17 陕北绥德汉墓"羊·翼龙"画像

姜作为远古的母系氏族,成为生殖崇拜的偶像,不仅在汉画像中有所体现,而且在文献记载中,其内容尚有很多可以捋轶。"周以前人,男子称氏,女子称姓,并且女子之姓必放在名字之后。如太王之妃名太姜,武王之妃名邑姜,鲁君夫人有文姜、哀姜等。"② 由此说明,以姜姓为部族的母系氏族或者遗续一直延续到春秋之时;时时与其他部族通过婚姻建立政治同盟。可见,以羊为大母神的生殖崇拜有着现实的部族依据。

---

① 李贵龙、王建勤主编:《绥德汉代汉画像石》图版第14。
② 丁山:《中国古代宗教与神话考》,上海书店出版社2011年版,第9页。

● 羌：汉代羊信仰的部族记忆

在实际的历史生活中，如果说姜是饲养羊的母系部族的话，那么，羌则是饲养羊的父系部族。《说文解字》："羌，西戎牧羊人也。从人从羊。"从汉字字形来看，羌的形状就是头戴羊角的人，或者说是头上装饰有羊角的男子。如图。由姜到羌，一是说明羊始终是社会生活的不可缺少的肉食，二是说明社会基本结构发生了一个质的变化，即从母系氏族发展到父系氏族。而从人类的信仰方面看，可以说是生殖崇拜的本质没有变化，但其形式却发生了变化，这就是由大母神嬗变为男根神。在研究实践中，许多学者都看到了汉字姜、羌的本意就是指饲养羊的部族，也指出了此一部族主要生活在西北。如说："自来学者都认为姜与羌古本 字，也是'西戎牧羊人也'。[①] 凡是申、吕、齐、许诸姓姜的国族，都与西羌同种。几成定论了。"话虽如此，可惜都忽略了生活在西北地区的饲养羊的部族，曾经经历了一个女性生殖崇拜到男性生殖崇拜的过程。

附表五：甲骨文的"羌"字：

附表六：金文的"羌"字：

[①] 丁山：《中国古代宗教与神话考》，上海书店出版社2011年版，第9页。

众所周知,西北地区包括今天的关中平原、甘肃青海的黄土高原,是古羌戎的活动区域。陆思贤先生指出,"羌族因羊图腾得名,图腾柱可简要地称'羊柱'或'羊角柱'。"而据考古发现,早在西安半坡时代,就已经有羊角柱的纹饰;内蒙古西部阿拉善右旗曼达拉山岩画也有羊角柱图形。陆思贤先生认为,"羊角图腾柱立于地面上,构成了最古老的地平日晷。""白天在此观察晷影,夜间在此观测星空。"并且说,"伏羲氏的观象画卦,也是从羊角图腾柱上开始的。"①陆先生的分析,富有联想,对于理解远古文化很有启发的意义。但是我们认为,西安半坡和岩画中的羊角柱,恐怕没有那么多的文化负载,可能只是羌部族的标志,或者是生活区域划分的标志。如图,以甲骨文、金文的字形看,羊的字形其实就是一种羊角柱的样子。

附表七:远古的"羊"字:

附表八:甲骨文的"羊"字:

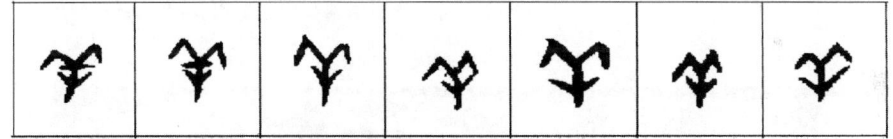

附表九:金文的"羊"字:

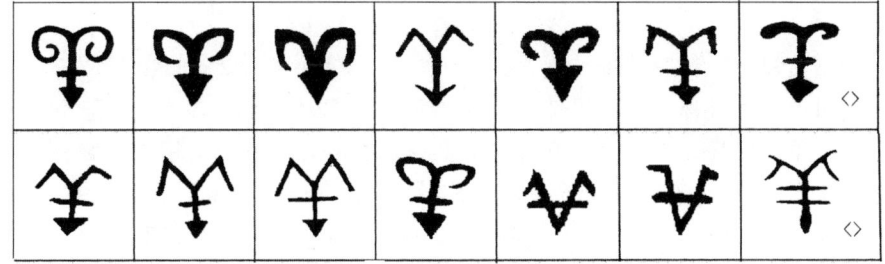

在汉画像中,以羊信仰的羌作为部族记忆的图像仪式,主要有两种形式。一种是武装的骑羊乘羊车形式。如图18,山东汉石画像中,两个武士手执长戟,前者骑牛,后者骑羊。图19 山东汉石"羊轺车"画像,整个画面为三组,每

---

① 陆思贤:《神话考古》,文物出版社 1995 年版,第 149、156、159 页。

组前都有两位武士做导引,第一组之后是骑羊者,第二组则是乘鹿轺车者,第三组则是乘羊轺车者。一种是文静乘羊车形式,如山东汉石画像,前有牛拉敞车,后为羊拉敞车。两幅画像基本一样,后一幅则有骑马者为陪驾。① 在这里,武装的骑羊乘羊车形式,假如置放在远古炎黄征战背景下,那么,是否可以将其理解为炎帝部族的袍族积极参战的场景?或者是对于远古时代祖先征战的集体记忆?而文静乘羊车形式,只要考虑到牛车、羊车上方的"西王母·伏羲女娲"图像,即可推知,这是乘羊车升仙的场景,或者说是重生的期盼。可见,无论是武装的羊,或者是文装的羊,都是羌族的象征,是羊部族发展到父系氏族时代男权张力的表现。

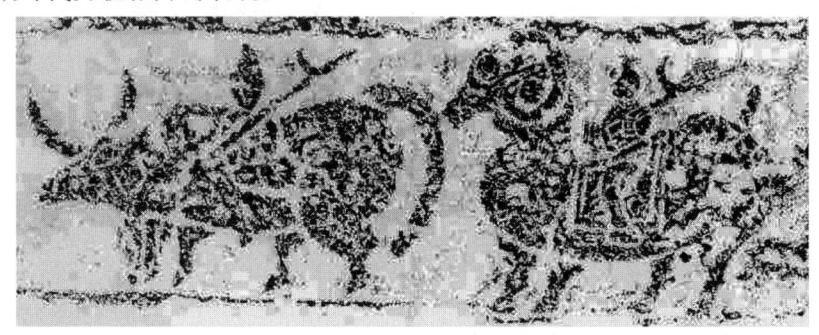

图 18 山东汉石画像

图 19 山东汉石"羊轺车"画像

当父权制逐渐取代母权制之后,体现生殖崇拜中的,就是重生图像仪式中的始祖神由大母神形象被男性神形象所取代。具体到饲羊部族,就是扮演母羊被公羊所取代。山东汉画像中,有很多盘角羊头在扮演始祖神。如图 20,江苏汉石画像,仅刻绘盘角羊头。② 图 21 山东汉石画像,盘角羊头居中,两侧则是凤鸟、龙虎;图 22 山东汉石画像,盘角羊头居中,两侧则只有凤鸟;图 23 山东汉石画像,盘角羊头居中,两侧为龙虎;图 24 山东汉石画像,盘角羊头居中,两侧有凤鸟、龙虎与仙人。③ 许多学者论及于此,说是"三阳开泰"的含义,

---

① 蒋英炬、吴文祺、关天相编:《山东汉画像石》图版第 61、152。
② 俞伟超主编:《江苏安徽浙江汉画像石》图版 192,山东美术出版社 2000 年版。
③ 蒋英炬、吴文祺、关天相编:《山东汉画像石》图版第 475、476、520、505。

殊不知,这是重生图像仪式而已。

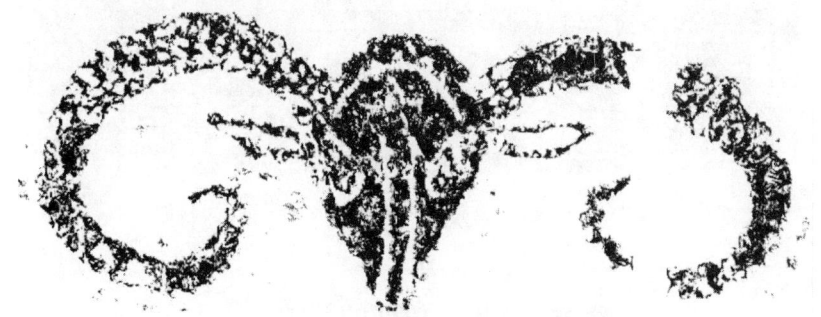

图20　江苏汉石"盘角羊"画像

图21　山东汉石"盘角羊·凤鸟·龙虎"画像

图22　山东汉石"盘角羊·凤鸟"画像

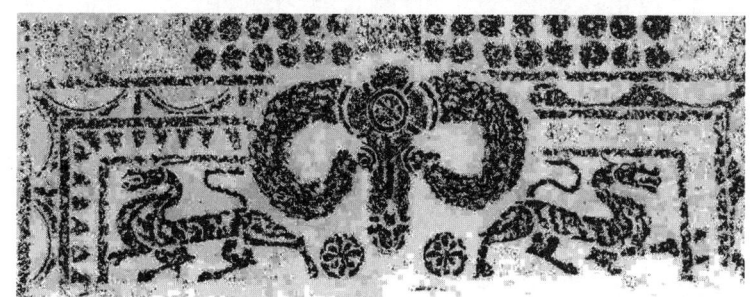

图23　山东汉石"盘角羊·龙虎"画像

图 24　山东汉石"盘角羊·凤鸟·龙虎·仙人"画像

● 祥：汉代羊信仰的精神诉求

在甲骨文、金文中，祥的字形表明的是将羊置放在案几上。其意是说，只要有羊，那么就是幸福的。可见，期盼有羊，就是期盼幸福。换句话说，祥就是福德的表征。《说文解字》："祥，福也，从示，羊声。一云：善。"难怪在安徽燕子埠汉墓墓门立柱的画像中，左右分别为盘角、有须的羊和鹿，两侧上方又分别榜题为"福德羊"和"麒麟"，如图 25。由此可见，汉代的羊信仰已经由物的需要上升为精神的期盼。换句话说，羊信仰成为汉代人精神诉求的对象。

附表十：甲骨文和金文的"祥"字：

图 25　安徽燕子埠汉墓"福德羊"画像

当作为精神诉求对象时,羊在汉画像中居于主导地位,有两种展现。一种是直接占据主神的地位。比如图 26,陕西绥德刘家湾汉墓门楣画像,画面祥云缭绕,中间刻绘昂然而立的羊,两侧分别是归顺而来的仙人骑鹿、马,再后是日、月,日月之下则是鸟衔鱼。图 27,张家砭汉墓画像与刘家湾一样,只是在仙人乘鹿、马的下面还刻绘有鸟、飞鸟和博山炉。其意是说,天地间,羊是可以与日、月并驾齐驱的神。其实,这幅画像的意蕴是羌部族的后裔追思祖恩,期盼祖荫后代。

图 26　陕西绥德刘家湾汉墓门楣画像

图 27　张家砭汉墓画像

第二种是将羊刻绘成翼羊,展翅飞翔在祥云缭绕的仙界。如图 28,楚国的漆器画像中,羊首人身者扭身舞蹈,极其洒脱。充分显示出精神的放松和愉悦。图 29,河南密县打虎亭汉墓出土的"翼羊"画像,刻绘天庭,栋梁上悬挂灯笼,有鸟儿、翼马、玄武神灵在徘徊,在画面上方,尚有翼羊漫步。图 30,河南密县打虎亭汉墓出土的"骑羊"画像,一狗怒吼着从天而降,一仙人骑翼羊乘祥云升天,回首招呼后来者。① 在这里,羊作为精神的寄托,完全摆脱了现实的物象。反过来说,作为具象艺术,羊成为精神自由的偶像,被任意地刻绘。

---

① 李正光主编:《楚汉装饰艺术集·画像石画像砖帛画》,湖南美术出版社 2000 年版,第 55、56 页。

图 28　楚国的漆器画像

图 29、30　河南密县打虎亭汉墓"翼羊"、"骑羊"画像

● 法：汉代羊信仰的制度传说

在羊信仰的讨论中，很多同仁都讲到了羊作为刑法的功能。

考法字，古金文写作"灋"。《说文解字》："灋 fǎ，解廌兽也，似牛，一角，古者决讼，令触不直者。""解廌"就是獬豸，传说中的一种神兽，其形似麒麟，青毛独角,体态刚健,极有灵性。又称为"独角兽",其原型就是羊。汉杨孚《异物志》说"獬豸"的特性:"性别曲直。见人斗,触不直者。闻人争,咋(ze音责,咬、啃的意思)不正者。"王充在《论衡·是应篇》也说,獬豸"一角之羊也,性知有罪。皋陶治狱,其罪疑者,令羊触之,有罪则触,无罪则不触。故皋陶敬羊。"另据《墨子·明鬼下》记载,春秋战国时期,齐庄公有两个臣子壬里国与中里缴打了三年官司。因为案情难以判断,齐庄公就让"廌",即神兽獬豸,来听他二人自读诉状。结果壬里国的诉状读完,獬豸没有什么表示,而中里缴的诉状还没有读到一半,獬豸就用角顶翻了他。于是,齐庄公判决壬里国胜诉。这样,獬豸能够判断是非曲直就传说开来,成为公正公平的标志,而皋陶也被传说成为中国司法之鼻祖。据此观察汉画像羊,就会发现,很多羊图像真的就刻绘成为独角。比如前面所介绍陕西的被挤奶水的羊,以及河南密县打虎亭汉墓所出土的与朱雀相对的羊,都是独角的形象。

走笔至此,我们发现,诸多学着都对獬豸津津乐道,而且都知道獬豸的原型就是羊。那么,问题在于,传说的皋陶和齐庄王为什么会用羊来判案?于此,很少学者有深入论析。

在我们看来,之所以用羊来作为判案公正的标尺,其实尚蕴藏着一段很重要姓氏嬗变的奥秘。《尚书·吕刑》记载,周穆王初年,在吕后的劝告下,周穆王申述历史上刑罚的演变,指出刑法的起源、经验教训以及必须遵守的原则。史官将其详细地记载了下来,并命名为《吕刑》。这样,《吕刑》就成为较早成文的法制史专著。简而言之,中国最早的法制文献是因吕后而创制的。众所周知,传说吕姓是生活在姜水的炎帝四大部族(四岳)之一,其封地在今南阳的卧龙区与镇平县区域内,由此吕与姜是同姓,属于周王室的姬姓。《史记·周本纪》、《左传·成公七年》都将齐太公姜尚又称为吕尚,其因盖源于此。由此,传说中的所谓獬豸,即所谓的独角神羊,能够判别是非曲直,实际上是说,法制或者说民法的起源是远古传说时代的牧羊部族所率先发明的。《墨子·明鬼》所记载的齐庄王用獬豸断案,以及《论衡·是应篇》所说的"皋陶治狱""令羊触之"等,其真实的意思是说,他们判案都是在祭祀祖先的祠堂内进行的,让那些作案者在祖宗神(羊—獬豸,其实就是佩戴羊角和羊面具的巫师)的感召和威慑之下,触发其灵魂,激起悔过之心。由此可说,传统法制的原型,是以牧羊部族的祖先神为感召力的道德自觉。观照周代宗法制的贯彻和国家机构分封制的完善,以及礼治思想的兴起,即不难理解传统文化何以重视道德修养而导致了现代法制观念的缺失。

令人惊奇的是,在山东汉画像中,竟然有齐庄王用獬豸审判壬里国和中里缴的画面。如图31,齐庄王端坐于正中,其左为壬里国,其右为头戴獬豸冠的法官和中里缴,中里缴身躯倾斜,仿佛被身前的獬豸所抵到。画的左部分尚有两只羊,羊前一小孩,似乎为牵羊人。由此可说,汉画像全面地反映了汉代社会情况,是研究汉代社会历史的珍贵资料。①

图31　山东汉石"獬豸判案"画像

综上所述,可以说,羊与祥是汉代民间羊信仰的物质元素和精神元素,姜与羌构成了民间羊信仰的社会历史条件,法可说是羊信仰的历史结晶,又是宝贵的历史遗产。当然,作为肉食家畜之一,羊在传统文化中所负载的内容还有很多,比如学者谈到的还有善、养、仪等等,从字形看就与羊有着不可分割的关系。然而,披阅汉画像,却很少见到相关的画面,故此不再赘言。

---

① 蒋英炬、吴文祺、关天相编:《山东汉画像石》图版第64。

猴

作为生肖之一,猴子排序在地支顺序的第九,俗称申猴。相关猴文化研究的论著,就目前的学术界来说,已经有了一部分。如毛宗刚编纂有《申猴神韵》(钱仓水主编,《十二生肖妙品欣赏》,中国时代经济出版社 2003 年版),专门收集古今中外有关猴文化的论著;安德明、杨利惠所编著的《金猴献瑞》(陕西人民出版社 2008 年版),则论述民间猴信仰的各种内涵。论文方面,王雅荣的《"猴玃抢妇"故事的源流及演变——兼论魏晋志怪中的"异类婚媾"故事》(南京师范大学硕士学位论文 2005 年 5 月)指出,"猴玃抢妇"是流传在汉晋时代蜀西南及南部山区牦牛羌的猴子崇拜和抢婚习俗;秦榕的《中国猿猴意象及猴文化源流论》(福建师范大学博士学位论文 2008 年 4 月),对于中国猿猴意象予以了全面的审视和总结;张月芬、孙林的《汉族西王母神话与藏羌民族猿猴神话的关系》(《西藏民族学院学报》1997 年第 4 期)指出,汉族所崇拜的西王母就是藏羌族所崇拜的猿猴。毫无疑问,这些论述,对于我们理解民间的猴信仰有着重要的启发意义。但是,具体到汉代,尤其是汉画像中的猴信仰的研究,相关的论著就非常之少。

● 性与性别:汉代猴信仰的生物学知识

汉画像中的猴画面非常之多,但是真正能够给人震撼感觉的,恐怕只有四川新津所发现的汉砖"野合"画像。如图1,画面刻绘一棵合欢树下,一采桑女仰躺于地面,赤裸下身,一裸体男子跪伏其上,双肩扛女下肢,男根挺直,直刺女子下体;男子身后,另一男子赤身根挺,跪踞其后,双手推其臀,为交媾男子给力;合欢树后,一男子赤身挺根,似乎在等待与女子交合。女子身后,有倾倒的采桑懿筐;合欢树干上挂着野合男女的衣裤,树枝头两只凤鸟应和鸣唱,两只猴子欢快地戏耍。论者在言及此画时说,这既是通过男女交合来达到养生长寿的方式,属于汉代道家气功学的组成部分,同时也是远古桑间濮上的遗风,体现了原始群婚的生活场面。遗憾的是,这些论者都忽略了合欢树枝头下的猴子。显然,这里猴子的意蕴不言自明,也就是男女性交合的象征。

图 1　四川新津汉砖"野合"画像

从其他汉画像看,猴所表现的性特征,属于男性。比如图 2,南阳唐河汉石"斗虎"画像,刻绘一人牵虎,虎身后一只猴子右上肢抓虎尾,左上肢摁虎的左后肢;图 3 南阳方城汉石"阉牛·抵虎·猴"画像,刻绘牛虎相戏,牛后一人左手抓牛睾丸,右手执刀来割除;虎后一猴子,左上肢抓虎尾。① 图 4 陕西榆林汉墓门楣画像的局部,一虎悄然前爬,一猴则右上肢提其尾巴,左上肢挥动驱赶。② 在这里,虎的驯服、威猛,与猴的顽皮、机智,可以说是相映成趣。从虎所象征的西王母即阴性来看,虎身后的猴,是男子,当为阳性的标志。

---

① 俞伟超主编:《河南汉画像石》图版第 41、49,河南美术出版社 2000 年版。
② 俞伟超主编:《陕西山西汉画像石》图版第 28,山东美术出版社 2000 年版。

图 2　南阳唐河汉石"斗虎"画像

图 3　南阳方城汉石"阉牛·抵虎·猴"画像

图 4　陕西榆林汉墓门楣画像的局部

● 偷人抢女：汉代猴信仰的婚俗遗风

　　在猴文化讨论中，最令人关注的就是"猴玃抢妇"的传说故事。根据论者的考究，"猴玃抢妇"最早的文献是西汉焦延寿的《易林》卷一《坤》变《剥》：

　　"南山大玃，盗我媚妾。怯不敢逐，退而独处。"

虽然很简短,但"已具有猴子盗人妇女底主题"。①

比较完整的叙述是西晋张华的《博物志》卷三《异兽》:

"蜀山南高山上,有物如称猴,长七尺,能人行,健走,名曰猴玃,一名马化,或曰猳玃。伺行道妇女有好者,辄盗之以去,人不得知。行者或每遇其旁,皆以长绳相引,然故不免。此得男子气自死,故取女也。取去为室家,其年少者终身不得还。十年之后,形皆类之,意亦迷惑,不徨思归。有子者辄俱送还其家,产子皆如人,有不食养者,其母辄死,故无敢不养也。及长,与人无异,皆以杨为姓,故今蜀中西界多谓杨,率皆猳玃、马化之子孙,时时相有玃爪者也。"②

根据王雅荣的意见,《博物志》中所记的"猴玃"应为当时生活在邓来山脚下的一支牦牛羌。羌族的信仰偶像是猴,如《北史·党项传》:"宕昌、白狼皆自称猕猴种。"羌族的婚俗一直是抢婚。《北史·吐谷浑传》:"至于婚,贫不能备财者,辄盗女去。"《新唐书·吐谷浑传》:"婚礼,富家厚纳聘,贫者窃妻去。"羌族抢婚的风俗一直延续到新中国成立前夕:"男方向女方求婚,若女方不愿或女方父母不答应的,男方就约青年友好乘女方在外劳动时将其抢回家去成婚。若女方愿意,此后就住男家,五天后由男方父母背猪膘和酒到女家说好话。若女方不愿,则成婚后可以偷跑回家;若引起官司,给女家点儿钱,挂红布了事。也有的是在成婚后次日女子回家,要生孩子后三年才到男家去。若没有生养,男家就不要那女的了。抢婚可以抢处女,也可以抢寡妇或'活人妻'。"至于蜀中姓杨的比较多,可能是将"羊"与"杨"为通假字。③

舒燕认为,"猿猴抢婚故事的起源是很古老的","可追溯到人类早期的母系氏族社会阶段。它最早产生于古代西部的羌人集团,并作为华夏文化的原始形态之一,对后来的汉族及西南等地的少数民族产生了相当大的影响,渗透到他们的神话、传说、民间故事及风俗、信仰中";"在汉族封建统治者的压制、排斥和歧视下,它们可能会以一种变形的方式出现。但是,其存在的真实性以及对汉族文化的影响是不容否定的"。④

在这里,王先生、舒先生都认为,"猴玃抢妇"的原型是蜀西南的羌族婚俗,应该说是没有疑义的。问题在于,第一,"猴玃抢妇"的故事除了文字记载之

---

① 叶德钧:《猴娃娘型故事略论》,《民俗》第一卷第二期,1937。
② 〔晋〕张华撰,范宁校证:《博物志校证》,中华书局,1980。
③ 杨明、马廷森编:《羌族思想史资料汇集》,西南民族学院民研所、科研处,1985年,第163页。
④ 舒燕:《论猿猴抢婚故事的演变》,《中国文化研究》1998年冬之卷。

外,在汉画像中也有所体现,这是很多民俗学者所没有注意到的。当代汉画像研究者唐长寿先生指出,被命名为"戏猿"的画像,实际上应该为"玃盗女"图。如图5,新津石棺"猴玃盗女"画像,画面"刻画了三人一'猿',图右为一男子,右手持剑,左手持长圆形大竹篓,当为捕兽用具;图中为一男子,作持剑击'猿'状;图左为一'猿'背负头被蒙上的一妇女,仓皇逃避。""被负妇女长衣委地,猿之形态刻画十分清楚。"左端"实为高山","从中看到其明显的高山嵯峨之形。"图6新津石棺"猴玃盗女"画像,画面"也是三人一'猿',右为一男子,右手持剑,左手持大竹篓;图中为一男子,作持剑击'猿'状,猿被击中作惊恐之状;左一人为一妇女坐于洞中",实际"是表示高山嵯峨陡峭"。这两幅画像,表现就是"与妇人和猿有关的鬼神传说故事"。① 又图7,台湾《中央研究院历史语言研究所藏汉代石刻画像拓本目录》中有一幅"新津石函画十一",该拓片只有右面部分图像,画一"猿"和一妇女坐于山洞中,各自形态特征异常明显,山形也更为突出。显然又是一幅相同题材的是"猴玃盗女"画像。图8乐山崖墓"猴玃盗女"画像,漫漶至极;画面与新津石棺一样,右部分两位追击猿猴者,已经将猿猴刺倒在地;左部分的女子从洞中探出身子,双臂伸出,似乎求救;倒地之猿则勾头向女子呼叫,"似乎十分留恋自己的生命和山中的家园"。图9内江东汉石棺"猴玃盗女"画像,右部分刻绘一只裸体短尾的猿猴在一个男子的攻击下逃窜;中部一间精致的房屋,其中有两个女子正面对地坐着闲谈或喝酒;左部分为朱雀、三尾鱼。② 由此可见,《博物志》所记载的"猴玃抢妇"在汉代民间社会中可能已经广为流传了。

图5 新津石棺"猴玃盗女"画像

---

① 唐长寿:《新津画像崖棺"玃盗女"图考》,《四川文物》2005年第6期。
② 唐长寿:《汉画"玃盗女"图补说——芦山樊敏阙"龙生十子"图辨误》,《四川文物》2009年第2期。巫鸿:《汉代艺术中的"白猿传"画像——兼谈叙事绘画与叙事文学之关系》,《礼仪中的美术——巫鸿中国古代美术史文编》,生活·读书·新知三联书店,2005年版。

图 6　新津石棺"猴玃盗女"画像

图 7　新津石函"猴玃盗女"画像

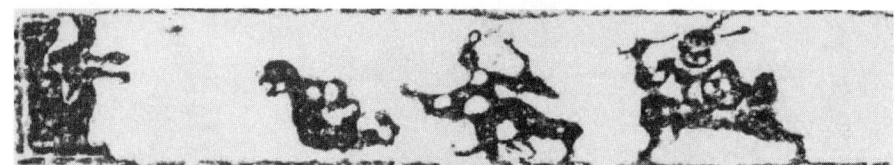

图 8　乐山崖墓"猴玃盗女"画像

图 9　内江东汉石棺"猴玃盗女"画像

第二,"猴玃抢妇"的原型虽然在羌族婚俗中能够发现其遗迹,但是其人类学上的普遍意义远远没有被重视和发掘。换句话说,"猴玃抢妇"实际上是夫妻婚制定型时远古的血缘混交与男子走婚的残俗。也就是说,当夫妻婚制定型时,那些聪敏且又没有从外族娶来妻子的男子,于是装扮成猴玃,将本家族内那些已婚妇女,甚至是尚未出嫁的姊妹,抢掠到深山之中,为妻生子。由此而言,猴玃之表征,首先是走婚的男子。当夫妻婚制形成中,它是作为走婚者到母系部族中寻求夫妻生活的。图10山东汉石"西王母·求仙"画像,在西王母身边,右边跪踞牵青鸟、九尾狐并贡献鲜果者,吹洞箫的狗;左边拜谒者依次为马首人身者、人和猴子。① 猴子的出现,说明到西王母部族走婚的人,或者说从西王母处请求长生不老药的,曾经有以猴面具装扮的男子。一些学者忽略于此,只是就文献记载的西王母形象,率尔指出,"西王母的样子活像猿猴。这是因为她作为酋长、族长和巫师,有资格有责任装扮成猿猴图腾的样子,让群众来膜拜祭献"。② "她的形象也是照着猿猱图腾装扮的","西王母作为巫师,戴上了状如人面的面具,并饰以如豹尾般的长尾(或尾上饰以彩色条纹),此形象实为金丝猴等类动物"。③ 这种说法正确与否姑且不论,仅就汉画像来说,西王母图像与猿猴的图像从来没有重叠的。由此可见,说西王母的原型是猿猴,是值得怀疑的。

图10 山东汉石"西王母·求仙"画像

猴玃的另一个标志,就是乱伦的男子。当夫妻婚制定型后,总是有些男子会将婚交的对象瞄向同袍姊妹,为了遮蔽羞耻,于是装扮修饰成猴玃。由此说来,"猴玃抢妇"的事情,不仅发生在蜀中,当在其他地方也有所发生。以此观照汉画像,在山东汉石画像中,就发现与此相类似的画面。如图11,一猿在女子面前手舞足蹈,似乎愉情女子;一猿将女子摁在地面试图非礼;谈话的两女

---

① 俞伟超主编:《山东汉画像石》第2册图版第99,山东美术出版社2000年版。
② 萧兵:《楚辞与神话》,江苏古籍出版社1986年版,第453~454。
③ 张月芬、孙林:《汉族西王母神话与藏羌民族猿猴神话的关系》,《西藏民族学院学报》1997年第4期。

子尚未发现,而猿身后的女子发现之后已经惊慌失措;一男子则手执长矛直刺猿。① 显然,这与上述蜀中的汉画像是一致的。可见,"猴玃抢妇"不仅仅是蜀中羌族的婚俗,同时也是远古婚俗中乱伦婚交的遗风,是社会生活中常常出现的一些返祖现象。

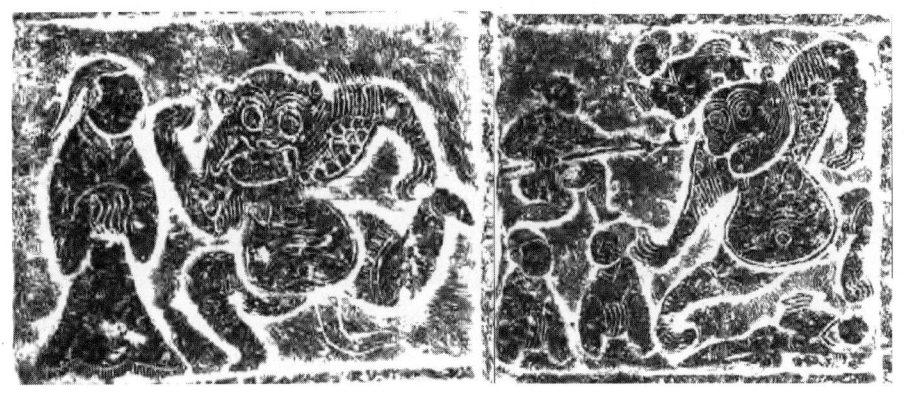

图 11　山东汉石"猴玃盗女"画像

● 时运封官:汉代民间猴信仰的社会理念

在汉代人们看来,猴作为动物,还负载着更多的社会文化功能。《白虎通义》中说:"猴,侯也,见人设食伏击词语,则凭高四望,善于侯者也。"《白虎通》作为东汉国家的法典,是专门论定谶纬的。《白虎通》将猴的文化功能界定为"侯",应该说是当时社会普遍的观念。而"猴""侯者",从字面看,有以下两种含义。

其一,"侯"就是指时间,也就是指时运。传统农耕社会生活的特征,就是按时而动。所谓春种秋收,夏耘冬藏,所有事宜必须遵守时序、时令,务早务晚,都是不对的。一部《易经》,儒道兼作经典,古今圣贤释读不绝,其核心的旨趣就是教人如何观察自然和人文,怎样选时择向。两汉社会,风云际会,人们更是注重时运与人生命运的关系。《汉书》卷25《郊祀志》:"祖宗之制盖有自然之应,顺时宜矣。"卷7《昭帝纪》:"成王不疑周公,孝昭委任霍光,各因其时以成名,大矣哉!"前述合欢树下男女的群交,固然体现远古社会的群婚状态,而在汉画刻绘者的心中,其实还有一个时间的暗示,这就是当春暖花开燕子飞来之时,正是人们婚配的季节;而提着虎尾戏耍的猴子,其实也是提醒人们观

---

① 俞伟超主编:《山东汉画像石》第2册图版第10,山东美术出版社2000年版。

察"虎"是否已经到了发情的时候。由此,猴子的画面,正是人们社会生活中选时择向、审时度势的警钟。

其二,"侯"就是指公侯,也就是指官爵。两汉礼治社会中,人们的社会地位高低完全取决于官爵的大小,所以,出将入相,封官拜爵,可以说是社会各个阶层共同的向往。但是,社会实践中,不是随便那个人就可以事遂人愿的。需要人们伺机而动,顺时而发。由此,侯官的"猴"与时运的"猴"就交织在一起,成为全社会都期待的事情。

汉代社会对于象征着时运和官爵的"猴"期盼,反应在汉画像中,就有了诸多的猴画面。但是作为官爵的图像仪式,则有以下三种形式。第一,"屋猴(五侯)"形式。这种形式的图像,其格式是刻绘楼阁,主人居住在楼阁内,楼阁的屋脊上,常常在两边各刻绘一只猴子,悄然向屋顶爬来。如图12,山东汉石"侯官降临"画像,画面为房屋,房内有主人居住,房顶两旁的坡上,各有一只猴子。图13山东汉石"侯官降临"画像,画面也是房舍,房坡两旁各驻留一只猴子。显然,这里猴子的寓意就是侯官降临。①

图12　山东汉石"侯官降临"画像

第二,"射猴(得侯)"形式。这种形式的图像,如图14。其格式是刻绘斗拱厅堂,一只猴子攀援在斗拱上,厅堂内一人挽弓射猴。在这里,"射猴"的寓

---

① 俞伟超主编:《山东汉画像石》第2册图版第53、191,山东美术出版社2000年版。

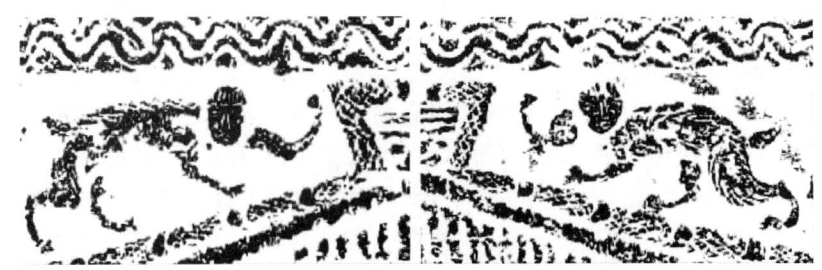

图 13　山东汉石"侯官降临"画像局部

图 14　四川汉石"射猴"画像

意同汉画像中众多的"射鸟"图像一样,都是得到侯爵的意思。巫鸿先生在谈到这种图像时说,这是后羿射日的画意,猿猴为邪魔的表征,挽弓者则是养由基、二郎神等的驱魔者,其旨趣是驱邪,其因就是这些图像是在墓中发现的。根据丧葬礼仪,"死者的灵魂在通往仙界的路途上也可能会遭遇许多磨难",于是"求助各种巫术的活动"。① 我们认为,这种说法可能不准确。众所周知,汉

---

① 巫鸿:《汉代艺术中的"白猿传"画像——兼谈叙事绘画与叙事文学之关系》,《礼仪中的美术——巫鸿中国古代美术史文编》,生活·读书·新知三联书店,2005年版。

代人视死如生,墓中的图像仪式固然指想象中的阴间世界,但实际上也是生人的理想;而且,汉代选官实行荫庇制度,转化为民间信仰就是祖荫的封侯将会恩及后代,泽被后人,进一步发展就是道教教化理念即所谓的"承负"。由此而言,汉墓中的射猴图像的寓意是祖荫后代。如果稍稍留意就会发现,在斗拱上面尚滞留着一只雀鸟。应验着我们所说的射猴与射鸟的信念是一致的看法。

　　第三,"羊猴(祥侯)"形式。这种形式的图像比较特殊,似乎没有固定的格式,画面刻绘比较随意。如图15,山东汉石"祥猴"画像,画面为一枝合欢树,树枝头上盘踞着相互恭揖的猴子,天空上有雀鸟飞翔;树内主人安坐,树右有一马一人,树左有一羊一人。左右两人皆挽弓向上射猴、鸟。当然,如果远观的话,就会发现,合欢树的树干组合成猴面,而打坐在树内的主人则成为猴的鼻子和嘴巴,两条比目鱼则成为猴的双眉;合欢树树枝为冠冕。① 显然,这幅图像是综合了上述的两种形式,是一种寓意着吉祥如意、封侯加爵的图像仪式。图16 四川汉石"蜂猴"画像,三棵树枝上,刻绘着三只猴子在欢呼攀援,两只雀鸟正落在枝头,还有蜜蜂在飞翔。② 不言自明,这幅画寓意着封(蜂)爵(雀)封(蜂)侯(猴)。图17 四川汉石"大母神猴·犬"画像,甚至将猴面刻绘在正中,居于祭祀正主的位置。猴面左右是两只跳跃的猴,以及两只向往而来的狗。熟知巫鸿先生观点的会认为,画面中的狗同上说的弓箭手一样是驱魔者,"猴子被认为是邪恶动物并且可能携带疾病,而犬则有一种特殊的能力来降服它",于此关照画像,"其中两只猛犬正虎视眈眈地盯着两只猴子,而后者头跌向下地,显得毫无抵抗之力"。③ 可见,巫先生的意见与我们是决然不同的。在我们看来,这里的狗不是驱魔者,而是崇拜者;那两只猴子"头跌向下地",不是恐惧,而是欢跃雀舞;狗字读音的韵母与猴同,狗、猴的吉祥之意当为"侯"。同样的画面,也出现在山东汉石画像中,如图18,画面正中为铺首衔环,环中刻绘猴子,环外有两只猴子;铺首的双耳各有凤鸟衔叼。④ 显然,环中的猴子扮演着大母神的角色,环外的双猴和双凤分别为媾和男女的表征,是重生和再生的表现。尤其是凤鸟还衔着绶带,其所表示的是福寿永久和再生,可以说是一览无遗。当然,以铺首衔环为背景作为创世神画,应该属于汉代神画信仰中的邪教倾向。只是这属于另外的话题,此无须论及。据此,我们不敢苟同巫先生的观点,我们认为这不是驱魔图,而是祈福(官)图。可以说,这是汉代猴信仰中的最高境界。

---

　① 俞伟超主编:《山东汉画像石》第2册图版第42,山东美术出版社2000年版。
　② 俞伟超主编:《四川汉画像石》图版第28,河南美术出版社2000年版。
　③ 巫鸿:《汉代艺术中的"白猿传"画像——兼谈叙事绘画与叙事文学之关系》。
　④ 俞伟超主编:《山东汉画像石》第2册图版第159,山东美术出版社2000年版。

图 15 山东汉石"祥猴"画像

图 16 四川汉石"蜂猴"画像

图 17　四川汉石"大母神猴·犬"画像

图 18　山东汉石"铺首衔环·猴·凤鸟"画像

鸡

鸡在生肖中排名第十，地支为酉，俗称酉鸡。相关的研究著作有孙士英、沈彦编著的《酉鸡起舞》（钱仓水主编《十二生肖妙品欣赏》，中国时代经济出版社 2003 年版），全面采集古今中外有关鸡信仰的资料；吴裕成的《酉鸡有吉》（生肖文化典藏图文版，陕西人民出版社 2008 年版），对于鸡文化予以了较为详细的论析。在民俗信仰中，作为信仰偶像的鸡，与家禽鹅、鸭，与飞禽燕子、鹰雁、孔雀、麻雀，以及与传说的凤凰、鸿鹄、朱雀，等等，实际上相等同。以此看来，相关的研究论著就更多，比如陈勤建的《中国鸟文化》（学林出版社，1996 年版）与《中国鸟信仰——关于鸟化宇宙观的思考》（学林出版社，2003 年版），庞进的《凤图腾》（中国和平出版社，2006 年版），何新的《谈龙说凤——龙凤的动物学原型》（时事出版社，2004 年版），等等，此外还有大量的论文。

而作为图像艺术，汉画像中的鸡、凤鸟也可说是数不胜数，因此也得到了汉画研究者的重视，单在中国汉画学会第十届年会上，有关凤鸟论文提交有 4 篇，如牛天伟的《试探凤凰画像的民俗文化意蕴》，唐光孝的《试析汉代比翼鸟是传说中的凤凰合体形象》，赵赟、古克的《汉画石中的"百鸟朝凤"图》，王良田、陈钦元的《玄鸟扶桑画像研究》（郑先兴主编：《汉画研究——中国汉画学会第十届年会论文集》，湖北人民出版社 2006 年版）。

尽管鸡与凤鸟信仰（包括汉画凤鸟图像）的研究论著不少，但是借助于汉画资料，单纯论述汉代鸡与凤鸟信仰的论著，无论是从量还是质上讲，都显得异常薄弱。

● 食与玩：汉代鸡信仰的现实基础

撩开鸡信仰的面纱，那么，就会发现一个非常现实的问题，汉代民间普遍的鸡崇拜，其最基本的质素就是鸡是可以用来食用的。在汉画像的庖厨图像中,有许多挂着肉鸡的图像。如图1,山东宋山小石祠"鸭"画像,画面上还有烧灶的,洗菜的,汲水的,剥狗的,刮鱼的,悬梁上挂着猪腿、猪头、兔子、鱼等等。① 图2山东宋山汉石画像,也是庖厨图,只是所悬挂的是鸡②。图3山东武氏祠前石室后壁小龛东侧"庖厨"画像,画面一人烧灶,一人摘取悬挂的鱼,悬梁上悬挂的还有鸡、兔子、猪腿、猪头。③ 图4山东临沂白庄汉墓石"庖厨"画像,左边是庖厨图,右边是屠宰图,中间的悬梁是挂肉的,有猪腿两只,鱼一条,鸟两只,地面放置两个壶,斗拱上拴着一条狗,狗跳跃着想啃猪腿。整个画面极具生活特色。④

图1　山东宋山小石祠"鸭"画像局部　　图2　山东宋山汉石"鸡"画像

---

① 俞伟超主编:《山东汉画像石》第1册图版第90,山东美术出版社2000年版。
② 俞伟超主编:《山东汉画像石》第2册图版第98,山东美术出版社2000年版。
③ 俞伟超主编:《山东汉画像石》第1册版版第63,山东美术出版社2000年版。
④ 俞伟超主编:《山东汉画像石》第3册图板第9,山东美术出版社2000年版。

图 3 山东武氏祠前石室后壁小龛东侧"庖厨"画像

图 4 山东临沂白庄汉墓石"庖厨"画像

与山东汉画像不同,不是悬挂鸡,徐州汉代艺术馆收藏的汉画像有杀鸡的画面。图 5 江苏汉石"庖厨"画像,画面下层庖厨,有锅灶、壶、盘、酒缸、耳杯,二人,一人烧灶,一人汲水;上层悬挂二猪、两条鱼,两只鸡正在雀跃觅食,一只鸡已经被拴起来准备杀吃，一条狗则走向被拴绑的鸡，二人，各跪跽在案几旁，左一人举尖刀剥鱼，右一人举宽刀剁肉。图6、7也是庖厨图，与上幅画不同的是，鸡是与猪腿、鱼、兔等一样，被悬挂起来了。①

图5　江苏汉石"庖厨"画像

图6　江苏汉石"庖厨"画像

图7　江苏汉石"庖厨"画像

---

① 俞伟超主编：《江苏安徽浙江汉画像石》图版第14～16，山东美术出版社2000年版。

与山东汉画像只是刻绘悬挂的鸡不同，也与徐州的杀鸡不同，在南阳汉画像中，则是刻绘餐桌上置放着鸡。如图8，南阳汉石"餐桌"画像，上层是击鼓奏乐，二人击鼓，一人踞坐；下层是餐桌，餐桌上的盘内盛放鲤鱼，鲤鱼体量很大，有鹅（餐桌中部、与鱼平行体量最大的）、鸭（餐桌上部、鲤鱼的吻部的）、鸡（餐桌上部右角边缘的），还有饮酒用的两只耳杯。① 这幅图像表明的是钟鸣鼎食的贵族宴饮生活。鸡、鹅与鱼的置放，说明生活的富足和奢侈。

南阳汉画像的另一特点，是刻绘有斗鸡的场面。如图9，画面中部刻绘华盖，华盖下有两箕赌金和两空钵；华盖之前，两只鸡怒目而视，跃跃欲试；斗鸡后各为其主人，一边挥手吆喝鸡去争斗，又各执一鸡在腋下；主人身后则是其随从。图10登封少室阙"斗鸡"画像，两只鸡相向，低首怒目，昂冠振翅；左边鸡后，一只狗则低首爬驱，似乎要捕捉斗鸡。② 如果说，上图的斗鸡由于人的参与比较严肃的话，那么，这幅斗鸡则纯粹自然，而因狗的参与则更富有情趣。

图8　南阳汉石"餐桌"画像

图9　南阳汉石"斗鸡"画像

图10　登封少室阙"斗鸡"画像

---

①　俞伟超主编：《河南汉画像石》图版第208，河南美术出版社2000年版。
②　俞伟超主编：《河南汉画像石》图版第171、108，河南美术出版社2000年版。

图 11 洛阳汉砖"东井灭火"画像,画面中部刻绘一人,长胡须,左手执钱袋儿,右手执长戟于右肩,阔步而来,一只高冠长尾的斗鸡紧随其后。① 画面中人的得意与鸡的踟蹰,仿佛刚刚斗胜而归,又好像是满怀必胜的信心去搏斗。

图 11　洛阳汉砖"东井灭火"画像

由上所述,可以看出,汉代生活中,鸡不仅仅是用来吃的,而且也可以用来玩,用来赌博。

作为食肉和玩物,鸡的来源主要有两个,一个是家养的(鸡),一个是捕猎的(鸟)。

作为家养的(鸡),在汉画像中有诸多鸡的画面。南阳、山东、陕西、四川的汉画像中,一些家居生活场景中,都刻绘有鸡的图像。山东汉画像中的鸡多是母鸡带领小鸡觅食。如图12,山东武氏两阙正阙蜀柱北面画像,画面刻绘一母鸡带领 6 只小鸡寻食,虽然母鸡的头部已经漫漶不清,但其尾部与下肢,以及小鸡昂首朝向母鸡期待哺食的情景,却清晰可见。图 13 山东沂南汉墓的"屠宰·丰收"画像,画面右部为屠宰场面,左中部为丰收场面,左部分为双层楼阁,在楼阁前的庭院里,有两群鸡,左边的鸡共有六只,其中一只母鸡带领四只小鸡,一只公鸡鸡冠昂然,鸡尾羽毛丛茂,意欲调戏母鸡,母鸡为保护小鸡,怒目公鸡,而小鸡或观望或觅食;右边三只鸡,其中两只大的,也在相斗,低头怒目,振翅欲跃,好像要争个你死我活,一只小鸡则恬然觅食;两群鸡中间,则有两只鸡卧在地面,勾首,好像在观看发怒的斗鸡。图 14 沂南汉墓"庭院·拜祭"画像,右部分为拜祭,左部分为前后庭院,庭院后,画面的左上角刻绘有 6

---

① 《中国美术全编·绘画编》18《画像石画像砖》图版第 257。

只鸡,其中母鸡展翅低首鸣叫,吆喝小鸡吃食。画面生动,特富有生活情趣。①四川和陕西汉画像中的鸡多是以家禽的身份出现。图15成都曾家包汉墓"酿酒"画像,画面右部分刻绘家禽家畜,有鸡、鸭、鹅,也有猪、狗。② 图16陕西绥德延家岔汉墓立柱画像,左立柱中部刻绘家畜羊,右立柱中部刻绘家禽鸡、鸭、鹅,还有蹲坐的狗,鸡为两只,正在交配。图17陕西子洲苗家坪墓门左立柱画像,中部刻绘家禽有鸡、鹅、鹤,还有家畜狗、猪。③

图12　山东武氏两阙正阙蜀柱北面画像

图13　山东沂南汉墓的"屠宰·丰收"画像

---

① 俞伟超主编:《山东汉画像石》第1册图版第24、204、205,山东美术出版社2000年版。
② 俞伟超主编:《四川汉画像石》图版第45,河南美术出版社2000年版。
③ 俞伟超主编:《陕西山西汉画像石》图版第106、196,山东美术出版社2000年版。

图 14　沂南汉墓"庭院·拜祭"画像

图 15　成都曾家包汉墓"酿酒"画像

图 16　陕西绥德延家岔汉墓立柱画像

图 17　陕西子洲苗家坪墓门左立柱画像

作为捕捉的（鸟），汉画像中有很多射鸟的画像。在南阳、山东、四川和陕北的画像中，射鸟的画像可以说是数不胜数。当然，真正体现捕鸟意思的画像，大多是野外的场景。如图 18，征集于南阳市靳岗乡的汉石画像，画中有二猎人，其一正挽弓射雁，另一人手持猎获之雁大步行走。画上部有一行大雁凌空飞翔，其中一只已被猎者射中下坠。① 图 19 山东"渔猎·厅堂·门阙"画像，其中的左部分"渔猎"，画面刻绘四人，两人在船上，一人划船，一人在船头挽弓射鸟；两人在岸上，一人挽弓射鸟，一人张网捕鱼；水里两条鱼在游耍，天空有 6 只鸟。其中两只已经陨落，似乎被射中，4 只在飞；地面上两条狗，一条狗扑向陨落的鸟，一条狗追捕一兔，兔急窜逃跑。图 20 山东汉石"射鸟"画像，一棵扶桑树枝头停落两只鸟儿，树下二人昂首挽弓射之。② 图 21 山东汉石"射鸟"画像，枯树之下，一人下马，半跪挽弓射鸟，鸟儿已经中箭陨落，已经到树杈之间。③ 像这样的射鸟画像，在南阳汉画像中也有表现，如图 22，被一些汉画像研究专家命名为"后羿射日"，也许是因为树枝头上的鸟儿比较多的因素。④

图 18　征集于南阳市靳岗乡的汉石画像

---

① 《南阳两汉画像石》图版第 9，文物出版社 1990 年版
② 俞伟超主编：《山东汉画像石》第 2 册图版第 2、23，山东美术出版社 2000 年版。
③ 俞伟超主编：《山东汉画像石》第 3 册图版第 216，山东美术出版社 2000 年版。
④ 《南阳汉代画像石刻》图版第 47。

鸡 199

图 19　山东"渔猎·厅堂·门阙"画像

图 20　山东汉石"射鸟"画像

图 21　山东汉石"射鸟"画像

图 22　南阳汉石"射鸟"画像

图23 陕西米脂官庄汉墓西壁组合画像,左下部的狩猎图中,两颗嘉禾之间,自右而左猎者骑乘在马背,从容滞留,左手将放飞凤鸟;其前天空有只凤鸟在追逐,一只凤鸟已捕获小兔,两只狗在地面追逐,四只鹿阔步逃跑。① 可见,猎者手中的凤鸟,当是抓兔的鹰雕。

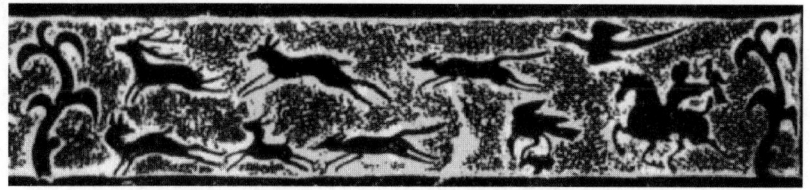

图23 陕西米脂官庄汉墓西壁组合画像

● 部族与官职:汉代鸡信仰的政治观念

放大鸡信仰的范围,就会发现,汉代普遍存在着鸟信仰。在汉画像中,凤鸟的图像可谓数不胜数。举凡车马出行的途中,房屋建筑的屋顶脊梁,神树神灵的周围旁边,都刻绘了千姿百态的凤鸟图像。当然,最令人关注的凤鸟,还是与西王母神话有关的凤鸟。《山海经·海内北经》:"西王母梯几而戴胜。其南有三青鸟,为西王母取食。"《山海经·大荒西经》:"三青鸟赤首黑目,一名曰大鹭,一名曰青鹭,一名曰青鸟。"汉画像好像为《山海经》的记载作注脚,常常将凤鸟刻绘在西王母的身边。如图24,河南密县汉砖"凤鸟·西王母"画像,西王母端坐在山峦上,手中拿着胜,其左前为捣药兔正在石臼中捣药,在前为豆盘,里面放置着食物,一凤鸟收翅伸足回首,尾羽蓬松,正是降落的姿势。②

图24 河南密县汉砖"凤鸟·西王母"画像

关于汉代的西王母神话及其信仰,笔者曾经撰文作过论述,指出,"西王母实际上是尚处于母系氏族社会的女性首领";"西王母所在的母系氏族,与处于

---

① 俞伟超主编:《陕西山西汉画像石》图版第35,山东美术出版社2000年版。
② 密县文管会编:《密县汉画像砖》,中州书画社1982年版,第98页。

中原的部族相较,似乎整体的社会习俗和制度没有大的变动";"处于母系氏族阶段的西王母族人既不断地得到来走婚的中原男子,有时又到中原去走婚"。关于西王母的配神图像凤鸟,笔者也曾经指出,"是走婚的男子的象征";"《山海经》所记载的'三青鸟为西王母取食',就是指的走婚男子所带来的大枣;而郭璞在注释中所补充的'又有三足鸟主给使',就是指走婚男子为其临时的配偶劳动之情况"。①

由此可说,凤鸟的原型当是走婚部族的象征,凤鸟信仰则是对远古走婚部族的历史记忆。根据文献记载和历史传说,曾经以凤鸟为标志的部族:

1. 少昊。《左传》:"凤鸟适至,故纪于鸟。"
2. 舜。刘向《孝子传》:"舜父夜卧,梦见一凤凰,自名为鸡,口衔米以哺己,言鸡为子孙,视之,如凤凰,黄帝梦书言之,此子孙当有贵者。"
3. 商。《诗经·玄鸟》:"天命玄鸟,降而生商"。
4. 秦。《史记·秦本纪》:"玄鸟陨卵,女修吞之,生子大业。"
5. 楚。《白虎通·五行》言楚人的祖先祝融是凤鸟:"其精为鸟,离为鸾"。

由此可知,曾经到西王母母系部族走婚的中原父系部族,先后有少昊、虞舜、殷商以及秦楚等以凤鸟为族徽的男子。

而根据《左传·昭公十七年》的记载,凤鸟不仅是部族的象征,而且还曾经作为官职的名称来表示不同的职责。郯子向鲁昭公说:

秋,郯子来朝,公与之宴,昭子问焉。曰:"少皞氏鸟名官,何故也?"

郯子曰:"吾祖也,我知之。昔者黄帝氏以云纪,故为云师而云名;炎帝氏以火纪,故为火师而火名。共工氏以水纪,故为水师而水名;大皞氏以龙纪,故为龙师而龙名;我高祖少皞,挚之立也,凤鸟适至,故纪于鸟,为鸟师而鸟名。

凤鸟氏历正也,玄鸟氏司分者也,伯赵氏司至者也,青鸟氏司启者也,丹鸟氏司闭者也;祝鸠氏司徒也,雎鸠氏司马也,鸤鸠氏司空也,爽鸠氏司寇也,鹘鸠氏司事也。五鸠,鸠民者也。五雉为五工正,利器用,正度量,夷民者也。九扈为九农正,扈民无淫者也。"

据此,远古部族设置官职,分别以不同的名号,黄帝部族是以"云",炎帝部族是以"火",共工部族是以"水",大皞部族是以"龙",少皞部族则是以"鸟"。至于少皞氏各种官职的职责,丁山先生分析指出,这里的"分"指春分即春天,"至"指夏至即夏天,"启"指秋分即秋天,"闭"指"天地不通,闭塞而成冬"的冬天;而春、夏、秋、冬四季的掌管者玄鸟氏、伯赵氏、青鸟氏和丹鸟氏,而统之以

---

① 郑先兴:《汉画像的社会学研究》,河南大学出版社2009年版,第220、221、251页。

"凤鸟氏历正"。"可见少皞氏设官立政,也是以天官为本,与尧典内容,实无二致。"所谓"尧典内容",丁先生是指"乃命羲和,钦若昊天"。作为"历正"凤鸟氏的职责,"即以风的方向考察时令的推迁"。① 除了四季历法之外,社会事业诸如民事、军事、营建、治安、农事等等,则分别由祝鸠氏、睢鸠氏、鸤鸠氏、爽鸠氏、鹘鸠氏等部族所掌管。由此可以说,汉画像中诸多凤鸟图像,实际也是对于远古官爵的历史记忆。

在汉画像中,既能够体现远古走婚部族又体现着远古官职的,大概可以推西王母身边的配神图像凤鸟。如图25,陕北绥德四十里铺汉墓门楣画像,西王母端坐,右侧是麦穗的贡献者,左侧有嘉禾、捣药兔、九尾狐、三足乌和鸟首人身者。② 在这里,如果将鸟首人身者看作是掌管历正的凤鸟氏,那么,三足乌和麦穗贡献者当是来自东方父系部族的走婚者。

图25 陕北绥德四十里铺汉墓门楣画像

弄明白了凤鸟的历史部族和官爵寓意,就为我们深入理解文献所记载的所谓凤鸟神话和汉画像凤鸟提供了条件。

先说文献记载中的凤鸟神话。《史记·周本纪》:

"九年,武王上祭于毕。东观兵,至于盟津。……武王渡河,中流,白鱼跃入王舟中,武王俯取以祭。既渡,有火自上复于下,至于王屋,流为乌,其色赤,其声魄云。是时,诸侯不期而会盟津者八百诸侯。诸侯皆曰:'纣可伐矣。'武王曰:'汝未知天命,未可也。'乃还师归。"

关于这载著名的白鱼赤乌神话,学术界主要是从两方面进行研究的。一方面是揭示白鱼赤乌神话出现的文献及其时间。唐司马贞《史记索隐》指出,白鱼赤乌故事"皆见《周书》及《今文泰誓》"。杨希枚先生经过详细考察,指出,

---

① 丁山:《中国古代宗教与神话考》,上海书店出版社2011年版,第110、112页。
② 俞伟超主编:《陕西山西汉画像石》图版第177,山东美术出版社2000年版。

"无论就先秦文献所见古《尚书》佚文、古今文《尚书》篇目、《周本纪》本文、《大传》的撰作和校订及《史记》的增补各方面而言,今文《太誓》应为伪《太誓》,尤应为宣帝时汉儒的伪作;因而《史记》、《大传》和《繁露》诸书所见的白鱼赤乌故事也应出于宣帝以来汉儒的增饰,纵非尽出于刘向一人之笔。"①另一方面是关于该神话寓意的揭示。刘宋裴骃《史记集解》引马融的解释说,"鱼者,介鳞之物,兵象也。白者,殷家之正色,言殷之兵与周之象也。""王屋,王所居屋。流,行也。魄然,安定意也。"郑玄曰:"《书说》云乌有孝名。武王卒父大业,故乌瑞臻。赤者,周之正色也。"司马贞则批评马融和郑玄是望文生义,"《今文泰誓》:'流为雕。'雕,鸷鸟也。马融云'明武王能伐纣',郑玄云'乌是孝乌,言武王能终父业',亦各随文而解也。"杨希枚先生根据邹衍的五行学说,指出,"白鱼赤乌故事象征五行的火克金","赤乌白鱼象征周火克殷金";"实际上,白鱼赤乌既见于纬书,纬书故事也不仅事涉五行相生说,且秦伯白雀故事也谓秦应金德,而非从五行相生之说。我们曾解释汉灭秦犹周火克殷金不无汉火秦金之意,白雀故事也未非与此无关。"

在这里,杨先生从帝德五行的汉代儒家观念来揭示白鱼赤乌故事的产生及其文化内涵,指出,是汉儒为普及帝德五行理论才炮制了白鱼赤乌故事,旨在说明汉灭秦如周灭殷,都是天意,是帝德五行火灭金的展现。可以说,杨先生的解释是深得汉儒胸臆。但是在我们看来,杨先生的解释可能太过于拘泥于帝德五行,从而忽略了汉儒的巫术思维的直观性,所以阐释起来有点繁琐。比如,秦究竟是水德,或是金德? 由此而来的是,汉究竟是土德,或是火德? 其时汉儒就没有将这些问题形成统一的认识,今天就更难说清了。实际上,从巫术思维的直观性来说,汉儒的心目中,白鱼是夏后氏的象征,赤乌是殷商的象征;当周武王准备伐殷时,一些原本属于夏后氏的后裔和一些殷商的后裔,都因为商纣王的无道而背叛之,从而归降武王。换句话说,武王伐纣,是得到了众多前朝和当代诸侯的支持。如此来解释白鱼赤乌,那么,才能有助于理解下句的"是时,诸侯不期而会孟津者八百诸侯"。由此,也可以与孔子的"近悦远来"政治理念相匹配。

弄明了纬书神话的白鱼赤乌故事,对汉画像中的凤鸟,就比较容易理解了。一方面,根据凤鸟主动飞来归顺的意思,在汉画像中,有很多体现这类意蕴的图像。如图26,南阳"人物·楼阁"画像,画面刻绘楼阁分为上下两层,下

---

① 杨希枚:《论今文〈尚书·大誓〉、〈尚书大传·太誓〉及〈史记〉的白鱼赤乌神话——汉代书史的增窜、帝德说及纬书神话的综合研究》,载氏作《先秦文化史论集》,中国社会科学出版社1995年版。

层两柱之间为厅堂,内有二人,一人凭几而坐。一人拱手跪拜。两柱外侧各有株长青树,柱子上有斗拱;两侧房坡上各有一鹤鸟;上层为两个对称的小柚,柚外侧有三只好似猴子的羽人在飞跃,柚之间一人抱长刀瞭望。图27南阳"人物·楼阁"画像,画面下为厅堂,上有两个对称的望亭,望亭之间的房坡上各有一只猴子向上攀爬;望亭两侧的房坡以及厅堂两侧的房坡上各有凤鸟和雀鸟。厅堂内二主人跽坐,正在观赏长袖舞,右柱两侧四人奏乐,左柱外侧有二执刀门吏。① 图28徐州汉石"永平四年"画像中的归顺意思可能表现得更为鲜明,如有"永平四年"榜题的图像,画面也是厅堂,堂内主人端坐,一人跪拜,堂外两侧各有侍从二人,堂外的院子内,有7人舞蹈弄乐;房屋顶上,凸显出对称的两棵长青树,两树之间有两只鹰相对而栖落在屋脊,两只鸟儿则相向飞来;屋顶两端的空中,右6只凤鸟,左5只凤鸟,各有两只已飞到长青树边,其余的正在飞来。图29徐州汉石画像,刻绘的也是厅堂,厅堂内二人在几案两旁跽坐,案几上有水杯两只;厅堂门柱两旁各站立执棒门吏,厅堂左右两旁各有一柱连理树。房坡上各有一只猴子在向上攀爬;平顶的屋脊上,一只凤鸟刚刚收翅降落,左右两边各有两只凤鸟正飞过来。② 可见,众多汉画像中的凤鸟飞来图像,表面看来,应该是一种自然现象,是自然的鸟儿与人类和谐相处的场景;而其政治神话的意蕴,则是仁政德治的实施,恩泽鸟兽,自愿归属人类;影响所及,是汉代民众的内心深处所期盼的官爵福禄自天而降。显然,无论是什么内涵,凤鸟都是吉祥的象征,是人们内心深处的幸福的标志。所以,《尚书全解》卷6:"凤凰,羽族之最灵者。其为物也,治则见,乱则隐。不可求而得,不可豢而养";"自古太平之世,凤凰出,而为瑞气"。由此可知,《汉书》所以不惜笔墨大量记载凤鸟,其因即在于此。如永平四年,"五月,凤皇集北海安丘、淳于"。而汉画像中的凤鸟图像,也因此被刻绘得异常的美观漂亮。图30密县汉砖"凤鸟"画像,凤鸟收翅落下,嘴衔灵草,长长的羽翎。③

---

① 《南阳汉代画像石刻》图版第44、45。
② 俞伟超主编:《江苏安徽浙江汉画像石》图版第1、19,山东美术出版社2000年版。
③ 密县文管会编:《密县汉代画像砖》,中州书画社,第99页。

图 26　南阳"人物·楼阁"画像

图 27　南阳"人物·楼阁"画像

另一方面,根据周灭商、汉灭秦的历史事实,汉画像中的众多射鸟图像,其

图 28　徐州汉石"永平四年"画像

图 29　徐州汉石画像

图 30　密县汉砖"凤鸟"画像

实就寓意着夺取政权、获得爵位。如图 31,山东汉石"射鸟"画像,一棵苍老的连理树枝头上,10 只凤鸟上下飞舞,树下右边拴着一匹马,左边一人躬身扭腰挽弓射鸟。① 可见,这幅画的主题很鲜明,那就是射鸟。图 32 武梁祠前室后壁小龛后壁画像,画面分为两层,下层为车马出行。上层左部分为扶桑树,树下右边停放辎车,一人在打理,一猴子在车下戏耍,左边拴着马,树枝头上左右各有 3 只凤鸟飞舞;右部分为两层亭台楼阁,一层为主人端坐,拜谒者四人,侍者二人,二层为仙人端坐,拜谒者六人,楼房两侧与亭台接触处各有二人,亭台外右边一人在吹哨好似招呼凤鸟,左边一人则挽弓射鸟。② 虽然这幅画的主题是"升仙·拜谒",但是其中的射鸟意思还是很重要的。由此,射鸟的意蕴,从现实生活来说,如上所述,是人们为了捕捉鸟儿来作为肉食;从历史传说来说,射鸟就折射着周灭商、汉灭秦的朝代更替;而从精神诉求来说,射鸟其实反映了汉代民众期盼官爵、提高社会地位的向往。当然,众多射鸟图像的出现,表明射鸟就意味着得爵,意味着福禄,这点才是民众生活的基本知识,而其血淋淋的政治夺权史实,则逐渐被人所淡忘。传统文化中,说汉民族酷爱和平、向往和谐,由此可窥见一斑。

---

①　《山东汉画像石选集》图版第 4。
②　俞伟超主编:《山东汉画像石》第 1 册图版第 66,山东美术出版社 2000 年版。

图 31　山东汉石"射鸟"画像

图 32　武梁祠前室后壁小龛后壁画像

职如是,在汉画像中,我们所见到的更多的是凤鸟飞来的场景。如上述武氏祠画像,左边射鸟,右边的亭台顶部,依然是凤鸟飞落,猴子攀援。当然,最能体现汉代飞来凤鸟的,还是推南阳汉画像中的所谓"五鹄",如图33,画面上刻绘五只凤鸟,两只昂首前飞,两只展翅随行,勾头召唤,后随一只,展翅怒目,欣然紧随。凤鸟之间,瑞星祥云环绕。学者将其命名为"五鹄",其实际的意蕴应该为"五雀",即五爵(公侯伯子男)飞临,庇佑后人。① 图 34 山东汉石"五鹊"画像,画面也是五只凤鸟,与南阳汉石画像不同的,因为是刻绘在门柱上,所以五只凤鸟是上下排列的。② 图 35 江苏汉石"凤鸟"画像,画面也是刻绘五只凤鸟,只是不是像南阳那样在飞翔,也不是像山东那样是上下刻绘,而是平着一排,自右至左,凤鸟缓步而行。③ 而其寓意,则与南阳的"五鹊"是一致的。我们在秦瓦当中也发现了五只凤鸟共处的画面。如图 36,为凤翔县城南雍城遗址所出土的"子母凤纹瓦当",凤鸟展翅回首,其前后各有四只小凤鸟。④ 可见,汉代民间的"五爵"祈盼和信仰,应该承袭的是秦代民间社会的观念。

图 33　南阳汉石"五鹊"画像

---

① 韩玉祥主编:《南阳汉代天文画像石研究》,图版第 61,民族出版社 1995 年版。
② 俞伟超主编:《山东汉画像石》第 2 册图版第 213,山东美术出版社 2000 年版。
③ 俞伟超主编:《江苏安徽浙江汉画像石》图版第 84,山东美术出版社 2000 年版。
④ 《陕西古代砖瓦图典》图版第 30。

图 34 山东汉石"五鹄"画像

图 35　江苏汉石"凤鸟"画像

图 36　凤翔县城南雍城遗址所出土的"子母凤纹瓦当"

● 给予与交合：汉代鸡信仰的重生期盼

　　如上所述，汉代的凤鸟作为祥禽，寓意着政权和官爵，而其原型则是远古东方父系部族的走婚男子。根据《山海经》的"三青鸟为西王母取食"的记载推测，其时，走婚男子要取得女子的青睐，其先决的条件就是能带来较为丰厚的食物。衍变至后世，对社会产生了两大影响。一个影响就是在婚姻关系中的买卖关系,即所谓的"丽皮之婚""纳彩"。另一个影响就是在政治生活中的惠施,即所谓的"施舍赠财"。业师常金仓先生曾经对惠施作过详细的考察,指出,施舍是社会政治组织最早建立的缘由,"是最初的部落头人合聚大众、凌驾人民之上的一条重要经验"。《礼记·曲礼》:"太上贵德,其次务施报。"《左传·僖公二十四年》:"太上以德抚民,其次亲亲以相及也。""'太上'一词指极其遥远的时代,而'其次'则是较此略为晚近的时代。既然远古是用德安抚人民,那么什么是'德'?""一言以蔽之,德就是给民以利益实惠,就是爱民养民,就是施舍,并且不要求人民感恩戴德去报答他们,所谓'太上贵德'就是穆米("穆米"指"所罗门群岛西瓦伊人的头人",即原始部落的酋长)地位尚未确立,必须无休止地施舍感召民众博取名声的时代,'其次务施报'就是穆米地位已经确立,有权支配追随者,责令他们报答的时代。"① 在这里,常先生对于原始政治组织设立的论析,可以说是深得其堂奥。微感不足的是,没有将其施舍赠财的原因与原始的男子走婚相结合。当然,其进一步的论析,不是我们这里正在讨论的鸡信仰话题,故此不论。仅就走婚男子要带给女子的食物以及嗣后政治领袖的确立要惠施民众来说,远古社会的基本规范即所谓的德,其内涵就是给予,而其本质则是重(zhòng)生。

令人欣慰的是,远古社会的这种生活状况及其理念,在汉画像中依然有所体现。如图37,山东汉石"凤鸟·象·九头人面"画像,画面中一只硕大凤鸟雄然站立,两只人面凤鸟展翅于上两侧,一梳着长辫、背部有羽翅的女子半跪在凤鸟面前,伸举双手,向凤鸟的嘴嚓之下,正期待承受,女子身后,两个戴着尖帽的小孩,双腿跪跽,伸举双手,同样也是期待承受。可以说,这是一幅比较典型的走婚给予画像。② 图38 山东汉石画像,一凤鸟昂首吐珠,一女子左手抱小孩,右手伸手接凤珠,小孩的手也伸向凤珠;在凤鸟的颈下,有一小凤鸟昂首伸向凤鸟的嘴嚓,似乎也是要吞下凤珠。可见,这幅画像描述的是远古走婚男子带给其配偶食物的事迹。原汉画像的编者将其命名为"羽人饲凤",显然是不太清楚此画的历史原型,而将意思弄反了。③ 图39 山东汉石"树·凤鸟"画像,画面凤鸟收翅落下,昂首吐珠,羽人胸乳袒露,右手执瓶左手在下接珠。④ 可见,这幅画像的意思与上幅是一致的,都是女子接受男子的给予。图

---

① 常金仓:《穷变通久——文化史学的理论与实践》,辽宁人民出版社1998年版,第160~161页。
② 俞伟超主编:《山东汉画像石》第2册图版第11,山东美术出版社2000年版。
③ 俞伟超主编:《山东汉画像石》第3册图版第28,山东美术出版社2000年版。
④ 俞伟超主编:《山东汉画像石》第2册图版第91,山东美术出版社2000年版。

40 山东汉石画像,一只凤鸟收翅落下,嘴衔相连的 6 珠。如果不明白远古的重(zhòng)生给予史实,只能将其理解为凤凰衔珠,而不知其深层的意思则是宣扬以德抚民。① 图 41 山东汉石画像,凤鸟衔绶带,昂首手持降落。这幅画无疑是凤衔珠的变异或升华,将象征食物的珠换为"长寿"象征的绶带。② 至此,由远古走婚男子的物质给予到部族首领的政治惠施,再到升仙长寿的恩泽,凤鸟衔珠的意蕴也由"丽皮之婚"到"近悦远来",再到天赐福祉,虽然图像依然不变,但其历史文化的内涵和传承却不断得以丰富。

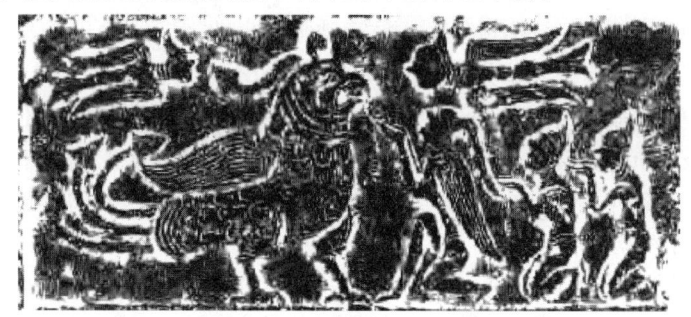

图 37　山东汉石"凤鸟·象·九头人面"画像

图 38　山东汉石画像

---

① 俞伟超主编:《山东汉画像石》第 2 册图版第 194,山东美术出版社 2000 年版。
② 俞伟超主编:《山东汉画像石》第 3 册图版第 30,山东美术出版社 2000 年版。

鸡 215

图 39　山东汉石"树·凤鸟"画像

图 40　山东汉石"凤鸟衔珠"画像

图 41　山东汉石"凤鸟衔绶带"画像

凤鸟以走婚男子的表征来到西王母身边,所以其原始的含义当然是婚配媾和,而在汉代所附加的意思,则是重生的期盼和向往。不难理解,汉代人根据巫术思维的方式,既然人是由男女的结合而生育,那么,仙逝的人要想复活,就必须依照初生的场景,再次由男女的婚媾,即可复活重生。因此,在汉画像中,有着大量体现复活重生的画面。即以凤鸟为例,大概可以分为以下三种情形。

第一种,以凤鸟和异类动物的结合,表现婚配和重生。

因凤鸟是以男子的身份出现,所以与之相搭配的异类动物必然是表征女子身份的。诸如,凤鸟与虎的搭配,画面刻绘的是虎衔鸟;凤鸟与玉兔的搭配,刻绘的是鹰啄兔;凤鸟与玄武的搭配,刻绘的是凤鸟与玄武共处一空间。因为这些相关的汉画像已经在虎、兔、蛇等生肖图像中先后作了论析,在此不再赘言。在这里只就鸟衔鱼图像作一评析。

汉画像中有许多鸟衔鱼的图像。根据世俗的观点,"鸟"就是"雀",就是"爵","鱼"就是"余",就是多;由此,鸟衔鱼就是爵位多多、世代为官的意思。而根据汉代谶纬和巫术思维的方式,凤鸟是远古走婚的男子,鱼则应该为接收走婚者的女子，或者说是母系部族；这样说来，汉画像中鸟衔鱼的意思，一是纯粹自然中的鱼鹰啄鱼的情景描述，二是远古走婚制中的男子与女子媾和的仪式，三是汉代借助于远古婚配形式所标出来的重生仪式。图42 四川泸州九号石棺"巫术祈祷"画像，凤鸟回首啄鱼，鱼鸟首，躬身跳跃。画面十分生动。①图43 山东汉石"骑士·建鼓·水鸟啄鱼"画像，画面刻绘一鱼正在水中游玩，一鹰长嘴直指鱼眼，右长爪则紧抓鱼身，左长爪亦欲以抓鱼身。图44 山东汉石"立鹤·玉兔捣药"画像，一鹰粗腿大爪，长尾雄翅，直颈长嘴，嘴嘴衔着鲤鱼。雄鹰之下，刻绘玉兔执杵在石臼中捣药。图45 山东汉石"车·阙·鸟"画像，水中一鱼正在游走，两只鱼鹰回首勾颈共衔一鱼嘴，鱼嘴阔，遍身鳞甲，竖立。图46 山东汉石"龙·斗虎·水鸟"画像，画面为三鹰衔鱼。两只鱼鹰勾颈共衔鱼嘴，鱼嘴较小，尾巴很大，竖立；另一只鱼鹰从左侧长伸脖颈，嘴嘴几乎要啄向鱼嘴。② 与前两幅画像相比，这两幅画像所体现的媾和重生意思稍淡，而其民俗的爵位多多的意思仿佛更浓些。当然，最能体现汉代重生愿望的，当属江苏的汉石"鹳·鱼·玄武"画像，如图47，画面右边是玄武，龟蛇相交；左边一鱼自左而右游来，凤鸟长嘴收翅，左脚站立，右脚伸起，准备抓鱼。由玄武的婚配和重生寓意，可以推知，凤鸟与鱼的寓意也是婚配和重生。③

图42　四川泸州九号石棺"巫术祈祷"画像

---

① 俞伟超主编：《四川汉画像石》图版第190，河南美术出版社2000年版。

② 俞伟超主编：《山东汉画像石》第2册图版第85、24、29、76，山东美术出版社2000年版。

③ 俞伟超主编：《江苏安徽浙江汉画像石》图版第203，山东美术出版社2000年版。

图 43　山东汉石"骑士·建鼓·水鸟啄鱼"画像

图 44　山东汉石"立鹤·玉兔捣药"画像

图 45　山东汉石"车・阙・鸟"画像

图 46　山东汉石"龙・斗虎・水鸟"画像

图47　江苏汉石"鹳·鱼·玄武"画像

第二种,以凤鸟自身的结合,表现婚配和重生。

本来,凤鸟作为来自东方父系部族走婚者,当然是男子的表征,所以,与之匹配的偶像,都是象征女子的异类动物。但是,自从洪水过后,由于走婚的困难和人类性意识的觉醒,于是就出现了同胞兄妹之间的婚配。传说伏羲女娲兄妹婚交,表现在汉画像中就是人首人身蛇尾交合,显然,这是发生在龙、蛇为标志的部族中的事情。而在凤鸟为标志的部族中,同胞兄妹之间的婚交世纪,已然在延续着,体现在汉画像中,就是凤鸟的成双成对地被刻绘在一起。如图48、49,山东武氏阙西阙子阙的南、北画像,在画像中的楼阁顶端,刻绘两只凤鸟相对。① 根据画像的形式,可以断定,右边那只尾巴超长的当是雄性,而左边那只尾巴很短的应该是雌性。记得2008年春参加完中国汉画学会第十一届年会之后,承蒙曲阜师范大学孔子学院杨朝明先生的厚爱,安排我们一行三人到曲阜孔庙参观,有幸目睹了孔庙后院房子里所收藏的汉代画像石棺。当看到石棺后档的凤鸟画像时,我对石棺画像极其浓郁的兴趣感奋了守门先生,他非常热情地介绍画面的内容,并指着石棺后档的凤鸟,说这是雄的,那是雌的。其时我很惊奇,问他怎么知道画中凤鸟的雌雄,他则惊奇我的无知,说,凡是雄的就华丽好看,雌的则质朴自然。想想守门人所说的,才知道自己真的很无知。如图50,山东安丘汉墓后室"凤鸟"画像,画面为两只凤鸟昂首相向,右边的尾羽宽长刚劲,左边的尾羽则短窄柔媚,雌雄形象一目了然。② 图51山东汉石"凤鸟·蛟龙"画像,画面刻绘两只凤鸟共衔"鱼"形珠,右鸟身躯轻便,尾羽秀丽,凤头一支羽冠,应为雄性,左边身躯较重,尾羽拙朴,凤头二短一长羽冠,应为雌性。③

---

① 俞伟超主编:《山东汉画像石》第1册图版第18、19,山东美术出版社2000年版。
② 俞伟超主编:《山东汉画像石》第1册图版第54,山东美术出版社2000年版。
③ 俞伟超主编:《山东汉画像石》第2册图版第186,山东美术出版社2000年版。

图 48　山东武氏阙西阙子阙顶端"凤鸟"画像

图 49　山东武氏阙西阙子阙顶端"凤鸟"画像

图 50　山东安丘汉墓后室"凤鸟"画像

图 51　山东汉石"凤鸟·蛟龙"画像

在凤鸟自身结合的图像中,有直接表现凤鸟交媾的。图 52 江苏汉石"交龙"画像,画像右中部刻绘交龙,左部分刻绘两只鸟,一只鸟站立在另只鸟的背部,首尾相向。图 53 江苏汉石"建筑·人物"画像,画面为房舍,屋内夫妇致礼,屋外有门吏;房屋右坡两只鸟在交媾,左坡一只凤鸟。① 图 54 陕西绥德延家岔汉墓右立柱局部画像,画面下部刻绘狗蹲踞,上为四只鸡,一公鸡欺压在母鸡背部正在交媾,另一只公鸡正呼唤另只母鸡,母鸡回首,似乎在应答。② 在这里,凤鸟或鸡的交合,似乎是纯生活的写实,其实如果我们考虑到交龙和房内夫妻,即可知,汉画像的创制者绝对不是仅仅描述生活,而是通过生活场景来表达其对于生活和人生的认识,是对婚交生育的知识宣扬和重生不死的向往期盼。当然,当现实生活景象升华为精神诉求,那么,所表露出的具象即远离生活,成为想象的图式。如图 55,江苏汉石"楼阁·人物"画像,画面刻绘两层阁楼,底层内夫妻跽坐案几两旁宴饮,侍者一人,二层内亦为夫妻致礼;楼阁左右为双层阙,阙外各站有门吏,阙顶各有凤鸟飞来;楼阁顶部与双阙之间,两只凤鸟交颈成 180°,嘴嚙相吻,凤鸟的上下各有一只人面猴自右至左攀爬。可见,这幅画像不仅表现墓主人的重生要求,而且还有进一步的希望,这就是重生为侯、来世为侯,而四只人面猴子的出现,表明要荫庇后人多得官爵。图 56 江苏汉石"仙人·凤鸠·白虎"画像,画面分为三层,上层为西王母接过凤鸟带来的灵芝,两只玉兔、蟾蜍在捣药,侍者站在西王母身后;下层为白虎昂首怒吼,左右为青龙和羽人;中层则为凤鸟交颈接吻。与此幅汉画像相似,图 57 江苏"青龙·凤鸟"画像,画面也是三层,上层为青龙与两只虎相戏,下层为一只凤鸟展翅,中层则为两只凤鸟交颈接吻。③ 这两幅画像,正是有西王母和龙虎戏的画面,才使我们不至于将之仅仅理解为自然的凤鸟交合,而应考虑到创制者的升仙、重生愿望。可见,具象的交颈凤鸟所要表达的重生意愿,作为图式,实际上是很抽象的。

---

① 俞伟超主编:《江苏安徽浙江汉画像石》图版第 62,山东美术出版社 2000 年版。
② 俞伟超主编:《陕西山西汉画像石》图版第 106,山东美术出版社 2000 年版。
③ 俞伟超主编:《江苏安徽浙江汉画像石》图版第 124、127、135,山东美术出版社 2000 年版。

鸡 223

图 52 江苏汉石"交龙"画像

图 53 江苏汉石"建筑·人物"画像

图 54 陕西绥德延家岔汉墓右立柱局部画像

图 55　江苏汉石"楼阁·人物"画像

图 56　江苏汉石"仙人·凤鸠·白虎"画像

图 57　江苏"青龙·凤鸟"画像

第三，以鸡首西王母和牛首东王公的结合，表示婚配和重生。

如图 58，陕西榆林古城滩墓门左、右立柱画像，画面中部右为鸡首西王母，打坐在树巅，展翅，怒目，嘴稍长，其下树巅稍高于左树巅，上面一九尾狐相望西王母，左树巅为青鸟，静然站立；中部右为牛首东王公，打坐在树巅，头有角，怒目，展翅，其下左右树巅的九尾狐、青鸟与西王母相同。图 59 米脂党家沟汉墓墓门左右立柱画像，画面中上部，右树巅为鸡首西王母打坐，面前有仙草，其下右树巅枝杈上落有青鸟，其下左树巅较矮，上有玉兔，玉兔头顶有三只凤鸟飞向西王母；左树巅则为牛首东王公打坐，面前也有仙草，树干上一只青龙正盘树而上，其下右树巅有九尾狐，其下左树巅有青鸟。图 60 陕西神木大保当汉墓门楣画像，左右两边分别刻绘日、月，正中为手舞足蹈的熊，熊与日、月之间则为鸡首西王母、牛首东王公分别打坐悬圃之上，展翅，怒目，其间云气缭绕。显然，与前两幅相比，此幅画像有点别致，西王母、东王公共处于同一幅平面，而且有日、月和祥云。所以，画面所流露的重生不死意愿，比之西王母、东王公分别处在遥相呼应的左、右立柱画像，更为浓郁和清晰。①

---

①　俞伟超主编:《陕西山西汉画像石》图版第 4～5、49～50、218，山东美术出版社 2000 年版。

图 58　陕西榆林古城滩墓门左、右立柱画像

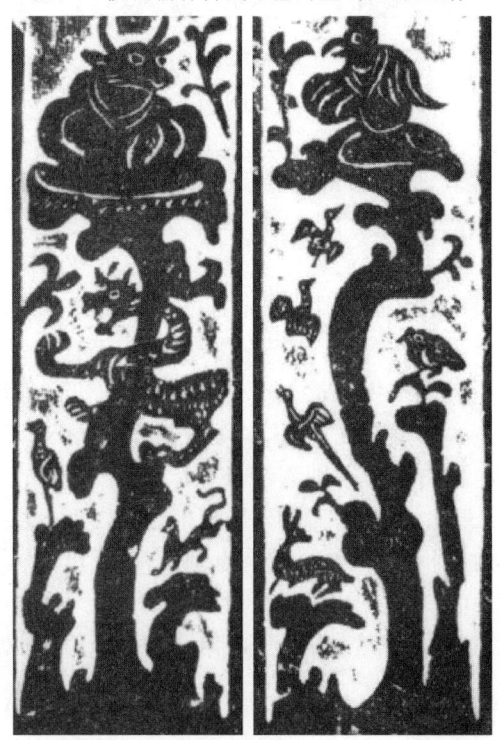

图 59　米脂党家沟汉墓墓门左右立柱画像

图 60　陕西神木大保当汉墓门楣画像

本来,在西王母图像中,青鸟、三足乌是以配神的身份出现身边,而其所扮演的角色是来自于东方走婚的男子。即是在凤鸟衔鱼的图像中,凤鸟还是以男子的身份出现。但是在陕西汉画像中,却出现了鸡首西王母与牛首东王公相对的图像。这样,本来雄性的凤鸟,就由此转变为雌性了。考究其因,一方面是现实生活中可能看多了公鸡与母鸡交配,以及母鸡生蛋很多,因而认为,凤鸟为雌性更能反映多子多孙的要求;另一方面,正如上述,是因为洪水之后,凤鸟部族自身婚交的出现,使得人们意识到,凤鸟本身是有雌雄的。当然,凤鸟性别的变化,其后果是非常严重的。因为在此后乃至于今天的世俗观念中,凤鸟完全变成公主、少女的尊称。所谓的龙凤呈祥,其实就是以龙为男子与以凤为女子的婚媾所孕育的重生和不死的诉求之展现,是所谓完美的结合,是人们理想实现的祥瑞先兆。至于牛首东王公作为男子的象征,为众所周知,且牛所表征的炎帝、蚩尤父系部族,其详情已在牛信仰中作了论析,故此毋庸赘言。

由上所述,凤鸟与异类动物的配合,凤鸟自身雌雄的搭配,以及鸡首西王母与牛首东王公的匹配,既是远古婚姻进程中走婚形式的真实写照,也是汉代借此表明重生理念的精神诉求。因此,汉画凤鸟衔鱼等图像的重生仪式内涵就显得十分典范。当然,凤鸟作为重生的象征,其最高的形式,依然同其他生肖图像一样,是荣登大母神的位置。据此观照汉画像,果然有此画面。如图61,山东沂南汉墓前室八角立柱画像,其中第八角中部,一人首鸟身者居中,其上部为虎,虎颈佩饰绶带,其下部为双角龙,龙回首嘶吼。图62,沂南汉墓中室八角立柱画像,其中第三角上部,上面刻绘龙凤交颈,其下凤鸟衔虎尾;第五角中部,画面中部刻绘凤鸟,展翅,勾首嘶鸣,其上部为虎,体量巨大,虎前肢执长刀,其下部为人面龙,龙前肢也执长刀。① 在这里,亦如虎信仰和龙信仰所论析,龙虎相戏其实是远古龙部族与西王母部族婚配的象征,也是古代期盼重

---

① 俞伟超主编:《山东汉画像石》第 2 册图版第 202、221,山东美术出版社 2000 年版。

生的基本仪式图像;而居于龙虎相戏中间的西王母、东王公,或者其他动物或人物,实际上就扮演着大母神或祖宗神的角色。据此,这两幅凤鸟居于大母神的位置,而上下的龙、虎,则是男、女婚媾和重生的象征。如前所说,因凤鸟可以分为雌雄,所以重生图像中有凤鸟自相匹配甚至交合的情景;而当凤鸟的祖宗神地位确立之后,随之也出现了以凤鸟为大母神,以雌雄凤鸟为婚媾的重生画像。如图63,山东汉石"神怪•异兽"画像,画面中上部刻绘五只凤鸟,一直居中,展翅上飞,左右两只亦展翅与之比肩上飞,而其尾巴交缠两次至下部,与另外两只小凤鸟的尾巴相连,小凤鸟则相背而立。显然,这幅汉画像与图64山东微山两城镇汉石西王母画像有着异曲同工之妙。[①] 可以说,这是古代凤鸟信仰的最高境界。

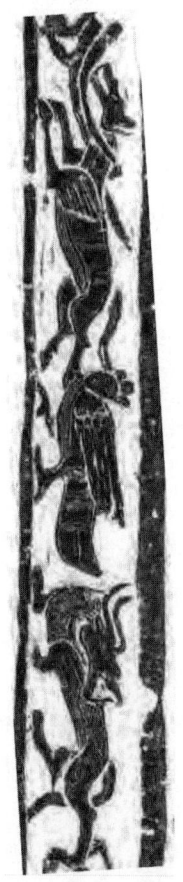 

图61 山东沂南汉墓前室八角立柱画像　　图62 沂南汉墓中室八角立柱画像

① 俞伟超主编:《山东汉画像石》第2册图版第15、41,山东美术出版社2000年版。

图 63 山东汉石"神怪·异兽"画像

图 64 山东微山两城镇汉石西王母画像

● 日月与方位：汉代鸡信仰的知识诉求

搁置鸡（凤鸟）信仰的文化内涵不论，而将鸡放置在现实生活的环境中来考察，那么，就会发现，现实生活中无论是食用的家禽，或者自然的飞禽，种类特别繁多。家禽的鸡、鸭、鹅、鸽，飞禽的鹰、燕、雕、鹤，其娇俏的身姿、华丽的羽毛与柔媚的鸣叫，无不令人赏心悦目，百看不厌。而在两千年前的秦汉时代，最令世人关注的恐怕是飞鸟的展翅凌空和日飞千里。在那最快速度只能靠马匹的时代，期望有飞鸟的能力和速度，当是人们日常生活中的基本向往。而根据古代"近取诸身远比诸物"的思维模式，汉代人会将飞鸟的迅疾飞翔特征作为基本的思维规则来认知世界。反观汉画像，即可发现，汉代飞鸟思维主要体现在对于日月和方位的认知方面。

首先，借助于凤鸟认知日、月。

日月的运行源自于地球的自转和公转，这在今天可谓是天文常识，而在汉代，虽然一些长期观察的学者业已捕捉到一些科学的因子，但是还不能完全真正掌握自然的真相。汉代观察日、月运行，分析它们朝升暮落、暮生朝落的奥秘，认为是凤鸟使然。如《山海经·大荒东经》："汤谷上有扶木，一日方至，一日方出，皆载于乌。"令人欣喜的是，《山海经》的日、月知识在汉画像中有着鲜明的反映。

考察汉画像的日、月形象，主要有三种形式。第一种形式是阳乌、月乌，就是将日、月描绘成凤鸟的形式，以表现其在天空的遨游。这种形式的汉画像，阳乌形象的画面有两种：一是单一的凤鸟。如图65，南阳英庄汉石"太阳鸟"画像，画面为一凤鸟，展翅星云空中，双翅之间有一圆轮，表征太阳。[①] 图66南阳英庄汉石"太阳鸟"画像，也是凤鸟背负圆轮，翱翔在星云之际，只是飞行方向是向上的。[②] 二是两只凤鸟。这种形式的汉画像，阳乌形象仍然是凤鸟背负圆轮，但是有的圆轮里面的还刻绘有凤鸟。如图67，四川汉砖画像，画面刻绘一人首展翅飞翔的凤鸟，凤鸟腹部为圆轮，圆轮中有刻绘展翅的凤鸟。[③]

---

① 韩玉祥主编：《南阳英庄汉代天文画像石研究》图版第32，民族出版社1995年版。
② 俞伟超主编：《河南汉画像石》图版第172，河南美术出版社2000年版。
③ 《中国美术全编·绘画编》18《画像石画像砖》图版第214。

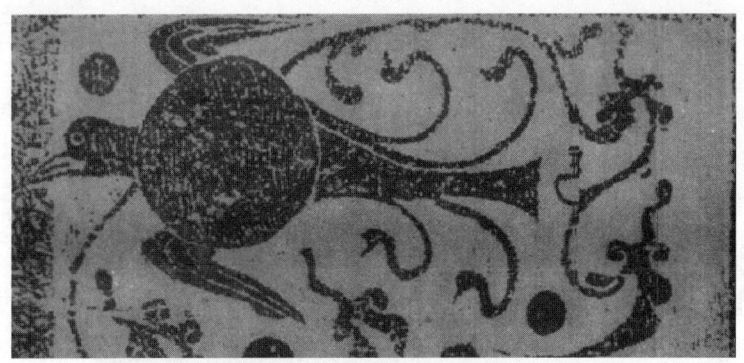

图 65　南阳英庄汉石"太阳鸟"画像

图 66　南阳英庄汉石"太阳鸟"画像

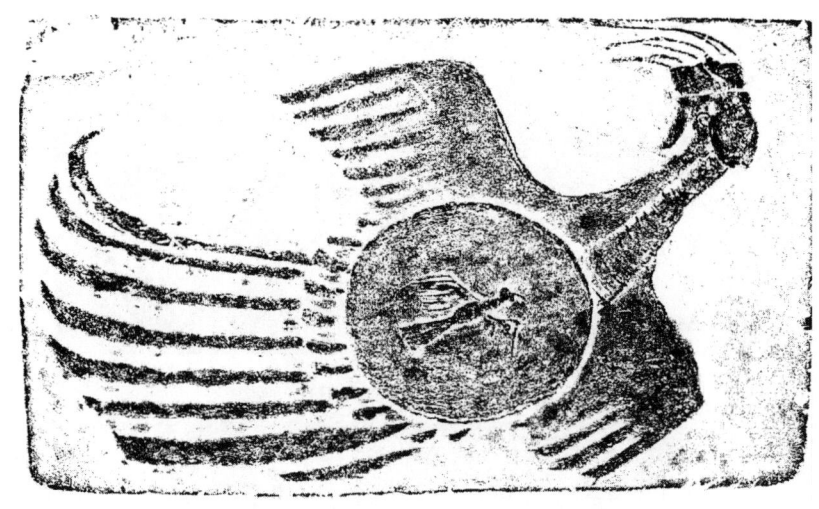

图 67　四川汉砖画像

　　月亮的形式是如阳乌一样,刻绘成凤鸟形式。如图 68、69,四川彭都、新都的汉砖"月神羽人"画像,画面刻绘人面鸟身展翅飞翔的凤鸟,凤鸟肩负圆轮,圆轮中刻绘桂花树、蟾蜍。两幅图像凤鸟飞行方向相反,人首的发型一致,皆为堕马髻。①

图 68　四川彭都汉砖"月神羽人"画像

---

①　《中国美术全编·绘画编》18《画像石画像砖》图版第 213、247。

图 69　四川新都的汉砖"月神羽人"画像

在南阳汉石画像中,也有将日、月完全雕绘成凤鸟的。如图 70,左右两只凤鸟相背而飞,右只体量较小,应为月神,左只体量较大,应为日神。考虑到汉石画像原本是着彩的,推测原画里面应该绘着蟾蜍、凤鸟,可惜因年深日久,其色彩已经风化,使我们不能观其真貌。这使得本画像的原整理者产生误解,认为两只凤鸟都是太阳,"画面左、右均刻一象征太阳的阳乌,两者背向而行,展翅翱翔"。① 我们的猜测在四川汉石画像中得到了证实。四川简阳石棺画像中的太阳、月亮就是完全刻绘凤鸟的形象。如图 71,右凤鸟人首鸟身,头上有长长的羽翎,展翅拖尾,腹中圆轮刻绘凤鸟;左凤鸟也是人首鸟身,头上梳着三支小辫,面容娇美,展翅拖尾,腹中圆轮刻绘桂花树,树下有蟾蜍。中间上部有榜题"日月",下部刻绘一棵树,上有榜题"桂铢";右上角有马拉车,左上角有只小鸟,长尾成弧状,其背部有榜题"白雉",下系狗,榜题曰"离利"。② 由此可见,凤鸟不仅表现太阳,同时也表现月亮。

第二种形式是圆轮中的日、月。这种形式汉画像的特征是刻绘一圆轮,圆轮中有凤鸟的为日,有蟾蜍或玉兔的为月。就日来说,圆轮中的凤鸟有的是三足乌,有的仅仅是凤鸟。如图 72,南阳唐河针织厂汉墓"三足乌"画像,画面刻绘一圆轮,圆轮中有三足乌。③传世文献记载也印证了这种三足乌的画面是太

---

① 韩玉祥主编:《南阳汉代天文画像石研究》图版第 25,民族出版社 1995 年版。
② 俞伟超主编:《四川汉画像石》图版第 99,河南美术出版社 2000 年版。
③ 俞伟超主编:《河南汉画像石》图版第 19,河南美术出版社 2000 年版。

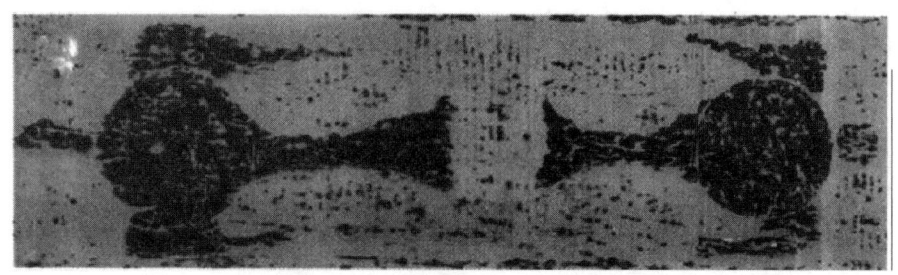

图70　南阳汉石"日月"画像

图71　四川汉石"日月"画像

阳。《后汉书·天文志》注引张衡《灵宪》："日者,阳精之宗,积而成乌,像乌而有三趾。"一般来说,圆轮中的凤鸟和蟾蜍表示日与月,可说是汉画像中最常见的图形。如上述陕西大保当汉墓门楣左右的日、月,再如图73,陕西米脂汉墓门楣左右画像,圆轮中分别刻绘蟾蜍、凤鸟,周围是祥云环绕。① 图74 南阳汉石"日月"画像,左右各刻绘圆轮,右圆轮中为蟾蜍,左圆轮中为凤鸟,分别为月、日,其间云气缭绕,月亮右边有三星相连。似乎是月落日出的景象。②

---

① 俞伟超主编:《陕西山西汉画像石》图版第63,山东美术出版社2000年版。
② 韩玉祥主编:《南阳汉代天文画像石研究》图版第13,民族出版社1995年版。

图 72 南阳唐河针织厂汉墓"三足乌"画像

图 73 陕西米脂汉墓门楣左右"日月"画像

图 74 南阳汉石"日月"画像

第三种形式是第一、二种形式的综合。这种汉画像是将凤鸟日与蟾蜍月相结合。如图 75、76，南阳汉石"日月星辰"画像，画面右边为星象（第一幅为两个五星相连为"E"状，第二幅为五星相连为"斗"状）、蟾蜍月，左边为阳乌。①

---

① 韩玉祥主编：《南阳汉代天文画像石研究》图版第 7、22，民族出版社 1995 年版。

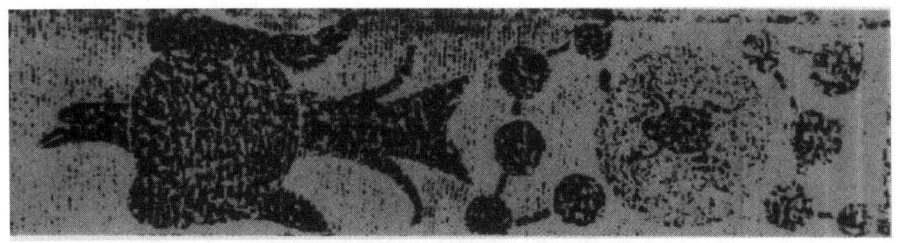

图 75　南阳汉石"日月星辰"画像

图 76　南阳汉石"日月星辰"画像

在汉代民众观念中,太阳是由凤鸟来托运的,可以说是最一般的知识。作为社会批评家的王充曾经对此予以了反思。《论衡·说日》:

> 儒者曰:"日中有三足乌,月中有兔、蟾蜍。"夫日者,天之火也,与地之火,无以异也。地火之中无生物,天火之中何故有乌？火中无生物,生物入火中,烂而死焉,乌安得立？

王充认为,如果太阳中有凤鸟,那么就会被太阳之火烧死。可见,王充是不太赞同民众认知的。从知识进步和创新方面来说,王充的批判是有道理的;但是从知识生成来说,王充显然没有意识到,说太阳中有鸟,一是解释太阳的运行,二是解释鸟作为五行中火的意象的缘由。

其次,借助于凤鸟指认方位。

在汉代人的心目中,凤鸟作为太阳的象征,太阳是温暖的、火热的,所以凤鸟本性属火;而太阳最热的时候是每天的中午,从北半球的华夏大地看去,中午的太阳是在南方。这样,凤鸟＝太阳＝南方。另外,凤鸟属于候鸟,春来冬去,每当飞来之时,也是春意盎然之时。《礼记·月令》:"仲春之月:是月也,玄鸟至。至之日,以太牢祠于高禖。"而凤鸟来去的方位正是南方,这样,凤鸟＝春天＝南方。可见,无论是从太阳或者是从季节来说,凤鸟都与南方方位有关,都是可以表征南方的。《淮南子·天文训》:"南方,火也。其帝炎帝,其佐朱明。"《白虎通义·五行》:"太阳见于巳。巳者,物必起,……壮盛于午。午,物满长,……衰于未。未,味也……时为夏。夏之言大也。位在南方。其色赤,其音徵。徵,止也。阳度极也。其帝炎帝。炎帝者,太阳也。其神祝融。

属续也。其精朱鸟,《离》为鸾。"《太平御览》引《春秋说解辞》:"鸡为积阳,南方之象。火,阳精,物炎上。故阳出鸡鸣,以类感也。"

凤鸟不仅指认南方,同时指认天文。南方七宿井、鬼、柳、星、张、翼、轸构成了朱雀,其中的星宿被视作鸟颈,张宿被视作鸟嗉,翼宿被视作鸟翅,等等,合起来看就像凤鸟。因此南方七宿统称为朱雀,与北方的玄武、东方苍龙和西方白虎合称为四神。

在汉画像中,表征南方之神的朱雀的画像非常之多,举凡门扉上与铺首结合在一起的,或者单独的凤鸟图像,其实都可以被看作是朱雀。图 77 山东沂南汉墓北壁中柱"玄武·蚩尤·朱雀"画像,其上部的朱雀傲然挺立,展翅,头上有三片羽翎,尾巴分开左右各三片羽翎。① 图 78 山东汉石"朱雀·铺首"画像,画面下部为铺首,下部为朱雀,朱雀雄壮,直面挺立,展翅,嗉胸上的羽鳞片片清晰,双目怒视,嘴噱尖利,头上两片辣椒似的羽翎,宽尾。② 图 79 山东前凉台汉墓门下横额四神画像,自右至左,龙、鹿、凤与虎(狗)。其中的凤鸟头上有单片羽翎,长长弯钩的大尾巴。③

图 77　山东沂南汉墓北壁中柱"玄武·蚩尤·朱雀"画像

---

① 俞伟超主编:《山东汉画像石》第 1 册图版第 194,山东美术出版社 2000 年版。
② 俞伟超主编:《山东汉画像石》第 3 册图版第 82,山东美术出版社 2000 年版。
③ 俞伟超主编:《山东汉画像石》第 1 册图版第 119,山东美术出版社 2000 年版。

图 78　山东汉石"朱雀·铺首"画像

图 79　山东前凉台汉墓门下横额四神画像

最后,借助于凤鸟抒发精神。

凤鸟作为飞禽,来去神速,变幻多端。汉代借此来抒发精神的自由。大体上,凡是汉代所宠信的动物,比如猪、牛、马、羊、龙、虎,汉画像中都给增添了羽翅;至于人类自己,当然也被刻绘上羽翅,成为羽人。根据刘向《列仙传》的记载,周灵王的太子晋(约公元前565年~前549年)修道成仙,驾鹤而去。"王子乔者,周灵王太子晋也。好吹笙,作凤凰鸣。游伊洛之间,道士浮丘公接以上嵩高山。三十余年后,求之于山上,见桓良曰:'告我家:七月七日待我于缑氏山巅。'至时果乘白鹤驻山头,望之不得到,举手谢时人,数日而去。"由此,汉画像中的神仙意蕴,都是刻绘凤鸟。或者将凤鸟刻绘成人首鸟身,或者刻绘仙人驾鹤,如图80,山东汉石"西王母东王公·祥禽瑞兽"画像,左右两端为西王母东王公打坐悬圃之上,中部上层为玉兔捣药、抚琴、舞蹈等仙境,下层卧翼虎,翼虎左边就是一个人首鸟身的升仙者,右边则是一个驾鹤升仙者,据《列仙传》,当为王子乔。① 图81陕西绥德汉墓门楣画像,画面左右两端为圆轮日、月,圆轮月右边刻绘西王母、捣药兔等,圆轮日左边一车舆,舆内驭者扬鞭,乘者肃然端坐,拉车的是三只凤鸟。②

---

① 俞伟超主编:《山东汉画像石》第3册图版第13,山东美术出版社2000年版。
② 俞伟超主编:《陕西山西汉画像石》图版第153,山东美术出版社2000年版。

图 80　山东汉石"西王母东王公·祥禽瑞兽"画像及其局部

图 81　陕西绥德汉墓门楣画像

也有直接将人雕绘成长着翅膀飞翔的,这就是所谓的飞天。据冯其庸先生的意思,汉画像中的羽人,与敦煌的飞天相比,是真正意义上的本土文化的产物。如图82,南阳新野的汉砖"羽人"画像,"整个印一羽人,头饰长羽,肩有双翼,双手前伸,合执一禾穗状物,赤足向前,作飞行状。这类砖形制小,数量多,仅在砖的一个侧面印有简单的羽人图案,是作嵌合画像碑用的"。①

图82 南阳新野的汉砖"羽人"画像

综上所述,可以看出,汉代社会的鸡信仰,其物质原型是家禽鸡、鸭、鹅、鸽,飞鸟燕、雁、鹰、雕、鹤、雀,其文化负载乃是少皞、舜、商、秦等远古和近现代的部族家族政权和各级各类的官职爵位,其心里期盼则是政治的给予与婚媾中的重生,其知识的料理为天文的阳鸟、月鸟与方位的南朱雀,以及有翼而飞的自由向往。

由此可见,汉代鸡信仰内涵之斑杂,在生肖文化中,恐怕只有龙信仰可以与之媲美。龙是基于现实的鸟、龟、蛇、鱼、马、牛等动物所想象出来的部族标志或吉祥物,同样的,鸡也是基于现实家禽、飞禽等动物并辅之以想象而生发出来的部族标志或吉祥物。就此而言,龙与凤可谓是异曲同工。难怪东汉之后,凤鸟逐渐取代白虎,形成了民间社会最基本的所谓龙凤呈祥构图。

---

① 王褒祥:《河南新野出土的汉代画像砖》,《考古》1964年第2期。

狗

狗在生肖顺序中排名第十一,地支名称为"戌狗"。相关的研究,专著方面主要是在生肖系列丛书中。如《戌狗乐生》(钱仓水、冯荃主编的《十二生肖妙品欣赏》,中国时代经济出版社 2003 年版),主要汇集古今中外有关狗文化研究的论文著作;《戌狗通灵》(桑吉扎西著,陕西人民出版社 2008 年版)主要从神话、历史、方国、生活、宗教和艺术的角度论析狗文化。论文方面主要有朱积孝的《中国的狗文化》(《赣南师范学院学报》1994 年第 3 期)、骆小菊的《"狗"贬斥义是怎样产生的》(《高等函授学报》2000 年第 8 期)、王丽平、王雁华的《由"狗"的词义看汉民族文化观》(《长治学院学报》2007 年第 4 期)、赵瑞静的《探析汉语中狗的文化意蕴》(《齐齐哈尔高等师范专科学校学报》2009 年第 3 期)。在这些研究论著中,有关汉代狗信仰或汉画像狗图像研究的,则是少之又少。考其因,可能是狗在生活中太过平常,其中的神话因子太少的缘故吧。

● "走狗烹":汉代狗信仰的工具理性

《史记·越王勾践世家》记载,范蠡离开越国之前给文种写了一封信,提醒文种要及早离开勾践:"蜚鸟尽,良弓藏;狡兔死,走狗烹。越王为人长颈鸟嘴,可与共患难不可与共乐,子何不去?"可见,早在春秋战国之时,范蠡就已经认识到,作为人类生活中最为忠实的伙伴,狗依然只是人类的工具而已。对此,汉画像予以了真实的展现。大致看来,汉代狗的工具性作用,主要是狩猎、看家和作为食物。

狩猎狗。狗作为人类捕猎的工具,从汉画像中,主要是捕捉兔、鹿和凤鸟。如图 1,南阳邓县长冢店所出土的汉石"牵狗"画像,画面是一人赤裸上身,下身着短裤,头发用发带梳拢成纂,双手牵犬。① 这可说是捕猎之前的准备状态。图2南阳市七一乡王庄出土的汉石"田猎"画像,猎者在山间挥手纵犬,两犬穷追一兔,一犬快速超前围堵。图3南阳英庄出土的汉石"田猎"画像,画面为群山之中,一单骑在后,一徒步追逐者手持网猎物的箅子,两只犬阔步直尾,紧追之前的三只鹿,鹿眼看就要跑进山中;山左脚下,停驻轺车,车上站着一人,举旗挥手,指挥捕猎。图4南阳英庄出土的汉石"田猎"画像,画面左侧二人,皆着襦衣,发髻高束,自左向右而去,后者右手执棒扛于肩,前者右手执矛扛于肩,左手挥动,吆喝三只犬前追猎物;一长尾已经逃到山头,似狐狸,短尾者似兔,即将被奔扑而来的犬撕咬到。②

图1　南阳邓县长冢店汉石"牵狗"画像

---

① 俞伟超主编:《河南汉画像石》图版第79,河南美术出版社2000年版。
② 王建中、闪修山主编:《南阳两汉画像石》图版第7、6、4,文物出版社1990年版。

图 2 南阳市七一乡王庄汉石"田猎"画像

图 3 南阳英庄汉石"田猎"画像

图 4 南阳英庄汉石"田猎"画像

看家狗。在社会生活中,狗不仅用来捕猎,而且还用来看家护院。狗又名为犬。《礼记·曲礼》疏:"大者为犬,小者为狗。"《说文》狗字下云:"孔子曰:狗,叩也,叩气吠以守。"《玉篇》:"狗,家畜以吠守。"汉画像则用图的形式注解了狗的看家即"守"的功用。如图 5,南阳汉石"狗"画像,画面的狗呈卧姿,双耳竖立,瞋目张口,狂吠,俨然一副看家狗的样子。图 6 南阳市白滩出土的汉石"武库"画像,上部已残,兰锜上放着长兵器五件,盾牌两件,盔甲一件。三只狗为之守卫。图 7 南阳英庄汉石"祠堂"画像。1983 年 4 月,在南阳县英庄汉墓发掘的东主室西壁中部画像,画面应该为祠堂,堂内右边放六碗,左边放五盘;堂中放酒樽,左右各有提梁壶;外堂放肴馔,中两只圆盒,右边有三只碗,左边有几案。堂外系着卧居的狗。可见,狗不仅看护住所,还看护祭祀的祠堂。①

图 5　南阳汉石"狗"画像

---

①　王建中、闪修山主编:《南阳两汉画像石》图版第 188、13、26,文物出版社 1990 年版。

图 6　南阳市白滩汉石"武库"画像

图 8 河南密县打虎亭汉墓"观刺交谈"画像,画面刻绘四人,右侧置放长椅,两人踞坐,外者头部漫漶,内者右手拿刺(名片),左手挥动,侧脸向外,与外者交谈;左侧站立二人,外者双臂于胸前,手指清晰,似乎交谈并比划手势,内者左手端灯,照亮踞坐长椅内者的刺,右手伸开遮风。而在长椅的外侧下面,蜗居着一只大狗,狗张嘴躬身向前,看着面前的两只小狗。① 显然,这三只狗当是主人家豢养的宠物。

食物狗。作为家畜,狗像牛、马一样,活着时为人类服务,死后则成为人们餐桌上的食品。汉画像的庖厨图中就有剥狗的场面。图 9、10 为前述"兔"图 1、3,山东汉石"庖厨"画像的局部,所描绘的剥狗画面几乎一样,都是在左侧的汲水架上,系着一条狗,狗头朝上,一人双手各执刀在剥狗。所不同的是,左幅画像剥狗者是坐着的。②

按李时珍的《本草纲目》所载,狗肉不仅可以果腹,而且其药用价值也很大:"安五脏、轻身、益气、宜肾、壮气力、补五痨七伤、补血脉";"狗蹄下乳汁,狗肾治痈疽、疮疡……诸症"。当然,汉代人还可能不知道狗肉的这些药用价值,但是喜爱吃狗肉却是后人难以比肩的。《礼记·月令》:"孟秋之月,天子食麻与犬。"根据生活习惯,狗肉一般在初秋的时节来食用。《史记·樊哙传》记载:

---

①　俞伟超主编:《河南汉画像石》图版第 89,河南美术出版社 2000 年版。
②　俞伟超主编:《山东汉画像石》第 1 册图版第 90;《山东汉画像石》第 2 册图版第 134。

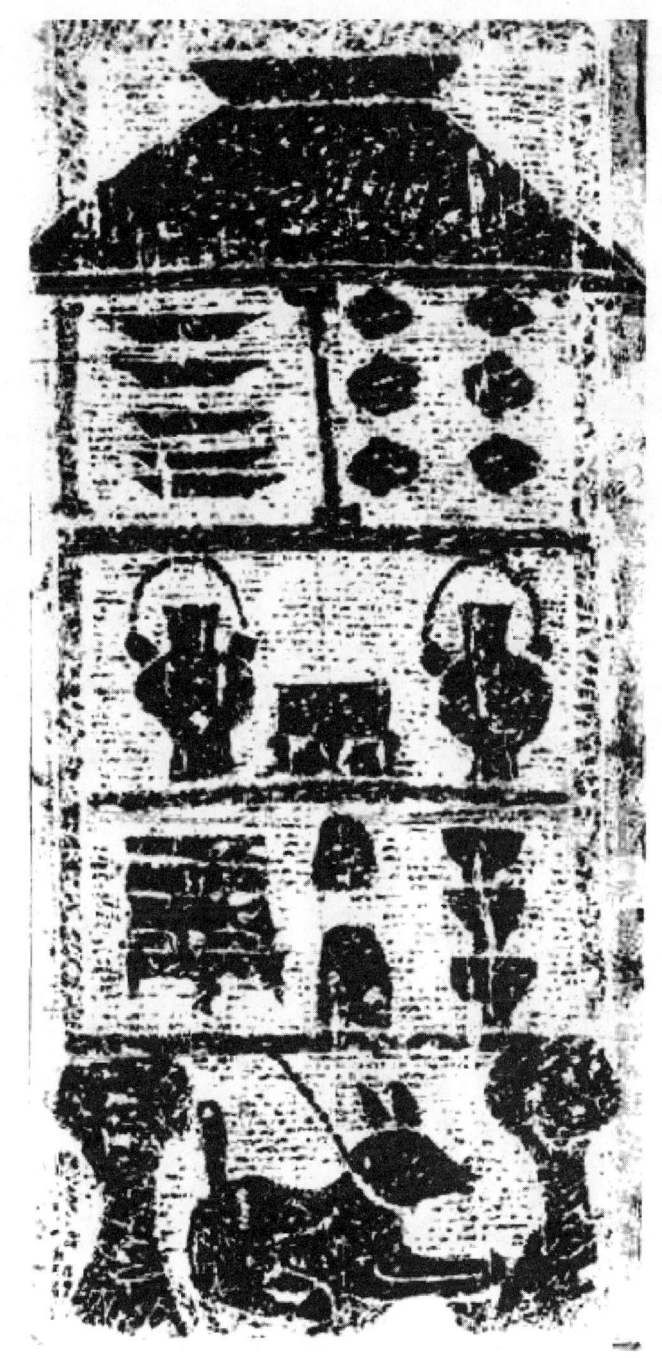

图 7　南阳英庄汉石"祠堂"画像

图8 河南密县打虎亭汉墓"观刺交谈"画像

图9、10 山东汉石"庖厨·剥狗"画像

"舞阳侯樊哙者,沛人也,以屠狗为事。时人食狗,亦与羊豕同,故哙专屠以卖之。"刘邦是因贪吃狗肉而结识了樊哙并成为君臣之交的。《说文解字》解释"献"字说:"宗庙犬名羹献,犬肥者以献之。"汉代不仅生人吃狗肉,献祭也用狗肉。《礼记·少仪》:"其以乘壶酒、束脩、一犬赐人。"在先秦、秦汉社会生活中,狗是人际交往中主要的礼品之一。又:"犬则执绁,守犬、田犬则授摈者,既受,乃问犬名。""守犬、田犬问名,畜养者当呼之名,谓若'韩卢'、'宋鹊'之属。"狗是用绳索系着的,其中的看家狗、狩猎狗都是有名的,比如"韩卢""宋鹊"。孔颖达《疏》曰:"犬有三种:一曰守犬,守御宅舍者也;二曰田犬,田猎所用也;三曰食犬,充君子庖厨庶羞用也。田犬、守犬有名,食犬无名。献田犬、守犬,则主人摈者既受之,乃问犬名。"

　　狗作为六畜之一,其原型是自然界的狼、犺,其听觉、嗅觉特别灵敏,食谱广泛,极易驯化。早在4000年前就已经被人类所豢养。甲骨文字里虽然没有狗字,但是有犬字。如:甲骨文字编的犬字,大都是狗在现实生活中的各种形状。《诗经·召南·野有死麕》:"舒而脱脱兮!无感我帨兮!无使尨也吠!"这里的"尨"读音 máng,意思是指多毛的狗。说明至少在周代时狗已经是猎人的伙伴了。《礼记·檀弓》:"仲尼之畜狗死。"表明连孔夫子也喜欢养狗。《周礼》春、夏、秋三官分设鸡人、羊人、犬人;"司徒主牛、宗伯主鸡、司马主马及羊、司寇主犬、司空主豕"。可见,周代有专门管理饲养狗的机构和官职"司寇",其主管者则被称为"犬人"。《史记·李斯传》记载李斯临赴刑之前,对其儿子感叹不能享受荣华富贵生活:"吾欲与若复牵黄犬俱出上蔡东门逐狡兔,岂可得乎!"表明在秦朝骑马遛狗是贵族生活的标志。汉承秦制,狗在社会生活中依然扮演着非常光彩的角色。《史记·司马相如列传》记载,"蜀人杨得意为狗监,侍上";《史记·佞幸列传》记载:"延年坐法腐,给事狗中"。《汉书·江充传》说汉武帝曾建"犬台宫"。《三辅黄图》:"犬台宫,在上林苑中,去长安西二十八里。"犬台宫外又建筑"走狗观"。《后汉书·孝灵帝纪》记载东汉灵帝:"西园弄狗,著进贤冠带绶。"注则称"王之左右皆狗而冠"。说明皇室也把狗作为消遣的重要内容。显然,走马遛狗是生活富裕之后的消遣,因此,在民俗观念中,狗就成为财富的表征。所谓"狗来富",其实就是表明了民众的富贵期盼。《汉印文字征》录有"狗未央"印、"田犬"、"尹犬"、"王犬"、"左狗"等人名;在南阳汉墓发掘中,曾经有大量的陪葬品陶狗的出现,其形状生动活泼,形神兼备,其因盖源于此。陶狗与汉画像、烙花筷子合称为"南阳三绝"。

　　附表一:甲骨文字编的犬字。

● 槃瓠狗：汉代狗信仰的婚俗传说

汉代有关狗的记载中，最让人关注的就是《风俗通义》的槃瓠狗传说：

> 昔高辛氏有犬戎之寇，帝患其侵暴，而征伐不克，乃访募天下，有能得犬戎之将吴将军头者，购黄金千镒，邑万家，又妻以少女。时帝有畜狗，其毛五采，名曰槃瓠。下令之后，槃瓠遂衔人头造阙下。群臣怪而诊之，乃吴将军首也。帝大喜，而计槃瓠不可妻之以女，又无封爵之道，议欲有报而未知所宜。女闻之，以为皇帝下令，不可违信，因请行。帝不得已，乃以女配槃瓠。槃瓠得女，负而走入南山，止石室中。所处险绝，人迹不至。于是，女解去衣裳，为仆鉴之结，著独力之衣。帝悲思之，遣使寻求，辄与风雨震晦，使者不得进。经三年，生子一十二人，六男六女。槃瓠死后，因自相夫妻。织绩木皮，染以草实，好五色衣服，制裁皆有尾形。其母后归，以状白帝。于是，使迎致诸子。衣裳班兰，语言侏离，好入山谷，不乐平旷。帝顺其意，赐以名山广泽。其后滋蔓，号曰蛮夷。外痴内黠，安土重旧。以先父有功，母帝之女，田作贾贩，无关梁符传、租税之赋。有邑君长，皆赐印绶，冠以獭皮，名渠帅曰精夫，相呼为姎徒。

槃瓠的传说在《后汉书·南蛮西南夷传》、三国鱼豢的《魏略》和干宝《搜神记》中都给予了记录，至今在民间仍然广为流传。那么，该如何理解这个传说呢？

我们认为，正确筜理解这个传说，需要弄明以下几个关键点：

第一，所谓的"犬戎之寇"，应该是指当时以狗为标志的部族。

第二，所谓的"时帝有畜狗""名曰槃瓠"，是说在高辛族内有一个以五彩狗装扮成的人。

在这里，无论是狗为标志的部族，或者是装扮成狗的人，如果从傩面具来看，都是远古以狗为装饰的巫师遗风以及衍化而来的部族。甲骨文中记载有"犬侯""亚犬"：

> 令多子族暨犬侯璞周，古王事（《通纂》）。

丁山先生甚至认为"犬侯"就是被商王朝"内服的侯亚"，"铜器中有亚犬鼎，当是犬侯的遗物"。①

三代青铜器物史料中与狗有关系的有：亚犬父鼎、犬祖辛父癸鼎、犬父丙鼎、犬父已卣。

"以上四个青铜器的族属，大约是殷代'犬方'国人自做的器物。从铭文来判断，首先都表现出了视犬为父的图腾姓氏心理；其次，以国族名为人名；其三，这些青铜器都是视犬为图腾的'犬方国'之人（即是自名为'犬'的犬戎）自做的器物。"②

从夏、商、周三代出土的青铜器金文资料分析，有不少器物应是崇犬氏族或是方国姓氏的图腾象征物，而且也都与宗教祭祀有着密切的关系。

第三，所谓"槃瓠得女，负而走入南山"。远古婚姻的进程，是从发情期的杂婚制到性爱觉醒之后的走婚制（先是女性，而后是男性），再进一步发展到夫妻婚制。然而，当夫妻婚制形成之时，旧有的杂婚制总是以各种形式"返祖"。槃瓠传说其实就是原始杂婚制的复活。"那个所谓的槃瓠，实际上就是中原高辛氏族内人，借助于狗头面具自欺欺人，从而携走高辛氏女儿私奔。因为是乱伦，不敢居住在中原地区，所以只好到周边居住。"③

在汉画像中，槃瓠狗如同凤鸟一样，陪同在西王母身边，说明以狗为标志的部族作为男性走婚者，曾经走婚到母系氏族。如图11，山东汉石"西王母"画像，画面为西王母打坐，其右边依次为走婚而来的狗头人身、鸟头人身者，左边是马首人身者，双兔、蟾蜍捣药。（再如前述"猴"图10，也是山东汉石画像，西王母打坐，其左边依次为蹲坐吹箫的狗、牵着凤鸟、九尾狐的贡献者，其右边依次为马首人身者、贡献仙草者、猴。）从走婚的角度看，吹箫的狗更有代表性。④ 图12 四川所出土的汉石"荆轲刺秦王"画像，左部分有一仙女左手持袋

---

① 丁山著：《甲骨文所见民族及其制度》，中华书局1988年版，第116页。
② 桑吉扎西：《戌犬通灵》（典藏图文版），陕西人民出版社2008年版，第83页。
③ 郑先兴：《汉画像的社会学研究》，河南大学出版社2009年版，第346页。
④ 俞伟超主编：《山东汉画像石》第2册图版第98、99，山东美术出版社2000年版。

子,紧随其后的是狗、三足乌;表明走婚的意味似乎也很浓。①

当然,在汉代人的心目中,这些走婚图像,其实是期盼升仙或者重生的。我们所谓的婚俗意蕴,则是就其所蕴含的远古婚姻进程的事实所遗存下来的集体心理记忆而言的。只是这种集体的婚俗记忆衍生至汉代,则以升仙或重生的形式表现出来。

图 11　山东汉石"西王母"画像

图 12　四川汉石"荆轲刺秦王"画像

● 天狗劫:汉代狗信仰的知识诉求

狗作为六畜之一,是人类最早驯养的动物。《周礼·犬官冢宰》说:"庖人,掌共六畜、六兽、六禽,辨其名物。"这里的"六畜"就包括狗在内的马、牛、羊、豕和鸡。到秦汉时,狗的饲养已经非常成熟,积累了相关的经验知识。《吕氏春秋·士容篇》中,就有关于相狗家的记述。《汉书·艺文志》三十八卷中有《相六畜》的著述。1972 年在山东临沂银雀山汉墓出土的竹简文献中,一号墓出土的竹简多达五千枚,除了有著名的孙武和孙膑的兵书外,还包括一些与占卜有关的阴阳书以及一些相狗经之类的书籍。银雀山汉简《相狗方》,内容涉及狗的头、眼、喙(嘴)、颈、肩、胁、膝、脚、臀等部位及筋肉、皮毛、走卧之类,奔跑速度等,而且幼狗和成狗各有标准。

---

①　俞伟超主编:《四川汉画像石》图版第 60,河南美术出版社 2000 年版。

汉代人不仅考察和总结有关狗的饲养和观察知识,还以狗为契机进一步掌握和认识世界。以《说文解字》为例,表明犬类动物名称的字有 23 个,表明犬类动物性状的字有 42 个,表明犬类声音的字有 10 个,表明犬类状貌的字有 13 个,表明犬习性的字有 10 个,表明犬类行为动作的字有 9 个,等等。①

狗作为六畜之一,还成为古代占卜道具之一。如预测一年的丰收与否,则根据新年开始的几日内的六畜情况。传说由东方朔所作的《占术》所说:"岁后八日:一日为鸡,二日为犬,三日为豕,四日为羊,五日为牛,六日为马,七日为人,八日为谷。谓其日晴,则所主之物育,阴则灾。"又如《月令占候图》所记:"元首至八日占禽兽:一日鸡,天气晴朗,人安国泰,四夷运贡,天下丰熟;二日狗,无风雨即大熟;三日猪,天晴朗君安;四日羊,气色和暖即无灾,臣顺君命;五日马,晴朗,四望无怨气,天下丰稔;六日牛,日月光明即大熟;七日人,从旦至暮日色晴朗,夜见星辰,人民安,君臣和会;八日谷,如昼明,夜见星辰,五谷丰稔。"②

当然,将狗作为认知世界的道具,最典型的则是对日食和月食的解释。众所周知,日食、月食的出现是地球、月亮和太阳因自传、公转而进入到同一轨道,互相遮掩而致。汉代社会,一些人已经观察到了这一现象。《论衡·说日篇》:"日月合相袭。月在上日在下者,不能掩日。日在上,月在日下,障于日,月光掩日光,故谓之食也,障于月也。若阴云蔽日月不见矣。"但是这种含有科学因子的认知只是极少数的知识分子所具有的。对于芸芸众生来说,还不能达到这种认识水平。于是认为,日食是因为天狗吃掉了太阳,月食是天狗吃掉了月亮。非常有趣的是,在汉画像中,有天狗吃日的画像。如图 13,山东汉石"日月"画像,右边的圆轮中刻绘蟾蜍、玉兔,当为月亮,左边的圆轮中刻绘一凤鸟,凤鸟下有一只狗。众所周知,圆轮中刻绘凤鸟是太阳的象征。但是,另外又刻绘狗,则显然是表明日食。③ 图 14 山东安丘汉墓中室室顶西坡画像,也是圆轮中刻绘凤鸟,象征太阳;但是凤鸟下也有一只狗,显然也是对日食现象的描述。④

在这里就提出了一个问题,为什么用狗吞日、月来说明日食或月食呢?

从汉代自然观来说,自然的本源是气,气分阴阳,阴阳合则万物生。太阳是阳,月亮为阴。日出月落,原本就是阴阳交替的自然和谐发展。但是,如果

---

① 杨波:《〈说文解字·犬部〉研究》,华中科技大学硕士学位论文,2008 年 6 月。
② 桑吉扎西:《戍犬通灵》(典藏图文版),陕西人民出版社 2008 版,第 97 页。
③ 俞伟超主编:《山东汉画像石》第 1 册图版第 152,山东美术出版社 2000 年版。
④ 俞伟超主编:《山东汉画像石》第 2 册图版第 145,山东美术出版社 2000 年版。

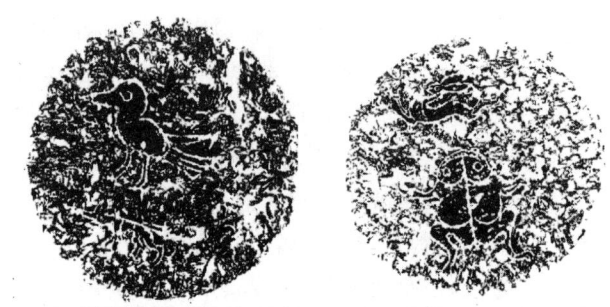

图 13　山东汉石"日月"画像

图 14　山东安丘汉石"日"画像

阴盛阳衰,破坏了自然的阴阳和谐,那么,就会出现异常现象。所谓日食,就是因为阴气过于强盛,抵损了太阳的阳气。而月食,是因为阴气衰颓。因月亮本身属于阴气,所以说,月食是月亮自损缘故。《论衡·说日》:"说日蚀之变,阳弱阴强也。人物在世,气力劲强,乃能乘凌。案月晦光既,朔则如尽,微弱甚矣,安得胜日?夫日之蚀,月蚀也。日蚀,谓月蚀之,月谁蚀之者?无蚀月也,月自损也。以月论日,亦如日蚀,光自损也。"如上所述,狗的文化负载是男子,为阳气。无论昼夜,狗的警觉与其活泼好动,都呈现阳刚之气,如中天之日。但是一旦狗生病,声息气蔫,正如太阳被遮住,像日食。大概缘于此,汉代人推测日食是天狗吞日。

对汉代社会来说,狗是人们生活中最亲密的伙伴,养狗、崇狗和玩狗,原本是人的天性。但是如若痴迷过度,就会玩物丧志,迷失方向。历史上有些政治事件,可能都与狗有关。第一件事是《左传·襄公四年》记载,夏代有穷氏后羿掌握了政权,"因夏民以代夏政"。但是因为后羿是狩猎部族,不务农事,贪恋狩猎,"恃其射也,不修民事,而淫于原兽";又任用佞臣韩浞,韩浞阳奉阴违,"不德于民"。后羿被家奴所杀,韩浞被有鬲氏所灭。少康在有鬲氏辅助下实现了中兴。周太史辛甲总结其历史教训,指出,要保持人类和动物的和谐相处,不能过于动用武力捕猎。"民有寝、庙,兽有茂草;各有攸处,德用不扰。在帝夷羿,冒于原兽,忘其国恤,而思其麀牡。武不可重,用不恢于夏家。"根据汉画像,古人狩猎必定会挽弓牵狗。由于后羿痴迷捕猎,所以狗也连带承担着罪责。夏代人曾经将其君王尊称为太阳。后羿篡位的事迹隐晦说来,当是夏代的日食。第二件事是《古文尚书·旅獒》记载,周武王克商进程中,西方的旅国贡献给他只大狗"獒",召公担心武王因此影响军国大事,于是劝诫说:"玩人丧德,玩物丧志。志以道宁,言以道接。不作无益害有益,功乃成;不贵异物贱用物,民乃足。犬马非其土性不畜,珍禽异兽不育于国。不宝远物,则远人格;所宝惟贤,则迩人安。"第三件事是《国语·周语》记载,周穆王曾经不听劝诫,征伐犬戎,"得四白狼,四白鹿以归。自是荒服者不至"。这三件政治事件,都是以象征太阳的君王与狗有着扯不清的关系,且都因狗导致(差点)了政治事端。是否可以说,这是天狗吞日的人文原型呢?

从汉代思维来说,汉代崇奉谶纬,其思维方式为原始的巫术思维,其特征就是简单的类比、类推。狗的特征就是奔跑迅速,与天上飞驰的云相似。而太阳常常被云所遮挡,有时云层较厚,云块较小时,正如日食。由此,狗→云→日食,所谓的天狗吞日就是这样的方式推理出来的。到唐代,著名诗人杜甫《可叹》的诗句可以旁证我们的推测:"天上浮云似白衣,斯须改变如苍狗。"

综上所述,可以看出,天狗吞日的说法,无论源自自然的阴阳盛衰观,或者是玩物丧志的历史鉴戒观,抑或是巫术的直观类比思维观,总之,在这里,狗信仰一改前述的正面、积极形象,而变成负面、消极的形象。狗由人类的伙伴、食物演变为人们生活中的劫难了。由此,狗的工具性认知,才真正进入到知识的巅峰。

当然,汉代人对于狗的工具理性不仅仅限于日食,更讲究历史知识。这就是所谓的"狗咬赵盾"。《左传·宣公二年》记载,"晋灵公不君,厚敛以雕墙;从台上弹人,而观其辟丸也;宰夫肠熊蹯不熟,杀之,置诸畚,使妇人载以过朝。"于是赵盾坚持劝诫晋灵公。而晋灵公不仅不悔改,反而几次或者派人或者寻找罪名想除掉赵盾,最绝的是饲养狗来撕咬赵盾,却被赵盾的警卫员提弥明斩杀。"公嗾夫獒焉。明搏而杀之。盾曰:'弃人用犬,虽猛何为。'"有意思的是,"狗咬赵盾"事件在汉画像中有很多的版本。如图15,南阳汉石"程婴杵臼、狗咬赵盾"画像,南阳杨官寺出土。画面由四组所组成,由上而下,第一组三人,左一人伸手抚幼童头,右一人佩剑捧鸟;第二组四人,左二人执剑争抢东西,右二人倾身右扑;第三组左一狗直立奔袭,右一人躬身迎击;第四组四人,左二人各执东西,右一人伸手而接,其身后站一小孩。① 显然,这幅汉画像主要描述的是程婴杵臼、狗咬赵盾事件。如图16,山东宋山汉石"狗咬赵盾"画像,画面刻绘7人,其中右边三人,皆倾身向左,一人在前,体量较大,应为晋灵公;左边四人,两人正在交谈,中一人正倾身向右,张嘴而言,应为赵盾;其前一人跪踞,左手奉刀,右手支撑在右腿,仰面于晋灵公,其膝前一犬四肢朝上仰躺于地面,显然是刚刚杀死狗的提弥明。② 另外,同样的画面,宫殿内,左中部一人坐王座上,伸手唆使狗,狗奔扑向前;右部一人抬脚伸手,迎击狗。王座上部有榜题"灵公",可知迎击狗的人应该为赵盾。可惜的是,此幅画像的原石"已被帝国主义盗往国外"。③ 如图17,郑州汉砖"狗咬赵盾"画像,"郑州市新通桥出土。画面有一武士顶天立地,头部鬓发如翼,大眼巨口,面孔凶悍;身着甲衣,两臂裸露,手握一剑,横于胸前;脚穿高管靴,两腿叉开,正面直立。右方有一犬仅露前躯,张口扑向武士。从画像题材情节看,应为'狗咬赵盾'的故事。"④

---

① 俞伟超主编:《河南汉画像石》图版第1,河南美术出版社2000年版。
② 俞伟超主编:《山东汉画像石》第2册图版第91,山东美术出版社2000年版。
③ 骆承烈、胡广跃:《汉魂——武氏祠画像石考释》,群言出版社2006年版,第40页。
④ 张秀清、周到:《郑州汉画像砖题材丛考》,《东南文化》1987年第3期。

图 15　南阳汉石"程婴杵臼、狗咬赵盾"画像

图 16　山东宋山汉石"狗咬赵盾"画像

图 17　郑州汉砖"狗咬赵盾"画像

在这里,作为历史故事的"狗咬赵盾"画像,有如此众多的版本,一方面,说明汉代社会中民众阶层特别重视历史知识;另一方面,也说明狗作为六畜之一,人们对之作为工具的理性认知,已经是相当成熟的。由此,一直以来,给人类带来巨大利益的狗,不仅承担着忠诚、活泼、勇猛、富贵等等积极的文化内涵,同时也背负着私心、势利、残暴等等消极的贬义内容。

猪

猪作为重要的肉食来源，在古代社会生活中曾经受到广泛的崇拜。当代著名神话学家叶舒宪先生撰文说，红山玉器中的玉猪首、玉猪神，新石器时代遗址中大量出现的猪骨、野猪獠牙、整猪陪葬以及猪形的陶器和雕塑等等，说明猪与熊、鹿和虫都一样，"每一种都是构成史前神龙想象的原型要素之一，但都不是绝对惟一的要素"，"给后代作为'明器'与吉祥物的玉猪龙传统找到了五千年前的纵深根源"，由此可以理解"神龙由来之谜"。叶先生提醒说，明白了史前文化中猪的"宗教意蕴"，还应该注意"猪作为女神象征的意蕴"，注意"猪龙崇拜同女神崇拜看成是同一种史前信仰观念的不同表现"。① 其他学者也有论述猪文化的，如孙明利的《关于猪的考古学研究的四个视角》、郭孔秀的《中国古代猪文化试探》(《农业考古》2000 年第 3 期)、牟海芳的《中国古代北斗信仰与猪神崇拜之关系论考》(《西南民族大学学报》2005 年第 2 期)、赵红玲的《"猪"字源流及其文化含义》(《绥化学院学报》2007 年第 6 期)、张爱冰的《猪的起源语禁忌》(《合肥教育学院学报》2002 年第 4 期)、卢晓辉的《猪在史前文化中的象征意义》(《中原文物》2003 年第 1 期)、薛志强的《关于红山文化玉雕造型的考证——兼谈中国人不是"猪"的传人》(《辽宁师范大学学报》2007 年第 5 期)等，显然，这些论文不同程度地探究了古代的猪信仰，为我们的原型分析提供了资料。

● 食肉与财富：汉代猪的社会学价值

撇开猪信仰的神秘面纱，猪的实际功用应该说就是食用。这在汉画像中

---

① 叶舒宪：《"猪龙"与"熊龙"——"中国维纳斯"与龙之原型的艺术人类学通观》，《文艺研究》2006 年第 4 期。

有着很丰富的体现。如图1,山东临沂白庄出土的汉石画像,画面中部有残,左边为二间厨房,左边房内二人灶前生火做饭,右边房内横梁上依次挂着猪头、猪腿、鱼、鸭等肉类,柱子上拴着一条狗,狗跳跃着欲啃吃猪腿;画面中部两人抬着一案馒头,两人抬着一头反绑的猪;画面右部有杀羊、剥狗、汲水等等。① 图2山东微山两城镇的"神树、庖厨"的汉石画像,现藏于曲阜孔庙里,其下层神树下为庖厨图,有烧灶者、和面者、提水者、切肉者,树杈上则挂着四只猪腿。② 前述"兔"图1,山东宋山小石祠东壁的汉石画像,由下而上第二层也是庖厨图,左边上方悬挂着方块(猪)肉、猪头、兔、鸡、鱼等等。由这些画面可知,猪在汉代的价值同鸡、鸭、鱼、狗等牲畜一样,主要是用于食用;就汉画画面的构成来说,猪肉的图像基本已经成为固定的格式,即上面挂着的是猪头、猪腿或者方块肉,而地面上则有二人抬着反绑着的猪,表示正要去宰杀。

图1 山东临沂白庄出土的汉石画像

图2 山东微山两城镇的"神树·庖厨"汉石画像

---

① 俞伟超主编:《山东汉画像石》第3册图版第9,山东美术出版社2000年版。
② 俞伟超主编:《山东汉画像石》第2册图版第45,山东美术出版社2000年版。

依据文献记载,汉代人常常以能吃到猪肉为自豪的事情。《史记·项羽本纪》记载,鸿门宴上,项羽让人给樊哙里脊肉来吃,"项王曰:'赐之彘肩'。则与一生彘肩。樊哙覆其盾于地,加彘肩上,拔剑切而啖之。"在这里,樊哙生吃猪肉所体现的胆壮豪气,可以说是淋漓尽致。《后汉书》卷五三《序》说,太原人闵贡字仲叔,很是耿直廉洁,拒绝吃当地官员恩惠给他的猪肝。"客居安邑。老病家贫,不能得肉,日买猪肝一片,屠者或不肯与,安邑令闻,敕吏常给焉。仲叔怪而问之,知,乃叹曰:'闵仲叔岂以口腹累安邑邪?'遂去,客沛。以寿终。"依照《仪礼·郊特牲》的说法,古人将猪肉的不同部位也相应地分成不同的等级,其中上述的"彘肩"即里脊肉是最好的,所以要给尊贵的宾客,而猪的肠胃即下水则是最差的,所以要给社会地位低下的人吃。因闵仲叔太穷,且地位低下,所以几乎连猪肝都吃不上。

猪不仅是重要的肉食,而且是古人常用来作为祭祀的牺牲。《礼记·王制》:"天子祭祀则太牢,诸侯祭祀则少牢。"太牢即猪牛羊,少牢即猪羊。两者都离不开猪。《仪礼·士虞礼》说士人祭祀所用的"特牲"就是一头猪。《史记·武帝本纪》记载,汉武帝"幸甘泉。令祠官宽舒等具泰一祠坛,坛放薄忌泰一坛,坛三垓。""已祠,胙余皆燎之。其牛色白,鹿居其中,彘在鹿中,水而洎之。"汉武帝曾经到甘泉,让宽舒等人专门设"泰一祠坛"来祭祀;其中的祭品有牛、鹿和猪。祭祀完毕后,将祭品熬吃,当牛肉煮的发白时,再放入鹿肉,接下来再放入猪肉,全部煮熟后,蘸酒来吃。又说:"祭日以牛,祭月以羊彘特。"就是说,祭祀太阳用牛,祭祀月亮可用羊也可用猪。《史记·封禅书》则说:"后四岁,天下已定,诏御史,令丰谨治枌榆社,常以四时春以羊彘祠之。"可见,猪不仅是汉代用来吃食的食品,而且也是重要的祭祀用品。

在汉代,作为一种动物,猪的获得主要有两种途径。一种是饲养。《后汉书·承宫传》记载,承宫年少时给人放猪为生:"少孤,年八岁为人牧豕。乡里徐子盛者,以《春秋经》授诸生数百人,宫过息庐下,乐其业,因就听经,遂请留门下。"注引《续汉书》叙述其事:"宫过徐子盛,好之,因弃其猪而留听经。猪主怪其不还,求索得宫,欲笞之。门下生共禁止,因留之。"《后汉书·方术传》中记载公沙穆信仰天命,"夫富贵在天,得之有命,以货求位,吾不忍也",注6引《谢承书》举例说,当时公沙穆所养的猪生病了,让人去卖,嘱咐卖猪的一定要告诉买猪的人这是病猪,"卖猪者到市即售,亦不言病,其直过价",公沙穆知道后,"赍半直追以还买猪人"。又《汉书·儒林传》记载说辕固生批评黄老道学是"家人言"(即小孩子话),遭到信奉黄老道学的窦太后的惩治,将他丢到猪圈里,想让猪把他吃掉,"乃使固入圈击彘"。汉景帝为保护他,给他刺刀,这才保全了辕固生的性命。"乃假固利兵","下,固刺彘正中其心,彘应手而倒"。《史记·日者列传》"褚先生曰"谈到家教和成才的关系,指出无论学什么,都应有一技之长。"黄直,大夫也。陈君夫,妇人也:以相马立名天下。齐张仲、曲成侯以善击刺学用剑,立名天下。留长孺以相彘立名。荥阳褚氏以相牛立名。能以伎能立名者甚多,皆有高世绝人之风,何可胜言。"可见,当时相猪与相马、相牛一样是很重要的事情。这几件事情说明,汉代养猪应该是普遍的现象。另一种就是狩猎。狩猎就是捕捉野猪。《汉书·酷吏传》中记载,汉景帝时,一次在上林苑游玩,宠妃贾姬刚如厕,一头野猪就进去了,景帝当时很着急,准备去营救,被郅都劝止,后来野猪自动退出,贾姬安然无事。这件事情说明,汉代野猪仍然是很多的。《汉书·贾谊传》载贾谊上书,批评文帝喜欢猎猪不去抗击匈奴,"今不猎猛敌而猎田彘"。《汉书·扬雄传》载汉武帝在长杨建立"射熊馆",专门派人到终南山中"捕熊罴、豪猪、虎豹、狄獾、狐菟、麋鹿",放到馆中,"令胡人手搏之,自取其获,上亲临观焉"。《汉书·司马相如列传》则直接说汉武帝喜欢猎猪,"是时天子方好自击熊彘"。可能是其乃父影响,《汉书·武五子传》说,武帝儿子广陵厉王刘胥也喜欢狩猎野猪,"胥壮大,好倡乐逸游,力扛鼎,空手搏熊彘猛兽"。在汉画像中,有很多猎猪的画面。图3是1980年山东嘉祥宋山村发掘的小石祠基座"狩猎"画像,画面为狩猎图,画面右边一猎人牵犬在山野中追逐野猪,兔、鸟、鹿则惊恐四散;中、左部则是一猎人挽弓射虎、二人骑马、三人分别用网、弓箭和鹰等围堵山丛中的野猪、鹿。① 再如1993年邹城面粉厂出土、现藏于孟庙中的汉石画像,画面上层为孔门弟子,下层为狩猎图,其中右端一人张弓,一人持矛刺鹿;中部持矛刺兔,另有虎、羊、鸟、猪、鸡、狗等,最左一仙人乘龙而来。②

图3 山东嘉祥宋山村小石祠基座"狩猎"画像

---

① 俞伟超主编:《山东汉画像石》第1册图版第95,山东美术出版社2000年版。
② 俞伟超主编:《山东汉画像石》第2册图版第67,山东美术出版社2000年版。

猪饲养的普遍和狩猎的广泛，表明猪在汉代社会生活中的重要地位，也说明猪的价值之昂贵。司马迁在《史记·货殖列传》说，如果人们拥有"屠牛羊彘千皮""羊彘千双"，"此亦比千乘之家"。班固《汉书·货殖传》谈到寡妇清时也说，"泽中千足彘"，"此其人皆与千户侯等"；又说，"屠牛羊彘千皮"，"羊彘千双"，"亦比千乘之家"。《循吏传》中说龚遂执政齐时，为鼓励老百姓耕作，"令口种一树榆、百本薤、五十本葱、一畦韭，家二母彘、五鸡"。"吏民皆富实"。《齐民要术》卷56："公孙弘、梁伯鸾，牧豕者，或位极人臣，身名俱泰；或声高天下，万载不穷。"公孙弘和梁伯鸾，虽然一个官做到宰相，一个以歌唱而名噪于世，但两人原来都是养猪的。由此可知，猪在汉代已经是财富的主要标志。

汉代政治所信奉的儒家学说讲究"祭神如神在"，视死如生。所以注重厚葬，将生前生活所需用品全部葬于死者身边，企盼死后继续享受幸福生活。这样，猪作为主要的肉食和财富的象征，在墓葬中就有更多的表现。一是雕绘在砖石上。图4为1958年山东莒县沈刚庄墓门西三立柱背面画像，上层为四个形态各具的人物，下层为一个野猪的形象。只是原编著者可能没有考虑到当时有猪的崇拜，因为是"怪兽，马首、马蹄、虎尾，背上生四刺，似为镇墓兽"。[①]实际上，这幅画像是说三人躬身、一人匍匐，皆伸手相迎，对面猪奔跑而来，其寓意为大人小孩迎财神。洛阳汉砖中，更体现着汉人期盼死后的富裕。如图5，洛阳汉砖画像，画面上一神灵，在山野中，骑鹿追猪，寓意有禄有财，荫庇后人。二是在随葬冥器中有一种陶制的猪圈，周边是围墙，在一角上雕绘有二层小楼房，按当时人的意思，下层为猪舍，上层为茅厕；一般在猪圈中还有陶猪。这样的造型，表明墓主人死后如生，仍然享有生前的生活，也表明财富如猪一样不断地生长，取之不尽。三是在死者的手中，常常有玉制的"握猪"，如图6。所谓"握猪"就是将玉制的猪形雕刻放在墓主人的手中，"死者手里如果握着猪而去，便很吉利，到了地府就不会是穷鬼"。在汉代的葬玉中，"握猪是形制比较大、分量比较重的一种，大多数的握猪有11厘米左右的长度。考古学家发掘了一万多个汉墓，发现墓中有不少用白玉甚至用白玉中的精品——羊脂白玉雕琢的握猪"。"握猪在汉代非常流行"，东汉之后，渐趋消亡。"汉代早期的握猪非常抽象，一端斜削似头部，一端宽厚似臀部，仅此而已。到了汉代的中晚期，握猪就比较写实了，卧伏状，条柱状，四肢俱全。东汉的握猪更为具象，鼻前吻部突出，尾巴短而卷曲，很是生动。"[②]握猪出现的原因，有说是"财富的象征"，"不愿死者空手而去"；有说是驱邪的，"利用猪的威风形象对付邪祟"；

---

① 俞伟超主编：《山东汉画像石》第3册图版第123，山东美术出版社2000年版。

② 童孟侯：《猪年说握猪》，《收藏》2007年第2期。

也有说是葬俗使然,"实则从新石器时代以来,猪都以不同的形象陪伴在死去的人的左右,应该说从一开始猪随葬的意义就没有什么变化"。① 由此,握猪现象与财富观念是难以分开的。

图4　山东莒县沈刚庄墓门西三立柱背面画像

①　孙明利:《关于猪的考古学研究的四个视角》,《农业考古》2007年第4期。

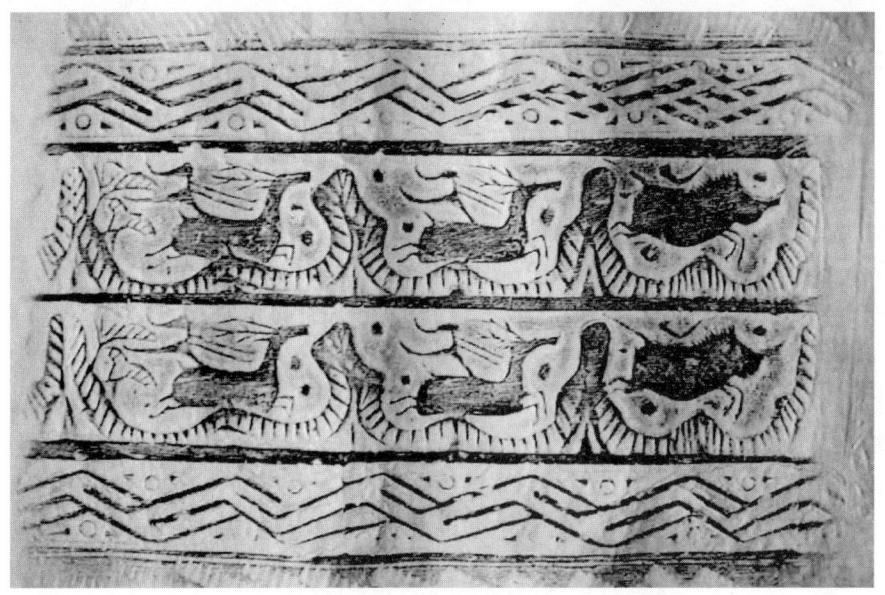

图 5　洛阳汉砖画像

图 6　汉代玉握猪

● "虎猪戏"与"斗猪"图：
遗留在汉画像上有关远古野猪家养部族信息的记忆

猪的肉食价值和财富的象征意义，汉代人已经充分意识到，一如前述。但是问题又来了：猪是怎样饲养、何时何地由谁最早饲养？关于猪的饲养，应属于畜牧和生物学研究的范畴，这里我们不作论析；关于由谁最早饲养的问题，"虎猪戏""斗猪"汉画图像披露了消息，结合相关的文献记载，大致可以梳理出远古野猪家养的情况。

"虎猪戏"的画像虽不多但也常见，可以分为两类。一类是虎与猪对峙。图7、8为河南密县汉砖"虎猪戏"画像，画面右侧为猪，左侧为虎。表面上看去虎、猪皆怒毛直竖，若仔细观察，两者的眼睛则喜悦之至。[①] 南阳汉砖画也有一幅虎猪戏的图案，如图9，画面左边为虎，虎头昂起，前左蹄上扬、右蹄着地，后左蹄着地、右蹄后踢，虎身有斑纹；右边为猪，猪低首向虎，前蹄弓步，后蹄蹬步，猪前背鬃毛葱茂，后臀尾纤细打一环，猪身丰满健硕。此砖画面与前述砖画面相比，线条简朴，体现了南阳汉画像的风貌。二类是虎追猪。图10南阳汉砖"虎猪戏"画像，画面上一猪奋蹄前奔，尾巴打一环，一虎嘴巴大张，追猪而来；猪的前面和虎的背上、后面，以及虎猪之间，有云纹环绕，似乎说明虎追猪是在云中天界进行的。[②] 图11山东肥城出土的汉石画像，"画面上一翼虎张牙舞爪扑向野猪，野猪作恐惧退缩状"，猪侧身向左，虎在下方侧身向右上，说明虎是从侧面偷袭而来的。图12山东东平县出土汉石画像，左下角已残，画面上部为鸟儿飞翔，中部为虎奔腾回首张望，下部一猪仔卷尾站立，似乎是虎与猪偶然相遇，奔跑的虎惊飞了鸟儿，也吓呆了猪。[③]

[①] 密县文管会编：《密县汉代画像砖》，中州书画社，第109页。

[②] 张晓军、魏仁华、刘玉生编：《南阳汉代画像石砖》图版第157、158，陕西人民美术出版社1989年版。

[③] 俞伟超主编：《山东汉画像石》第3册图版第217、222，山东美术出版社2000年版。

图 7　河南密县汉砖"虎猪戏"画像

图 8　河南密县汉砖"虎猪戏"画像

图 9　南阳汉砖"虎猪戏"画像

图 10　南阳汉砖"虎猪戏"画像

图 11　山东肥城出土的汉石画像

图 12　山东东平县出土的汉石画像

若单纯地就画论画,虎猪戏只是表明了汉代社会中人们可能有着将老虎和猪放在一起格斗的习惯或者说希望,但是如果放到远古人类生活的场景中,那就会看到,虎猪戏的画面实际透露了远古人类饲养猪的部族的消息。

依照原型分析的原理,汉画像中的画面除了反映了汉代人的生活面貌之外,还折射着远古人类生活的状况。例如,汉画中的牛,除了现实生活中有牛之外,还是远古最早饲养和使用牛耕的神农炎帝部族的象征;汉画中的鸟,除了现实生活中有着各种各样的鸟儿之外,还是最早生活在鸟儿聚集地的舜、商等部族的象征。具体到这里的汉画"虎猪戏",画中的虎,除了现实的虎之外,还是远古生活在北部、西部的西王母部族的象征;同样的,汉画中的猪,除了现实生活中食用的猪之外,也是远古部族中最早饲养猪者的象征。

考诸文献,我们这一观点可以说有着充分的证据。《庄子·大宗师》:"豨韦氏得之,以挈天地。"关于这句话,学者们的看法颇有不同。成玄英疏:"豨韦氏,文字以前远古帝王号也。得灵通之道,故能驱驭群品,提挈二仪。又作契字者,契,合也,焉能混同万物,符合二仪者也。"①叶舒宪先生不同意将"契"解释为"符合",说"契亦有合义,亦有锲义,即以刃器切割也。这正是创世神话的常见母题。因而可将豨韦氏视为开天辟地的大神,而不是什么远古的帝王。"又说:"行使开天辟地神圣职责的,乃是某种类似猪的神物。"②叶先生把"契"理解为"锲",从而说明豨韦氏是开天辟地之神,显然是因其知识结构中有开辟神话的库存。其实如果我们捐弃预设来理解庄子的话语,那么即可发现,《庄子·大宗师》的意思是说,事物有自己的发展规则,人类只要理解和掌握之,即可得以生存和发展。而那些发现规则的人,即"得道"之人,用今天的话说,就是文明的创制者,是各个部族最值得纪念的民族英雄。所以,远古中国就依照所创制文明的内容来命名该部族,如有巢氏、燧人氏、神农氏等等。据此而言,豨韦氏就是饲养猪的部族。豨韦氏如同伏羲氏、黄帝、颛顼一样,都是指远古的部族首领或部族。成玄英说传说时期的"远古帝王号",应该说是对的。

这样,"虎猪戏"图中的"虎"是西王母部族的象征,"猪"又是饲养猪部族的象征,"虎猪戏"所表达的就是西王母族和豨韦氏族的婚姻或政治的结合,这既是一幅合欢图,也是一幅象征民族融合团结的吉祥图。

但是在这里我们还不能说豨韦氏就是历史上最早饲养猪的部族。因为据史书记载,最早饲养猪的另有其人。《左传·昭公二十九年》载,传闻有龙出现在晋郊,魏献子就向蔡墨询问龙的事情。蔡墨说:

古者畜龙,故国有豢龙氏,有御龙氏。

昔有飂叔安,有裔子曰董父,实甚好龙,能求其嗜欲以饮食之,龙多归之。乃扰畜龙以服事帝舜。帝赐之姓曰董,氏曰豢龙,封诸鬷川,鬷夷氏

---

① 郭庆藩:《庄子集解》,中华书局1961年版,第48页。
② 叶舒宪:《亥日人君》,社会科学文献出版社1998年版,第118、119页。

其后也。故帝舜氏世有蓄龙,及有夏孔甲,扰于有帝,帝赐之乘龙,河、汉各二,各有雌雄。孔甲不能食,而未获豢龙氏。有陶唐氏既衰,其后有刘累,学扰龙于豢龙氏,以事孔甲,能饮食之。夏后嘉之,赐氏曰御龙。以更豕韦之后。龙一雌死,潜醢以食夏后。夏后飧之,既而使求之。惧而迁于鲁县,范氏其后也。①

又《左传·襄公二十四年》记载,鲁国范宣子自称其祖在夏为"御龙氏",在商为"豕韦氏"。可以印证蔡墨的话是属实的。

据此可知,第一,远古时期可能已有专门饲养猪的部族,他们被称为"豢龙氏""御龙氏"。关于"御龙氏",丁山先生解释说,"御读为御,御龙者,祀龙也。""是以御龙为氏,非驾驭乘龙之谓,当因御祀龙蛇得名。"丁山先生说的似乎也很有道理,但是把"御"解释为"禦"之后,与之前的"豢龙氏"的"豢"就没法变通解释了。按"御"的本意是"驾驭",与"豢养"近似,都是饲养"龙"的意思。如《礼记·礼运》说:"故龙以为畜,故鱼鲔不淰。"《疏》云:"鱼鲔从龙者,龙既为人之畜,故其属见人不淰然惊走也。"龙作为人所蓄养的动物,鱼鲔见了并不惊慌。可见"御"与"豢"都是指蓄养的意思。《山海经》:"流沙之东,黑水之西,有朝云之国、司彘之国。"也说明远古有饲养猪的部族。

第二,猪的饲养是从传说的舜帝时开始的,到夏代孔甲执政时,几乎失传。那时出身尧帝部族的刘累曾经跟随豢龙氏学会"豢龙",于是跟随孔甲,被赐姓"御龙氏",并作为原"豕韦氏"的后继者。由此可知,"豢龙"的"龙"与"豕韦氏"的"豕韦"是相似的动物,可能就是今天所说的猪。

第三,早期猪的饲养好似作为宠物,并没用来肉食,夏后偶然吃到猪肉,猪的肉食功能才被开发出来。王充在《论衡·龙虚篇》就说:"龙可蓄又可食也。可食之物,不能神矣。"又猜测说:"则龙,牛之类也,何神之有?"可见,传说中的龙,不是猪就是牛。

总之,豨韦氏并不是最早饲养猪的部族,最早饲养猪的部族当是"豢龙氏"。

考古发掘说明,距今 10000 年前的河北徐水南庄头遗址出土了家猪的遗骸,距今 9000 年前的甑皮岩遗址出土了猪牙和颌骨,距今 7000 年前磁山遗址也挖掘出猪的骨骼,说明那时已经开始饲养家猪。② 旁证了文献记载的正确。

---

① 《左传·昭公二十九年》,《十三经注疏》,中华书局影印本 1980 年版。
② 卢晓辉:《猪在史前文化中的象征意义》,《中原文物》2003 年第 1 期。袁靖:《论中国新石器时代居民获取肉食资源的方式》,《考古学报》1999 年第 5 期;《中国新石器时代家畜起源的问题》,《文物》2001 年第 5 期。

若仔细观察,汉画像中也有"豢龙氏"的印迹。图 13 为 1974 年河南永城酂县汉墓出土的汉石画像,学者们命名为"人首兽","左一似灵长类异兽,人面,呈倒立姿。次刻一兽满身鳞纹,此兽可能原意为正面形象,但因技法欠成熟,故呈倒立姿。中间狐面异兽,长尾绕于后肢下。画右一神兽,虎身有翼,身躯长有四蛇头,颈上各一带冠人首。右二一兽,虎身,长尾,曲颈,与四人首相对。上刻连弧纹、水波纹等"。这一幅画面实际上由两部分组成,右边为"龙与多头首",与我们的话题无关,此不作论析。左边部分应该就是传说中的"豢龙氏扰蓄龙"的场面。左边的"灵长类异兽"应是"豢龙氏"。"倒立姿"者不是"技法欠成熟",而是汉画雕刻的基本方法,是"龙"爬姿的正面描绘;如果与洛阳卜千秋汉墓壁画中的猪头人身画面相较,则可想见,它应是猪的形象:长耳,尖嘴,身鬃。"狐面异兽"者亦为猪的形象。图 14 为另一幅河南永城汉墓出土的汉石画像,学者命名为"驯兽","中一人戴尖顶帽着长襦,一手持矛,一手持器械扰兽。矛端所指,疑为飞廉,系仙人升天之骑乘。右一兽身躯似牛,猫科蹄足,口衔一环。画之左侧刻翼虎,画之右侧刻如熊,应是方相氏"。这幅画最右边的所谓"如熊应是方相氏",其姿势与汉画像中的其他熊的姿势相似,但这不是熊,耳大喙长,显然是猪的形象。联系前面人持器械戏弄"翼虎"、"飞廉"与"衔璧龙",可以说也是一幅"豢龙氏扰蓄龙"图。① 由此可说,汉画像是以图画形式保留着神话传说,而神话传说则夸张地记载着远古人们生活的情形。

图 13 河南永城汉墓出土的汉石"人首兽"画像

图 14 河南永城汉墓出土的汉石"驯兽"画像

---

① 俞伟超主编:《河南汉画像石》图版第 69、72,河南美术出版社 2000 年版。

● "猪龙"与"猪神":财富诉求与文明创制者崇拜的表征

猪的价值由食用到财富的标志,再发展到对其早期饲养者的崇拜,这可以说是猪信仰发展的基本历程。由此,猪信仰的构成,有两个互相关联的形式。对于猪来说,就是"猪龙";对于人来说,就是"猪神"。

先谈"猪龙"。"猪龙"的出现,应该是很早的事情。典型的发现是辽宁红河的玉猪龙,如图15。据薛志强的介绍,这里的玉猪龙有三种形式,C形龙、♯形龙和三孔二首龙。

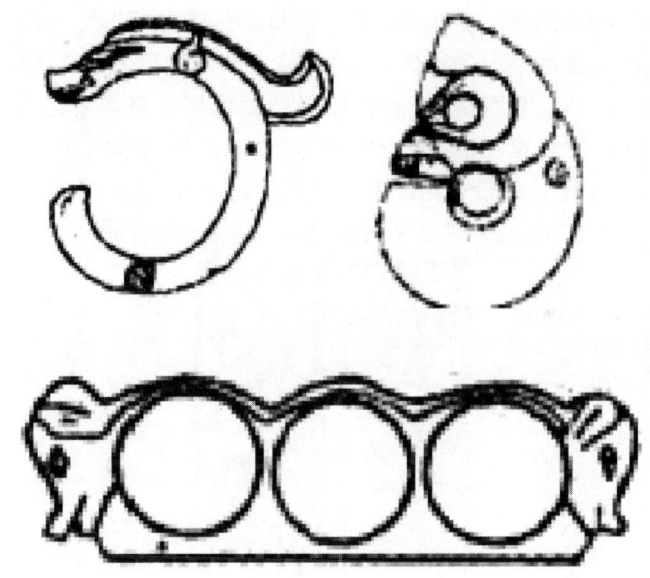

图15 辽宁红河的玉猪龙

至于玉猪龙的原型为何,学者意见纷纭。笔者曾在20年前的一篇文章中说是"男根的象征",现在从远古人们生活的情形和猪的信仰来看,显然这个说法是错误的。玉猪龙的原型就是猪,是财富的象征。薛志强则说玉猪龙的原型是野猪:"红山文化玉雕龙的主根系、直根系应是野猪,再具体一点讲,是雄性野猪"。① 这显然是过于强调猪的野性。实际上,猪就是猪,无所谓家猪或者野猪,都是人们的美食,是财富的象征。如前所述,玉猪龙作为圆雕,到汉代

---

① 薛志强:《关于红山文化玉雕造型的考证——兼谈中国人不是"猪"的传人》,《辽宁师范大学学报》2007年第5期。

发展为握猪,作为陪葬冥器,预示着死者在天国仍然享受着财富。

再谈"猪神"。猪作为重要的食物资源,自从被发现利用之后,人类可以说是受用无穷,于是很自然地就对最早饲养猪的部族加以信奉和推崇。而其极致就是将猪人化,或者说是将人猪化。这表现在汉画像中,就是出现了"猪神"形象。山东沂南汉石画像是将猪人化。如图16、17,1954年出土的沂南汉墓墓门中立柱石上的画像,画面从上至下依次为蹶张、翼虎、羽人和猪神。猪神原著者说是"怪兽","虎首,顶有长毛,张口露齿和舌,有翼,两前肢盘曲下按"。实际上这是一个猪头的正面像,猪嘴大张,双耳直立,前肢着地,猪鬃如翼。在西立柱石上的画像,画面从上至下依次为猪神、白虎和西王母打坐三危山,山丛中一奔虎。猪神原著者也说是"怪兽","虎首,顶有长毛,竖耳,张口露齿和舌,有翼,圆腹,作蹲坐状,右足踏其下一张口右行的虎背上"。实际上,这也是猪头直立的正面像,猪嘴大张,双耳直立,前肢如人双臂左右下垂,后肢着地,肚圆,有尾巴,背上鬃毛如翼。① 而洛阳汉砖画像则是将人猪化。如图18,洛阳汉砖"猪首人身"画像,云雾缭绕之中,猪首人身者短衣短裤,赤脚,双耳直立。② 在这里,无论是将猪人化或者是将人猪化,可以说都是对早期家猪饲养部族的记忆和怀念,是人类对于文明创制者的信仰和崇拜。

图16、17　沂南汉墓墓门中立柱石上的画像

---

① 俞伟超主编:《山东汉画像石》第1册图版第183、184,山东美术出版社2000年版。

② 曹建强:《洛阳新发现一组汉代壁画砖》,《文博》2009年第4期。

图18　洛阳汉砖"猪首人身"画像

基于原始道家"道生一,一生二,二生三"理念之上的世俗信仰,汉代人将其所崇拜的偶像与原始生殖崇拜联系起来,常常将其推向大母神的地位。如伏羲女娲、东王公西王母和铺首衔环,都曾荣登始祖神的宝座。同样的,猪神信仰的进一步发展,就是将猪神看作是大母神。图19洛阳卜千秋汉墓墓顶壁画,一猪头人身画像,大耳圆眼阔嘴,额上有三个圆点,四肢裸露前伸呈搏击状,黑衣朱裳,两侧云气环绕;前(下)面右龙左虎,皆红底间有黑纹,张口吐舌,奔跃相对。① 此幅画像,曾引起众多学者的关注,给予很多的猜测。如孙祚云先生说是"猪头方相士","这个猪头怪人表示打鬼"。② 其实,如果我们将其与"西王母打坐龙虎座"的画像相较,即可知,这里只是将西王母替换为猪头人身者而已。如果说"西王母打坐龙虎座"是"伏羲女娲交尾及背景人物"画像的神化,是始祖神信仰的展现,那么,这幅画像实际上是始祖神信仰的又一神画形式。换句话说,卜千秋猪头人身画像,将物质文明的发现者与人类始祖相提并论,这是汉代对于远古家猪饲养者信仰的升华。

图19　洛阳卜千秋汉墓墓顶壁画

① 此幅图片承蒙洛阳古墓博物馆徐蝉菲女士提供,在此谨致谢意。
② 孙祚云:《洛阳卜千秋墓壁画考释》,《文物》1977年第6期。

同样的画面,在山东沂南汉石画像中也有所存在。图 20 为 1954 年所发掘出土的沂南北寨村汉墓前室西壁南北两侧画像,画面上左右两边皆雕饰锯齿纹和卷云纹。南壁画面下部一龙盘旋而上,嘴衔中部的虎尾;中部一虎人立,后肢左蹬右曲,似爬行状,前肢上举;龙虎左间,凤鸟展翅翱翔。上部所刻,原编著者题曰:"一蹲踞的虎首神怪,垂耳、瞪目、垂乳、鼓腹,双手上举,似握一带。"但是,如果我们把"虎首神怪"看作是猪神,似乎更接近原画者的初衷。猪的獠牙、肚腹、鬃毛、双耳,加上人的形体和乳房,显然是一母猪神形象。北壁画面下部多了一翼兽,中部与南壁画面相同都是龙虎凤鸟,所不同的是龙虎有翼。上部刻绘一羽人,腾空飞下,"呈倒立状,左手按其下翼虎的尾"。但是羽人的双耳耸立,鬃毛飘逸,显系猪神象征。如果与南壁大肚双乳猪神相比,这应是公猪神形象。① 由此,联想到"伏羲女娲交尾"画像中的背景人物有男有女,有东王公有西王母,可知猪神提升到大母神地位后,不仅地位显赫,同样也有阴阳之差异,即不为怪了。由此观察图 16、17 的猪神形象,即可发现,图 16 当是公猪神,而图 17 当为母猪神。

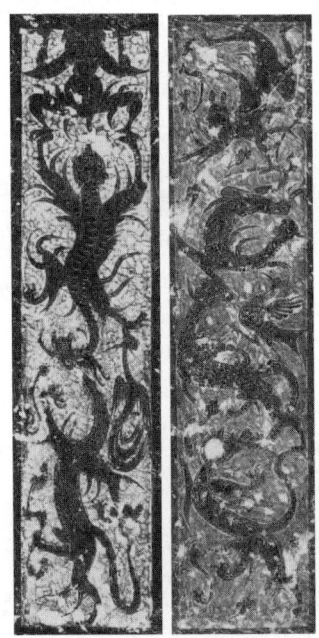

图 20　山东沂南北寨村汉墓前室西壁南北两侧画像

---

① 俞伟超主编:《山东汉画像石》第 1 册图版第 197、198,山东美术出版社 2000 年版。

有意思的是,在洛阳汉墓所出土的"猪首人身·伏羲女娲人首身蛇尾相交"画像,可以说正好证实了我们的推测是正确的。图 21 洛阳汉砖"猪首人身·伏羲女娲人首蛇尾相交"画像,画面猪首人身者,圆目阔嘴,上身赤露。胸乳袒露,下身短裤。双臂各搂伏羲女娲的蛇身。① 伏羲蓝衣宽袖,手持红色便面,象征太阳;女娲红衣宽袖,手持白色便面,象征月亮。伏羲女娲蛇身交尾,其背景神像为大母神,寓意着创世和重生。后来随着西王母、东王公的出现,有时占据大母神位置的就有西王母,或者东王公。至此,猪头人身者占据大母神位置,可以说是猪崇拜的最高境界。也可以说是,饲养猪部族崇拜的最高境界。

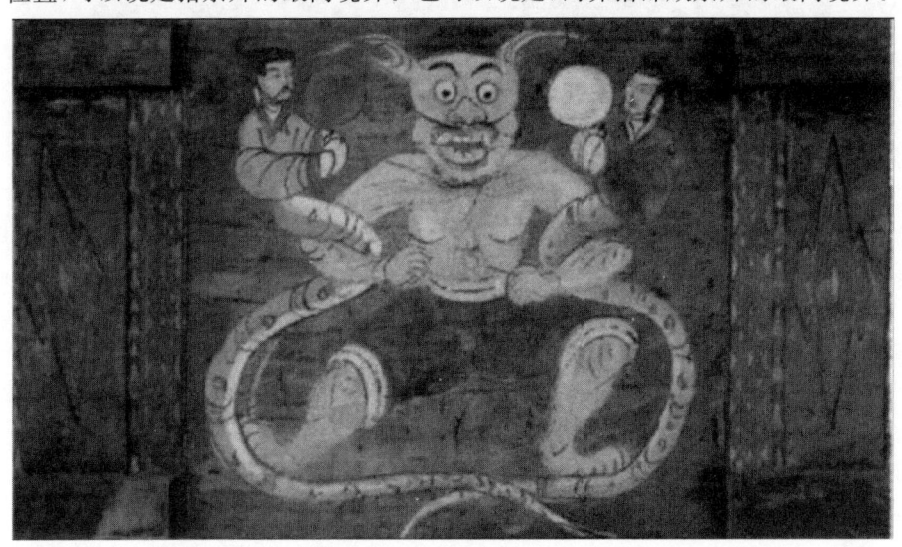

图 21　洛阳汉砖"猪首人身·伏羲女娲人首蛇身尾相交"画像

综上所述,汉代猪神画像的出现,考其原型,应该是纪念最早饲养家猪的部族,或者说是对于饲养家猪部族的崇拜表征。因为正是猪的肉食价值的发现和饲养,不仅增添了新的食物而且改变了食物结构,是人类生存的机会更多。由此,家猪饲养应是特别值得纪念的事情。因而最早饲养猪的部族就得到了纪念和崇拜。而就世俗信仰来说,汉代崇拜猪神,当取材于猪的繁殖能力,是原始生殖崇拜和汉代再生复活观念的体现。因为猪的一胎多产和较强的繁殖再生能力,正是农耕社会的多子多福和生死轮回观念的物证。所以将猪神置于汉墓画像中,既是对死后生活富裕的期盼,也是对死后重生或者说升仙的想望。图 22 山东微山两城镇汉石"猪戏"画像,画面分三层,下层为神树,中层是六博、人物,上层右侧为鹿,中有二兔,左侧为两猪。右猪身材细瘦,肚

---

① 曹建强:《洛阳新发现一组汉代壁画砖》,《文博》2009 年第 4 期。

腹下生殖器凸显;左猪身材肥胖,肚腹下坠,似乎为母猪形象。两猪勾头相戏,其背景为凤鸟。① 显然这幅画像标明的正是生殖和重生。由此,猪神作为财富、文明创制者和再生的意象,就构成了传统礼俗信仰和原始宗教的基本主题。嗣后猪八戒的形象出现,可说是佛教传入之后对于本土文化的肆意篡改。

图 22　山东微山两城镇汉石"猪戏"画像

● 名号与刘姓:汉代猪信仰的历史遗存

猪的被崇拜,源自于人类文明的发展,是人类物质欲求和精神诉求的结晶和展现。同样的,在汉代世俗生活中,如在名号和神话中,也保存有猪信仰的遗痕。

首先看地名。《史记·十二诸侯年表》:"公卿惧诛而祸作,厉王遂奔于彘。"《索隐》注:"彘,地名,在河东,后为永安县也。"《史记·周本纪》:"厉王出奔于彘。"《集解》引韦昭注曰:"彘,晋地,汉为县,属河东,今曰永安。"《正义》引《括地志》云:"晋州霍邑县本汉彘县,后改彘曰永安。从邰奔晋也。"案"彘"就是猪,地名取"彘",说明这一地区是较早或者至少在周代时依然是以饲养猪而为其特色的地方。联系到学者所说的"卫"的原意也是猪,以及辽宁红河遗址所出土的玉猪龙,内蒙古赤峰所出土的 C 字形龙,可见,在华北平原范围之内,可能就是最早饲养猪的地方。之后随着人口的迁移到全国各地,所以猪的饲养就遍及各个地域。

其次看人名。汉代有很多人以猪取名。《史记·高祖本纪》记载有叫陈豨,"赵相国陈豨反代地。"《集解》引邓展话说:"东海人名猪曰豨。"《史记·建

---

①　俞伟超主编:《山东汉画像石》第 2 册图版第 43,山东美术出版社 2000 年版。

元以来王子侯者年表》中记载有侯者叫"靖侯刘狗彘"。《史记》在《汉兴以来将相名臣年表》、《卫将军骠骑列传》、《朝鲜列传》以及《酷吏列传》中,都记载有将军叫"荀彘":"左将军荀彘出辽东"、"将军荀彘,太原广武人"、"左将军荀彘出辽东,讨右渠"、"(杨仆)为荀彘所缚"。又据《汉武故事》,汉武帝原名为"彘"。"汉景帝王皇后内太子宫,得幸有娠,梦日入其怀;帝又梦高祖谓己曰:'王夫人生子,可名为彘。'及生男,因名焉。是为武帝。"七岁之后方改名为"彻"。"胶东王为皇太子时,年七岁,上曰:'彘者,彻也。'因改名彻。"可见,景帝为太子时,希图能继承皇位,获祖宗阴德,所以给自己儿子取名为"彘",而其为帝后,改子名"彻",也是"望子成龙",盼其延续大统之意。

最后看神话。汉代崇猪最典型的就是创制神话,说刘邦拥有龙即(猪)的血统。《史记·高祖本纪》:"其先刘媪尝息大泽之陂,梦与神遇。是时雷电晦冥,太公往视,则见蛟龙于其上。已而有身,遂产高祖。"《史记索隐》注"按:《诗含神雾》云:'赤龙感女媪,刘季兴。'"案:刘邦所以神话自己是其母与"赤龙"私通的产物,其现实原因是表明"君权神授",而其原型则来自于远古御龙氏的传说。如上所述,刘累作为帝尧的后裔,为夏侯氏牧猪。考"刘"字,原意是刀。《书·顾命》:"一人冕执刘。"疏引郑注:"盖今镬斧是也。"传:"刘,钺属。"《广雅·释器》:"刘,刀也。"进而引申为杀戮。《书·盘庚》:"重我民无尽刘。"《诗经·周颂·武》:"胜殷遏刘。"《左传》成公十三年:"虔刘我边陲。"传与注皆释"刘,杀也"。《方言》:"秦、晋、宋、卫之间,谓杀为刘。晋之北鄙亦谓刘。"由此,无论是刀或者是杀,"刘"字都与猪有着难解之缘。可见,在汉族人的记忆里,最早食用或饲养猪的可能就是后来的刘姓。也许基于此,刘邦团伙才创制赤龙神话,汉武帝才取名为"彘"。而《方言》的解释与我们推测早期饲养猪的地方为华北区域也作了佐证。

汉代及汉代之后,猪的崇拜依然延续。而在其他部族中,则仍然表现明显。文献记载中,有以饲养猪而著称的部族。《太平御览》卷48《肃慎国记》说远古时肃慎氏,"猪放山谷中,食其肉,衣其皮,绩猪毛以为布"。《后汉书》、《三国志》记载:"挹娄,古肃慎之国也。""好养豕,食其肉,衣其皮。冬以豕膏涂身数分,以御风寒。"《晋书》:"肃慎氏,一名挹娄","多畜猪,食其肉,衣其皮,绩毛以为布"。《魏书》、《北史》皆有"勿吉传":"其畜多猪无羊","男子衣猪皮裘"。《隋书》、《旧唐书》有"靺鞨传",《新唐书》有"黑水靺鞨传",说"畜多豕","男子衣猪皮裘"。而《括地志》说"靺鞨国,古之肃慎也"。由此可见,肃慎→挹娄→勿吉→靺鞨,一脉相承,是原华北地区饲养猪的部族后裔。

综上所述,汉画猪的形象有两种形式,即自然的猪和神话的猪。相应的,猪信仰也有两个基因:肉食价值,对财富与文明创制者的崇拜。然而,当猪信仰遭遇了基于原始生殖崇拜之上的复活升仙观念和祖先崇拜、孝道教化时，猪信仰的基因库则毅然扩大，一成为大母神，二成为刘姓皇族的保护神。前者已如前述，后者除高祖刘邦为神话和武帝取名外，王莽也曾想利用猪神保护自己。《汉书·王莽传》："而匈奴寇边甚。莽乃大募天下丁男及死罪囚、吏民奴，名曰猪突豨勇，以为锐卒。"《汉书·食货志》也载："作货布六年后，匈奴侵寇甚，莽大募天下囚徒人奴，名曰猪突豨勇。"服虔曰："猪性触突人，故取以喻。"王莽为抵御匈奴族的侵扰，组建军队取名"猪突豨勇"。班固和服虔都认为是取材于猪的莽撞勇敢，显系就猪论猪。以王莽之聪慧、博学和迷信，对刘氏皇族远古发祥根源的了解，应该是非常清楚的。故取名若此，初衷当是欲借刘氏祖宗以荫庇自己。好笑的是，刘家所豢养的猪神只荫庇刘氏，没有照着王氏。所以《汉书·食货志》说："自发猪突豨勇后四年，而汉兵诛莽。后二年，世祖受命。"

跋

奉献在读者诸君面前的这本小册子——《民间信仰与汉代生肖图像研究》，是我研读汉代民间信仰偶像的心得。单从题目看，读者诸君如果想从中了解如充斥坊间的街谈巷议似的个性、婚配、生肖运程或福祉之图书内容，恐怕会失望的。因为这里所谓的生肖图像，仅仅是假借生肖观念来探究汉代民间信仰中的、与生肖相关的汉画像而已。众所周知，近年来，民间信仰作为社会精神生活中的普遍追求又似乎极具缺失的东西，业已成为学术界备受重视的跨学科研究的学术热点。举凡文学、社会学、宗教学、哲学、政治学和历史学，甚而至于经济学和管理学，都从各自的学科规范予以探究和论述。由此，民间信仰的研究视域极其广泛。在这里，我们试图借助于汉画像的资料，从历史学、社会学和宗教学的视角挖掘汉代民间信仰的宝藏。换句话说，对于汉代民间信仰的研究，我们是选取汉代社会思潮、社会知识和民众精神三个层面，并具体到民俗社会中的生肖观念，比较详细考究其偶像的内容和特征，以期达到科学认识汉代民众精神生活的目的。所以，释疑求真、去伪存实，乃是本书稿的诉求。至于因笔者水平所限而出现的虚妄之言，实属难免，敬请读者诸君雅正指教。

本课题研究的展开和完成，得缘于所获准立项的2009年河南省教育厅人文社会科学重点研究基地基金规划项目《汉代图像中的民间信仰和历史传说研究》（2009－JD－012），本书稿就是该项目的结项成果。

值此书稿出版面世之际，谨向一直以来关怀和支持我们的中国社会科学院历史研究所、河南省教育厅和南阳师范学院等单位的领导表示深切的谢意，特别要感谢卜宪群、刘明阁等专家朋友所给予的指导和支持！感谢《江汉论坛》、《宁夏师范学院学报》、《南阳师范学学报》和《南都学坛》等杂志社的编辑慧眼识珠，相关章节被刊发问世，激励了我的研究兴趣！感谢我的同事为我免除了诸多琐碎的工作，也感谢我的家人替我承担了诸多的家务，使我有足够的时间来完成书稿的撰写！

郑先兴
2011.9.30